U0944852

数据革命

BIG DATA 2015

2015年贵阳国际大数据博览会
暨全球大数据时代贵阳峰会全记录

大数据战略重点实验室○编

图书在版编目（CIP）数据

数据革命 ：2015贵阳国际大数据产业博览会暨全球大数据时代贵阳峰会全记录 / 大数据战略重点实验室编. -- 北京 ：当代中国出版社，2016.4
ISBN 978-7-5154-0545-2

Ⅰ. ①数… Ⅱ. ①大… Ⅲ. ①数据处理－高技术产业－技术革新－研究 Ⅳ. ①F276.44

中国版本图书馆CIP数据核字(2016)第072712号

出 版 人 曹宏举
责任编辑 李一梅
责任校对 康 莹
封面设计 胡 凯
出版发行 当代中国出版社
地 址 北京市地安门西大街旌勇里8号
网 址 http://www.ddzg.net 邮箱:ddzgcbs@sina.com
邮政编码 100009
编 辑 部 （010）66572154 66572264 66572132
市 场 部 （010）66572281 或 66572155/56/57/58/59 转
印 刷 北京艺堂印刷有限公司
开 本 787mm×1092mm 1/16
印 张 31印张 插图48幅 369千字
版 次 2016年4月第1版
印 次 2016年4月第1次印刷
定 价 88.00元

《数据革命》编委会

序

大数据　大变革　大未来

当前，以大数据、云计算和互联网为代表的第三次科技革命浪潮席卷全球，各种新技术、新思想、新商业模式呈现爆炸式增长的新格局，人类进入了一个以创新创业为最主要标志的大数据时代。在这场大变革的背后，其实质是互联网和大数据成为新时代的核心驱动力。一方面，互联网提供了一个理论上可以实时直达地球上每一个角落的大通道和大平台，成为实现产业转型升级、形成创新创业热潮的通道、载体和工具。另一方面，大数据借助于互联网，通过各类数据的汇聚、碰撞、交融和挖掘分析，寻找解决现有产品和服务盲点、痛点的新算法、新模式，从而驱动经济社会不断焕发生机、不断成长、不断变革。可以讲，数据已经成为大到一个国家、地区，小到一家企业、个人参与竞争的核心资产，谁能够掌握数据、汇聚数据、运用数据，谁就能够在未来世界占据一席之地。正是在这样的背景下，十八届五中全会将大数据上升为国家战略，明确提出了要实施“互联网+”行动计划，发展分享经济。

在这场大数据推动的大变革中，落后地区与发达地区真正站在了同一起跑线上，给了贵州、贵阳这样的西部落后地区一个弯道取直、后发赶超的重大历史机遇。事实上，我们也抓住了这一重大时间窗口，紧密结合本地实际，在高起点设计、高水平规划的基础上，从最具优势和最容易入手的环节抓起。一方面，充分发挥生态、能源、安全优势，大量建设数据中心；另一方面，依托劳动力、房价、物价优势，大力发展呼叫中心产业。在此基础上，着力发展软件与服务外包、电子商务、端产品制造、芯片集成电路、大数据金融等产业，打造大数据全产业链。通过这样的思路和举措，点燃了大数据发展的“导火索”，进而形成了现有的大好态势。

2015年上半年，贵阳市大数据产业实现规模总量427亿元，同比增长56.8%。特别是发生了大数据发展的七大标志性事件：一是率先创建国家首个大数据综合试验区、国家大数据产业发展集聚区和国家大数据产业技术创新试验区；二是率先建立大数据理论研究机构——大数据战略重点实验室；三是率先建设全域公共免费Wi-Fi城市，已正式开通运营；四是率先建设中国首个“块”上集聚的大数据公共平台，支持块上数据存储、管理、共享、开放与服务，支撑智慧城市云计算应用示范；五是依托“云上贵州”系统平台，率先创建政府数据共享开放示范城市；六是率先建成中国首个大数据交易所并正式挂牌运营；七是率先举办全球首个大数据主题博览会和峰会。

特别需要指出的是，为吸引全球大数据领先企业和领军人物，展示国际大数据发展最新成果，探讨大数据未来发展趋势，推动国际性资源和要素进一步向贵州聚集，我们举办了首次“2015贵阳国际大数据产业博览会暨全球大数据时代贵阳峰会”，3000余名政要、专家学者、企业家出席开幕式，380余家知名企业和100余支创新创业团队参加展示，近7万人近距离参观、接触了大数据领域的最新技术和产品。李克强总理发来贺信，马凯副总理发表重要讲话，峰会上发布了《大数据贵阳宣言》，号召“全力推进大数据安全与发展”，发出了引领大数据发展的中国声音。与会嘉宾深入分析全球大数据发展现状和趋势，切实探讨保障大数据安全和保护隐私等重大问题，引发了大数据的“头脑风暴”，激发了引领大数据思潮的理念碰撞。阿里巴巴、富士康、惠普、华为等企业展示了数据交易、人脸识别、虚拟现实等引领大数据航向的创新成果。

我们深知，面对大数据、互联网的潮流，顺之者昌、逆之者亡、领之者强。我们需要有历史方位感，如果不能站在未来的角度看到并看透今天的互联网大潮，就会成为被淘汰的对象，变成“逆之者亡”。反过来，如果积极顺应这一趋势，适应之、变革之，就能够实现“顺之者昌”。如果再努力些，甚至可能成为“领之者”，变得更强。

作为大数据发展新思想、新技术的“领之者”的重大举措之一，我们与北京市科委联合共建中国首家大数据战略重点实验室，建设跨学科、专业性、国际化、开放型、跨区域协作的创新型智库平台。大数据战略重点实验室成立以来，先后出版了《块数据：大数据时代真正到来的标志》《DT时代：大数据如何改变世界》等重大理论成果，为大数据发展提供了重要的思想资源和理论指引。本书的出版，也是希望借助数博会的平台，进一步汇聚各界各方关于大数据的最新思想成果，让大家能够读到国家顶层设计者们对大数据的思考和关注，读到关于大数据的立法、标准、伦理、安全等一系列重大问题的解决思路和方案，读到大数据未来发展的机遇和挑战。

我衷心希望，所有关心关注大数据特别是贵州大数据发展的朋友们能够和我们一起，以各种各样的方式为大数据的探索和实践提供帮助，让贵阳、贵州乃至中国的大数据发展之路越走越宽广。

陈刚

2015年10月于贵阳

目 录

中华人民共和国国务院

贺 信

值此2015贵阳国际大数据产业博览会暨全球大数据时代贵阳峰会开幕之际，我谨代表中国政府表示热烈祝贺！

当今世界，新一轮科技和产业革命正在蓬勃兴起。数据是基础性资源，也是重要生产力，大数据与云计算、物联网等新技术相结合，正在迅疾并将日益深刻地改变人们生产生活方式，“互联网+”对提升产业乃至国家综合竞争力将发挥关键作用。

中国是人口大国和信息应用大国，拥有海量数据资源，发展大数据产业空间无限。中国正在研究制定“互联网+”行动计划，推动各行各业依托大数据创新商业模式，实现融合发展，推动提升政府科学决策和管理水平，用新的思路和工具解决交通、医疗、教育等公共问题，助力大众创业、万众创新，促进中国经济保持中高速增长，迈向中高端水平。

中华人民共和国国务院

互联网缩短了时空距离，大数据产业给不同国家和地区发展带来了机遇，相信大家围绕"'互联网+'时代的数据安全与发展"这个主题交流互鉴，分享成果，深化合作，会进一步汇聚新动能，推动实现更高效、更绿色、更惠民的发展。

预祝峰会取得圆满成功！

中华人民共和国国务院总理 [签名]

2015年5月17日

李克强总理的贺信

值此2015贵阳国际大数据产业博览会暨全球大数据时代贵阳峰会开幕之际，我谨代表中国政府表示热烈祝贺！

当今世界，新一轮科技和产业革命正在蓬勃兴起。数据是基础性资源，也是重要生产力，大数据与云计算、物联网等新技术相结合，正在迅疾并将日益深刻地改变人们生产生活方式，“互联网+”对提升产业乃至国家综合竞争力将发挥关键作用。

中国是人口大国和信息应用大国，拥有海量数据资源，发展大数据产业空间无限。中国正在研究制定“互联网+”行动计划，推动各行各业依托大数据创新商业模式，实现融合发展，推动提升政府科学决策和管理水平，用新的思路和工具解决交通、医疗、教育等公共问题，助力大众创业、万众创新，促进中国经济保持中高速增长，迈向中高端水平。

互联网缩短了时空距离，大数据产业给不同国家和地区发展带来了机遇，相信大家围绕“‘互联网+’时代的数据安全与发展”这个主题交流互鉴，分享成果，深化合作，会进一步汇聚新动能，推动实现更高效、更绿色、更惠民的发展。

预祝峰会取得圆满成功！

中华人民共和国国务院总理　李克强

2015年5月17日

大数据贵阳宣言

我们正迈向一个崭新的大数据时代！让人憧憬也令人担忧，充满机遇也面临挑战。数据资源日趋丰富，数据应用层出不穷，数据产业空间无限，大数据技术不断创新，大数据产业体系逐渐成熟。同时，网络信息安全形势异常严峻，黑客攻击、网络病毒等威胁着数据资产安全，侵犯个人数据隐私时有发生，大数据安全保障愈加重要。

在大数据产业快速发展、大数据安全亟待加强的时代背景下，2015贵阳国际大数据产业博览会暨全球大数据时代贵阳峰会以"'互联网+'时代的数据安全与发展"为主题，分析全球大数据发展现状和趋势，探讨保障大数据安全和隐私保护、发展大数据经济等重大问题，深化了认识，明确了目标，强化了责任，形成了八点共识：

一、大数据是全人类共同的资源

随着新一代信息技术的快速发展，人类进入了一个数据量大、类型多样、变化快、潜在价值大的大数据时代。每个人既是数据生产者，让数据资源更加丰富，也是数据消费者，享受着丰富数据带来的新生活。数据是我们共同的资源，也将成为我们共同的财富！用好数据资源将给人类带来新的福祉，滥用数据资源则会给社会和人们造成伤害！

二、政府数据开放是全球共同的目标和行动

通过开放政府数据，提高政府透明度，提升政府治理能力和效率，

更好地满足公众需求，促进社会创新，带动经济增长。建立政府数据开放平台，优先开放高价值数据，鼓励基于开放数据应用创新的实践和行动。

三、全球共同努力加强个人数据隐私保护

在大数据时代，公民个人数据隐私保护面临更大挑战，国家需要从法律、监管、技术保障、道德自律等多个角度着手，为公民的数据隐私提供充分保障。应完善数据隐私保护的立法，妥善界定信息自由和数据隐私边界，营造大数据健康发展的法治化环境。应规范个人数据收集、存储、管理与使用，建立相应的隐私侵犯监管机制。应研发更多技术手段，加强公民个人数据隐私保护，让用户有权决定自己的数据如何被利用，实现用户可控的隐私保护。各种组织机构及个人都应加强道德自律，侵犯个人数据隐私将受到社会舆论的监督和谴责。

四、世界各国都有责任加强大数据时代网络信息安全

健全大数据时代网络信息安全保障体系，解决无线接入、数据集聚和融合、数据开放、数据交易、大数据应用等各方面涉及的网络与信息安全问题。应围绕网络通信基础设施、云计算基础设施、应用系统、数据、实体身份认证与管理等层面，建立纵深防御体系，形成新一代的大数据安全技术保障体系，完善大数据安全标准体系和法律法规，促进大数据及其网络信息安全产业发展。

五、全球性大数据交易市场的形成是新经济发展的必然要求

加快数据资源开发利用，推进数据产品化和商品化，促进形成大

数据交易市场，搭建数据交易平台，建立数据交易规则和流程，梳理交易品种，确定数据价格体系，形成数据定价机制，并对数据交易安全等问题进行规范。尝试建立有所有权的数据交易、有使用权的数据交易、有阶段时间的数据交易和有限定领域的数据交易等新模式、新规则，把数据交易发展成为若干个金融产品。推进基于数据产权登记、产权交易、期权投资、股权投资等金融工具的研发创新，健全市场导向机制，发挥市场对研发方向、路线选择、要素价格、各类创新要素配置的导向作用。

六、大数据产业将发展成为全球战略性新兴产业的支柱产业之一

大数据产业是推动数据资源实现有效整合、促进数据处理信息技术和数据资源充分利用的全新业态。应把握以大数据为特征的全球新一轮科技革命与产业变革的重大机遇和挑战，按照数据采集与集聚、数据加工与组织、数据分析与发现、数据应用与服务的生命周期，构建以数据为核心的大数据产业链，发展电子制造、大数据软件、数据中心、呼叫中心、云计算、移动互联网、数据加工清洗、众包式社会化数据分析等，加快大数据产业集群建设。

七、大数据技术创新是相关产业持续发展的重要支撑

积极实施创新驱动战略，加强大数据技术研发，升级大数据技术基础设施，推动大数据采集、存储、处理、分析、深度学习、应用、可视化等关键技术环节创新。在突破关键技术的基础上，研制适合大数据应用的硬件装备和软件产品。

八、大数据在经济社会发展各领域的深化应用和融合创新将为我们创造更大的价值和更多的财富

推进“互联网 +”行动计划，面向电子商务、工业制造、交通物流、商贸零售、金融、电信、能源、传媒等数据量大的行业领域，大力开展数据开发和交易，推进企业商业模式创新，鼓励企业将数据资源产品化、商业化。积极支持数据分析能力强和数据资源丰富的企业，探索“大数据工厂”“大数据超市”“数据试验工场”等新模式、新业态，充分挖掘大数据的商业价值，将大数据打造成经济提质增效的新引擎。面向大数据时代政府公共服务、社会管理、宏观调控和市场监管、城市安全、城市建设等方面的新需求，推进政府大数据共享、开放与应用，联合企业和社会力量，共同探索大数据提升政府治理能力的新机制和新模式，充分挖掘大数据的社会价值，提升国家核心竞争力。应运用大数据提升政府服务能力，管好公共权力、公共资金、公共资源、公职人员，逐步建立用数据说话、用数据决策、用数据管理、用数据服务的管理机制，推进管理型政府向透明、高效、廉洁的服务型、责任型政府转变。支持大数据与传统产业融合创新，实现不同领域的数据集聚、集成、叠加、对比和融合创新，衍生新应用、新业态和新价值，促进大数据经济繁荣和发展。应深化文化领域的大数据应用，推进文化载体数字化和智能化，深入挖掘世界文化、国家文化、历史文化和民族民间文化内涵，更多地融入信息技术现代元素，推进文化与科技、创意、金融、大数据等融合发展，提升文化软实力。

让我们积极行动起来，自觉履行肩负的历史使命和社会责任，全力推进大数据安全与发展，为全人类的幸福做出新贡献。

2015 年 5 月 26 日于中国贵阳

大数据贵阳宣言发起人

一、政府及相关机构

公安部网络安全保卫局

全国人大常委会法制工作委员会

工业和信息化部国际经济技术合作中心

工业和信息化部工业文化发展中心

二、高校及研究机构

中国工程院

中国信息安全测评中心

中国信息通信研究院

工业和信息化部电子第五研究所

清华大学

上海交通大学

贵州大学

贵州省产业经济技术发展研究院

中国电子信息产业发展研究院（赛迪）

三、行业协会

中国互联网协会

北京贸促会

中国信息协会大数据分会

中国通信学会

中关村大数据产业联盟

中关村大数据交易产业联盟

闪联工程技术中心

中国数据中心产业发展联盟

中国呼叫中心与 BPO 产业联盟

四、企业

众筹交易所

贵阳大数据交易所

中国电子科技集团第三十研究所

阿里巴巴

腾讯（网）

百度

亿赞普（中国）网络技术有限公司

京东

华为

中兴

富士康

惠普

联想集团/摩托罗拉移动控股公司

英特尔

微软

戴尔

博科

甲骨文

红帽软件

浪潮

谷歌公司

思科公司

奇虎 360

九次方大数据公司

宽带资本

世纪互联

国际数据公司（IDC）

曙光信息产业股份有限公司

中软国际有限公司

神州数码控股有限公司

中国电科网络信息安全子集团

威图电子机械技术（上海）有限公司

中国航天科工集团

德勤中国

贵州高新翼云科技有限公司

GARTNER

易观国际集团

正威国际集团

美国高通公司

海虹企业（控股）股份有限公司

五、媒体

人民数字

数据观

人民网

信息安全杂志社

网易

新浪

搜狐

优酷（合一信息技术［北京］有限公司）

人民邮电出版社

香港文汇报

中国科技网

《财经》

北京信通传媒有限责任公司

六、金融

中国银行

中国建设银行

中国工商银行

中国民生银行

中信银行

银河证券股份有限公司

七、院士

梅　宏　　倪光南　　刘韵洁　　沈昌祥

开幕式

- 数据是基础性资源，也是重要生产力
- 大数据推动商业模式发生变革
- 大数据改变着人们的生活方式
- 大数据正在开启一个全新的时代

2015 年 5 月 26 日，2015 贵阳国际大数据产业博览会暨全球大数据时代贵阳峰会在贵阳国际生态会议中心开幕

2015 年 5 月 26 日，2015 贵阳国际大数据产业博览会暨全球大数据时代贵阳峰会在贵阳国际生态会议中心开幕，此次会议主题为“‘互联网 +’时代的大数据安全与发展”

2015 年 5 月 26 日，2015 贵阳国际大数据产业博览会暨全球大数据时代贵阳峰会上，数博会主办方联合 50 余家知名大数据企业和机构共同发起《大数据贵阳宣言》

2015 贵阳国际大数据产业博览会暨全球大数据时代贵阳峰会吸引了全球 IT 巨头的广泛关注和参与

得大数据者，得未来

大数据战略重点实验室

21 世纪，人类社会进入一个快速变革的时代，世界正在以超出我们想象的方式发生巨变。随着信息的爆炸式增长和科学技术的不断突破，人类文明已悄无声息地从 IT（信息技术）时代迈入 DT（数据处理技术）时代。而 DT 时代的绝对主角——大数据，也正走向世界舞台。这是一次关于主宰世界生产力的角逐，也是未来的一个重要特征，大数据风起云涌，席卷全球。2015 年政府工作报告提出，制定“互联网＋”行动计划，推动移动互联网、云计算、大数据、物联网等与现代制造业结合，促进电子商务、工业互联网和互联网金融健康发展，引导互联网企业拓展国际市场。党的十八大以来，贵州省委、省政府高度重视大数据产业发展，积极抢抓产业发展变革机遇，将大数据发展作为落实习近平总书记关于守住发展和生态两条底线这一重要指示的战略选择，作为贵州实现后发赶超、跨越发展的重要途径。

2015 年 5 月 26 日至 29 日，2015 贵阳国际大数据产业博览会暨全球大数据时代贵阳峰会（以下简称数博会）在贵阳国际会议展览中心举办。在 5 月 26 日上午举行的开幕式上，国务院总理李克强、国务院副总理马凯等国家领导人和中央有关部门，通过不同形式表达了对数博会的重视和支持。与此同时，数博会也吸引了全球 IT 巨头的广泛关注和参与，马云、马化腾、周鸿祎、雷军、郭台铭、毛渝南等 12 位互联网界顶尖大佬齐聚开幕式，从各自的认知角度，深刻阐释了“‘互联网＋’时代的数据安全与发展”。此外，开幕式当天数博会主办方联合中国信息安全测评中心、中国互联网协会、阿里巴巴、富士康等 50 多家知名大数据企业和机构共同发起《大数据贵阳宣言》，在大数据的发展、运用、网络信息安全与保护、隐私保护、立法保障等方面形成了八点共识。

一、大数据开启人类文明新时代

大数据是人类文明发展、全球文明进程的必然趋势。早在 1980 年，著名未来学家阿尔文·托夫勒就在《第三次浪潮》一书中，将大数据热情地赞颂为“第三次浪潮的华彩乐章”。大数据与云计算、物联网等新技术的结合，迅速且日益深刻地改变着人类的思维方式和生产生活方式，推动着人类社会的发展。在本次数博会开幕式上，来自政府和企业的代表，从不同的角度阐述了大数据对经济社会的影响，无不认为大数据将颠覆已有认知，开启新的时代。

惠普公司中国区董事长毛渝南一语中的，“数据其实指向的是过去，可是它也能够表达未来”。“随着现代信息技术的迅猛发展，一个大规模产生、分享和应用数据的时代正徐徐开启。大数据已经成为新时代最具价值的宝藏之一。某种程度上说，谁拥有了大数据谁就拥有了未来。”中共中央政治局委员、国务院副总理马凯如是说。基于互联网的大数据与云计算、互联网、智能终端等同样都是新一代信息技术的重要标志，已经深刻地影响了经济、社会、教育、医疗和行政管理等多个领域，极大地促进了产业发展转型、管理方式变革和社会效率提升。

在工业与信息化部副部长怀进鹏看来，科技与经济深度融合已经成为经济社会发展最显著的特点，新一轮的信息技术与产业、经济和社会的深度融合，使得数据从稀有走向了极大的丰富，并不断引发着数据的爆炸，使人类社会逐渐走向数据经济的时代。“因为数据的产生，整个社会商业发生了变化，一定会造成整个社会发生变化，经济、政治体系发生变化。”阿里巴巴集团董事局主席马云认为，从 IT 到 DT 时代的变革不仅是技术的提升，更是思维的变革，DT 时代是一个新的时代的开始。“IT 时代是让自己更加强大，DT 时代是让别人更加强大。IT 时代是让别人为自己服务，DT 是让你去服务好别人，让别人更爽，是以竞争对手服务竞争对手。IT 时代是通过对昨天信息的分析掌控未来，是控制未来，而 DT 时代是去创造未来。”

然而，改变才刚刚开始。奇虎 360 科技有限公司董事长周鸿祎分析，互联网从 PC 互联网到手机互联网，产生了数据，量有了飞速的增长。但是在未来 5 年，随着 IOT 的技术发展，万物互联，每个人的车里、家里会拥有各种智能设备，甚至人身上戴的眼镜、手表都会变成智能设备，每个人平均会拥有 30 到 50 个智能设备在和互联网相连，中国人拥有智能设备的数目将会达到 400 亿到 500 亿。所有这些智能设备即使在人睡觉的时候也会默默工作，不断采集各种数据，上传到云端。“因此，可以想象，5

年以后，我们一天甚至一个小时产生的数据都会超过人类历史上产生的所有数据。这个代表了未来大数据真正的趋势。今天大数据的时代才刚刚开始。”周鸿祎说。

如何拥抱这样一个新时代?

“大数据是一个完全崭新的领域，所以在提供建议时，我们不是直接去找一个问题的答案，而是在寻找一个甚至我们都不知道的问题的答案，因此常规的方法可能不适用了。”高德纳咨询公司全球副总裁琳达·普赖斯说。

美国高通公司全球高级副总裁阿南德相信对于中国来讲，把握住向云端和大数据的过渡将是前所未有的机遇。“需要做出的创新不仅仅是数据中心，移动端也要做得更好，因为它能够催生数据。我们需要把不同的终端更好地相联，保证移动端和数据中心都能够有良好的表现。”

马凯副总理指出，大数据资源具有广阔的开发应用前景，开发好、利用好、管理好数据资源，关系经济发展、社会稳定和国家安全，需要各国政府、国际社会共担责任，通力合作，共促产业繁荣、共促技术创新、共促融合发展、共促数据开放、共促数据安全。

宽带资本董事长田溯宁则是从历史角度来看待大数据的发生和发展。“就像人类过去发现新大陆、发现矿物质、发现抗生素一样，我们到了一个数据大发现的时代。”田溯宁说，“只有用历史的眼光才能理解这个时代的很多困惑、很多激动人心的东西，当然也有很多不解。我认为每一次大发现所产生的文明和进步都是全球合作的结果，都为各个方面不断发展奠定了标准和规则。”因此，田溯宁强调如果大数据是这个时代最主要的资产，那么应该尽早发起和倡议一个国际大数据组织，就像人类在海洋大地理发现时产生的海洋公约，率先倡导一个国际的联盟，来理解这个时代，来探索这个时代的问题、标准和将来的各类应对措施。

二、大数据即“石油”

大数据发展是未来国家核心竞争力的重要标志，由其掀起的新一轮信息技术领域革命，将在全球范围内成为加速企业创新的利器，成为国家竞争的前沿，以及产业竞争力和商业模式创新的源泉。当前我国正在实施创新驱动发展战略，推动经济提质增效升级和培育经济增长的新引擎，正在为全面建成小康社会和实现“两个一百年”的奋斗目标而不懈努力。在这一进程中，互联网、大数据、云计算将发挥更大的作用。

党中央、国务院高度重视信息技术产业的发展，2015 年以来国务院印发了《中国制造 2025》《关于促进云计算创新发展 培育信息产业新业态的意见》，正在制定并即将出台的“互联网 +”行动计划，积极推动大数据、云计算、移动互联网等现代技术的融合发展，这一系列的政策举措将为信息技术产业的发展创造更加友好的环境和条件。同时，中国作为世界制造业大国，在制造业 22 个大门类的 7 个领域位居世界第一；在全球十大互联网公司中，中国有 4 家。因此，无论是技术的储备、产业的基础，还是政策发展的环境，都为大数据、云计算的发展创造了先机，也做好了准备。

国务院总理李克强在致数博会的贺信中表示，当今世界新一轮科技和创业革命正在蓬勃兴起，数据是基础性资源，也是重要的生产力。大数据与云计算、互联网等新技术相结合，正在迅速并将日益深刻地改变人们的生产生活方式，“互联网 +”对于提升产业乃至国家综合竞争力将发挥关键作用。

腾讯公司董事局主席兼首席执行官马化腾早在 2013 年就提出了“互联网 +”的概念。在他看来，就和第一次与第二次工业革命时候发明的蒸汽机、电力一样，互联网是第三次工业革命的一部分；“互联网 +”是一种能源，而正是这种信息能源促进了传统行业和互联网的不断融合发展。未来，通过实施“互联网 +”行动计划，中国将更好地利用互联网、大数据、云计算为大众创业、万众创新提供平台、数据和服务支撑，加快培育发展数据经济，促进传统产业创新升级，推动经济持续健康发展。

一方面，互联网的发展为大数据的发展提供了更多数据、信息与资源；另一方面，大数据的发展为互联网的发展提供了更多支撑、服务与应用，并与互联网一道促进传统产业的升级、新兴产业的培育。在本次数博会开幕式上，许多知名的企业代表从自身的行业出发，探讨了大数据、“互联网 +”等带来的颠覆与变革。

贵州茅台集团董事长袁仁国表示，传统工业企业如何通过互联网来提升市场占有率，推动机制的转变，实现新的跨越，是众多中国传统企业面临的重大抉择。互联网已经融入大众消费生活，而消费者的网购热情催生了一种具备生命力的销售方式，亟须围绕线上线下共建和谐新商业生态，利用大数据改变传统企业解决问题的方式。富士康科技集团创办人兼总裁郭台铭提出，利用信息流、技术流、资金流、人员流、物料流、过程流的信息处理技术，帮助制造业公司转型，将大数据转化为有用的、作为决策的小数据，并通过这些有用的小数据，助力创新、分析、决策，迈向万物联网的智能社会。中国银行总行副行长许罗德认为，互联网催生了大数据，大数据给金融服务插上了翅膀，“其实银行是最能产生大数据的。但是我们过去大数据不是鲜活的，没有生命，我们大数据都放在库里面。而互联网赋予了银行大数据生命，使其具有了内生的动力”。鲜活的大数据使银行的商业模式、产品创新、营销渠道、风控模型等都发生了很大变化。

与此同时，新的行业、新的商业模式正在不断涌现。“‘互联网 +’时代，我们可以使用应用软件，通过大数据增加生产力，所以‘互联网 + 大数据’，能让我们的生活发生翻天覆地的改变，也能创造更多的岗位，使我们得到更多的利益。”Uber 首席执行官特拉维斯·卡兰尼克如是说。在小米科技董事长兼 CEO 雷军看来，今天的手机不再是单纯的通信工具，已经是一个随身携带的电脑，或者是随身携带的相机。正因为这个特点，它无时无刻不在产生海量的数据。因此小米抓住机遇，将业务延伸至云服务领域。

马云预测，未来所有的制造业都将会成为互联网和大数据的终端企业；而未来制造业的最大能源，不再是石油，而是数据。

三、大数据助推政府转型

大数据时代是一个将数据当作核心资产的时代，数据呈现出战略化、资产化和社会化等特征。随着数据作为国家战略资产意识的增强，以及越来越多的国家将数据管理上升到战略层面，大数据势必会以更加积极的姿态进入公共管理和政府治理领域。无论是把大数据单纯作为一种技术，还是作为一种抽象理念，或者是一个时代背景，它都将对政府治理理念、治理范式、治理内容、治理手段等产生不同程度的影响。

从技术层面来看，大数据时代社会信息化和政府信息化程度前所未有，物联网、云计算、数据整合、基于语义网的 Web3.0、关联数据、信息发布等新技术的发展与普及，为政府治理实现智能化提供了技术支撑，将会从根本上改变政府的组织模式和形态，进而改变政府的治理模式，影响整个政府存在的形态。从政府的治理理念来看，大数据首先会提高各国的开放意识。开放是大数据时代的最强音，无论是美国提出的开放政府战略，还是规模不断扩大的世界开放联盟组织，世界各国政府的开放意识在增强。开放意识的缺失，将使一个国家或政府在大数据时代处于“被淘汰”的境地。

中共中央政治局委员、国务院副总理马凯在此次数博会峰会上同样也提到了数据开放的重要性。他指出，大数据是人类的共同资源、共同财富，全球数据开放共享是不可逆转的历史潮流；并呼吁各国应着眼于民生福祉，致力于推动大数据的开放共享，特别是要把政府数据开放作为全球共同的目标和行动。对于数据的开放，马凯副总理提出要加快建立政府数据开放平台，优先开放高价值数据，鼓励基于开放数据开展应用创新，让大数据惠及更多民众，同时制定鼓励政策，引导更多非公共数据向社会开放。

大数据被认为是继互联网革命之后的又一次技术革命。技术是政府治理的要素之一，技术变革是政府治理现代化的重要推动力量。对于政府来说，技术变革既可以带来治理手段的创新，也可能推动治理机制的创新，最终变革政府治理范式。因此，将大数据应用到政府治理中将加速政府治理的创新，可以产生倍增效应。大数据时代的政府治理范式将在新公共管理、新公共服务、整体治理、数字化治理、网络化治理等多种治理模式的基础上，以智能化重塑政府治理模式。大数据将引领社会从信息时代、知识时代向智能时代迈进。如此，经过三次转化，政府把低价值度的数据转变成政府治理能力，实现智能治理。

国务院总理李克强在致数博会峰会的贺信中说，中国正在研究制定“互联网＋”行动计划，推动各行各业依托大数据，创新商业模式，实现融合发展，推动提升政府科学决策和管理水平，用新的思路和工具解决交通、医疗、教育等公共问题。而医疗、教育和交通等方面正是改善民生的重要突破口和关键环节。对于大数据将会对政府治理能力和改善民生的积极影响，马凯副总理也表示肯定和赞同。他说，我们将更好地利用互联网、大数据、云计算推进政府数据公开，促进政府转变职能，推动法治政府、服务政府、阳光政府、廉政政府的建设，提升治理能力和服务水平，不断提升公共服务能力，建设形成公平普惠、便捷高效的民生服务体系，更好地保障和改善民生。

贵州省高度重视大数据产业发展，将其作为实现后发赶超、提高政府治理能力和改善民生的重要路径。此次数博会峰会上，贵州省省长陈敏尔对贵州大数据的发展理念做了阐述：以大数据引领产业升级，促进新一代信息技术与三次产业的融合发展，实现“百姓富、生态美”的有机统一；以大数据助推政府转型，通过数据的集聚、融通、应用，用好政府的“有形之手”和市场的“无形之手”，实现“人在干、云在算、天在看”，提升政府治理能力；以大数据服务社会民生，通过大数据、云计算手段，在医疗健康、社会保障、交通旅游、食品安全等方面创造更加丰富的公共产品，让人民群众从大数据里面感受到更多的“获得感”。

四、大数据是把“双刃剑”

大数据时代的到来，对人类生活的各个领域都产生了作用，无论在商务方面还是金融方面，数据分析和数据挖掘都成了关键。大数据能为用户带来多样化、高速化的搜索获取体验，具有很高的商业发展价值，与计算机技术有着密切关联，也对人类生活产生了巨大影响。然而，随着数据的进一步集中和数据量的增大，现有的信息安全手段已经不能满足大数据时代的信息安全要求，对海量数据进行安全防护日益变得困难，数据的分布式处理也加大了数据泄露的风险。互联网在改变世界的同时，给个人信息安全以及国家信息安全带来了前所未有的挑战。这再次验证了网络是一把“双刃剑”。大数据时代人类在获得数据红利的同时，也将面临海量数据爆炸所带来的个人隐私、数据安全等技术难题。

数据的大量汇集意味着攻击者更容易找到攻击对象，攻击成本降低，尤其是资源共享、数据互通的平台与渠道更容易成为黑客攻击的首要目标。大量数据的汇集不可避免地加大了用户隐私泄露的风险。同时，大数据技术在带来商业价值的同时，也被黑客用来发起攻击，并且黑客可以利用大数据将攻击很好地隐藏起来，使传统的防护策略难以检测。面对极易成为攻击对象的大数据，在保护措施方面推动实时升级十分必要，尤其是拥有海量用户信息资源和敏感信息的大数据，其丢失与被窃将会造成难以估量的经济损失。因此，在大数据时代保障信息安全至关重要。

奇虎 360 科技有限公司董事长周鸿祎在峰会演讲时引用了习近平总书记的话——没有网络安全就没有国家安全，很好地折射出网络安全的重要性。周鸿祎认为安全的挑战是大数据时代一个非常重要的挑战，没有安全就没有互联网。随着 IOT 的加入，政府网站以及企业网站边界不再，政府和传统企业因为使用了云计算、大数据都会变成互联网企业，都会以互联网和用户相连接，连接带来便利的同时也带来了更多被攻击的可能性及更多被攻击的触点。与此同时，当产生了计算、人工智能之后，未来很多云端大数据会反过来控制各种智能设备，也就是以后的网络攻击不仅仅意味着用户隐私丢失，而且意味着人身伤害。一旦大数据被污染或者被操纵，所带来的安全隐患要远远超过 PC 互联网时代或者手机互联网时代带来的威胁。宽带资本董事长田溯宁同样提到在数据安全方面政府机构面临着与应对网络攻击相关的无数挑战，呼吁倡导并研究国家、企业、公民在大数据社会中的合法权益、大数据的安全和隐私权。

在大数据背景下，网络安全面临着严峻的挑战，数据安全和隐私保护已成为时下的热词，也是大数据发展中所面临的重大问题。因此此次数博会以“‘互联网 +’时代的大数据安全与发展”为主题，汇聚行业精英共同探讨大数据发展过程中数据共享与安全等问题。周鸿祎在峰会中和大家分享了奇虎 360 所提出的大数据时代信息安全三原则：第一，用户信息实际上还是用户的个人资产，它的所有权属于用户，它只是存放在政府或者公司的服务器上；第二，互联网公司和政府是通过给用户提供有价值信息服务，实际上是通过平等交换，换取了用户的数据，对用户数据的使用必须经过用户的授权和认可；第三，作为存储用户数据主体，无论是政府还是公司，应该做到安全存储、安全传输，要为用户数据提供最安全的保障。

“五促”并进，共同拥抱大数据时代

中共中央政治局委员、国务院副总理　马　凯

尊敬的各位嘉宾，女士们、先生们，朋友们：

首先，我谨代表中国政府对峰会的召开表示热烈祝贺，对来自国内外的嘉宾表示诚挚的欢迎！

当今世界，随着现代信息技术的迅猛发展，一个大规模产生、分享和应用数据的时代正徐徐开启。近几十年，我们通过互联网产生的累计信息量是人类过去千年的总和。基于互联网的大数据与云计算、互联网、智能终端等同样都是新一代信息技术的重要标志，已经深刻影响了经济、社会、教育、医疗和行政管理等多个领域，极大促进了产业发展转型、管理方式变革和社会效率提升。大数据已经成为新时代最具价值的宝藏之一。某种程度上说，谁拥有了大数据谁就拥有了未来。

本次数博会以“‘互联网＋’时代的大数据安全与发展”为主题，展

示发展成果、研究发展趋势、探讨数据安全，为全社会各界开展创新创业、合作交流提供了良好的平台，我相信通过大家的思想碰撞、观点交流和务实合作，必将更好破解发展难题，推动大数据产业快速健康发展。

女士们、先生们！中国政府高度重视包括大数据在内的新一代信息技术产业发展，积极融入新一轮信息技术革命，深入实施宽带中国战略，加快发展移动互联网、物联网、大数据、云计算和智能终端，深化新业务、新模式、新应用，大力促进信息消费，加强网络与信息安全保证，等等。

经过这些年的努力，中国已经成为全球网民数量最多的国家，全球最大的电子信息产品生产基地，全球最具成长性的信息消费市场。在这些因素的有力推动下，中国也已成为全球重要的大数据资源集聚地和大数据应用市场，大数据产业快速发展，产业链加速形成，正在对经济社会发展发挥着越来越重要的作用。当前中国正在实施创新驱动发展战略，推动经济提质增效升级和培育经济增长的新引擎，正在为全面建成小康社会和实现“两个一百年”的奋斗目标而不懈努力。在这一进程中，互联网、大数据、云计算会有更大的作用，进一步推动稳增长、调结构、促改革和惠民生。

为此，中国政府决定实施“互联网 +”行动计划，我们将更好利用互联网、大数据、云计算为大众创业、万众创新提供平台、数据和服务支撑，加快培育发展数据经济，促进传统产业创新升级，推动经济持续健康发展。我们将更好利用互联网、大数据、云计算推进政府数据公开，促进政府转变职能，推动法治政府、服务政府、阳光政府、廉政政府的建设，提升治理能力和服务水平。我们将更好利用互联网大数据、云计算推动信息资源开放共享，不断提升公共服务能力，建设形成公平普惠、便捷高效的民生服务体系，更好保障和改善民生。

女士们、先生们！大数据资源具有广阔的开发应用前景，开发好、利用好、管理好数据资源，关系经济发展、社会稳定和国家安全，需要各国政府、国际社会共担责任，通力合作。为此，我提出五点建议：

第一，共促产业繁荣。数据经济正蓬勃兴起，我们应紧紧把握大数据产业发展的重大机遇，加快构建以数据为核心的大数据产业链，发展云计算、数据中心、呼叫中心、数据加工清洗、众包式社会化数据分析等新业务，加快数据资源的开发利用，推进数据的产品化和商品化，促进大数据产业发展壮大，为世界经济稳定复苏做出积极贡献。

第二，共促技术创新。应坚持用创新解决大数据发展难题，广泛开展国际交流，促进创新资源共享，构建开放式创新体系，积极推动大数据采集、存储、处理、分析，深度学习应用可视化等关键技术环节创新，升级大数据技术基础设施，促进标准制定和成果转化，加快发展适合大数据应用的硬件设备和软件产品。

第三，共促融合发展。融合是大数据的价值所在，应大力推动大数据与产业融合，面向工业、交通、物流、商贸、金融、电信、能源等数据量大的行业领域，开展数据开发和交易，充分挖掘大数据的商业价值，促进产业提质增效升级。大力推动大数据与公共服务融合，面向社会服务、公共管理、市场监管、城市建设等方面的新需求，充分挖掘大数据的社会价值，推进政府治理和公共服务能力和水平。

第四，共促数据开放。大数据是人类的共同资源、共同财富，全球数据开放共享是不可逆转的历史潮流，各国应着眼于民生福祉，致力于推动大数据的开放共享，特别是要把政府数据开放作为全球共同的目标和行动。要加快建立政府数据开放平台，优先开放高价值数据，鼓励基于开放数据开展应用创新，让大数据惠及更多民众。要制定鼓励政策，引导更多非公共数据向社会开放。

第五，共促数据安全。数据安全是国际社会共同面临的挑战，有效应对是企业和政府的共同责任，国际社会应当加强合作，充分尊重不同关切，制定国际大数据法律法规，增强安全技术支撑能力，建立健全安全防护体系，合力打击网络攻击侵犯隐私行为，有效保护个人数据隐私，共同维护数据安全和有效流动。

女士们、先生们！大数据正在开启一个全新的时代，中国愿意同世界各国以及全球相关企业、机构携手努力共同分享发展机遇、共同应对安全挑战、共同拥抱大数据时代，为推动世界经济发展和社会进步做出更大贡献！

最后，祝大会圆满成功，谢谢大家！

期待贵州为我国大数据产业创新发展探索和积累经验

工业和信息化部副部长　怀进鹏

尊敬的敏尔省长，各位领导，各位专家，各位企业家，各位来宾，女士们、先生们：

大家上午好！

非常荣幸，也很高兴参加2015贵阳国际大数据产业博览会暨全球大数据时代贵阳峰会。首先，我谨代表工业和信息化部对本届数博会的举办表示热烈的祝贺！向长期以来关心支持中国大数据以及中国信息产业发展的海内外朋友、各位企业家表示衷心的感谢！也借此机会在这里就几个问题与各位分享我的想法。

第一个问题：当今科技与经济社会发展的主要特征是什么？

我理解，在当今科技发展中跨国的科学合作走入大科学时代，多学科技术交流与跨界融合面临着迭代创新的机会。而科技与经济深度融合已经成为经济社会发展最显著的特点，新一轮的信息技术与产业、经济和社会的深度融合，使得数据从稀有走向了极大的丰富，并不断引发着数据的爆炸，使人类社会逐渐走向数据经济的时代。大数据也日渐成为社会发展的战略性资源和资本要素，它在对生产、生活和社会管理方式带来深刻变革的同时，也正在重构信息技术体系和产业格局。而创新、变革、融合已成为经济社会发展的主题词和产业发展的主旋律，蕴含着巨大的发展机遇。

随着中国经济发展进入新常态，无论是保持中高速增长，还是面向中高端水平，抑或打造大众创业、万众创新的新发展环境，大数据、云计算、移动互联网等新一代信息技术及其相互作用、发展都将变得越来越重要，并且已经成为世界发达国家科技界和产业界竞相发展和竞争的焦点，在经济社会发展中起着基础性、先导性、战略性作用。

第二个问题：面对大数据、云计算我们是否做好了准备？

刚才马凯副总理做了重要讲话，深刻阐述了发展大数据的重要意义以及推动大数据发展的重要举措。党中央、国务院高度重视信息技术产业的发展，2015 年以来国务院印发了《中国制造 2025》《关于促进云计算创新发展 培育信息产业新业态的意见》，正在制定并即将出台的“互联网 +”行动计划，积极推动大数据、云计算、移动互联网等现代技术的融合发展，这一系列的政策举措将为信息技术产业的发展创造更加友好的环境和条件。同时，中国作为世界制造业大国，在制造业 22 个大门类的 7 个领域中位居世界第一，中国制造业在全球制造业格局中的占比已经超过了 1/5。因此，在中国从制造大国走向制造强国的过程中，我们需要一种新的转型和新的意识。

随着信息技术，特别是互联网技术和产业的发展，中国已经不仅是互联网应用大国、移动互联网发展迅速的大国，更是互联网的强国。在全球十大互联网公司中，中国有 4 家。这说明中国已经进入了在本土创造国际品牌、取得国际竞争优势，并加速发展，快速与相关领域进行融合的新的时代。因此，无论是技术的储备、产业的基础，还是政策发展的环境，都为大数据、云计算的发展创造了先机，也做好了准备。

作为行业主管部门，工业和信息化部会认真贯彻落实党中央、国务院的决策部署，以两化深度融合作为主线，以"互联网 +"制造业、互联网服务所形成的新行业作为主攻方向，抓紧制定实施细则，明确任务分工，推进实施，更好地发挥大数据在经济社会发展中、在创新引领中的积极作用。

第三个问题：敢问路在何方?

我以为，经济社会发展是习惯和创新相互作用、相互促进的过程。按照管理学大师德鲁克先生的说法，发展不仅仅是趋势，更重要的是要抓住趋势的转变。今天互联网，特别是移动互联网正在通过逆向整合生产要素，为经济社会提供强大的转变支撑力。而移动互联网的发展和互联网大规模的使用，又进一步推动了数据规模性创造和汇聚，并将对我们的生产变革、社会治理以及生活优化产生积极的作用。

这两年我一直在关注贵州的发展，也一直在思考——贵州发展大数据的基本思路。经过这两天深度的调研和学习，我理解，贵州在发展大数据方面做得实、起步快，特别是国内外、海内外著名的企业和研发机构落户聚集贵州，形成了强大的技术发展后劲。同时我也感到，在过去的历史发展当中，从美国犹他州开创了软件产业发展模式，到印度加快软件服务业外包形成了世界外包领域新的中心，也许是偶然，也许是一种必然。我认为贵州的目标远景、一系列行动计划的有效推进，以及制度设计的保障，都会对贵州乃至中国大数据发展提供经验、开辟新路。在昨天的交流和访问当中，我也特别注意到，贵州在大数据发展当中做得实、做得稳，这也将会对中国大数据产业发展以及大数据国际交流起到积极促进作用。

工业和信息化部积极支持贵州大数据的发展，于 2015 年 2 月联合贵州正式启动了贵阳・贵安大数据产业发展集聚区创建工作。下一步工业和信息化部将与贵州加强互动协同，邀请贵州参与国家大数据科技与产业联盟、大数据标准、数据安全与隐私保护以及试点示范和相应的海内外国际合作工作。我们期待着通过进一步落实好党中央、国务院对于贵州发展的重要指示精神，营造良好的发展环境，推动应用与产业相互促进、良性发展，推动新一代信息技术与经济社会深度融合发展，推动"互联网 +"制造业的试点示范，努力把贵州、贵阳、贵安建设成为全国领先的大数据产业发展集聚示范区，为我国大数据产业创新发展探索和积累经验。

各位领导，各位来宾、朋友们！本次数博会的召开为各界开展大数据领域交流合作提供了良好的平台。我相信，数博会的成功举办将给贵州乃至全国以及国际学术交流和科技产业合作带来积极的影响和发展的启示。

最后，预祝本次数博会取得圆满成功，谢谢大家！

用大数据成就跨越梦想

中共贵州省委书记、省人大常委会主任　赵克志

尊敬的马凯副总理，尊敬的各位嘉宾，女士们、先生们：

大家上午好！

当前，以数据为驱动力的数据革命正在到来，人类社会正迈向大数据时代，在这样一个伟大的时代变革，让我们齐聚多彩贵州、爽爽贵阳，共享数据峰会盛会，共谋数据产业发展，以大合作分享时代机遇，以大平台推动创新升级，用大数据成就跨越梦想。

习近平总书记指出，由于大数据、云计算、移动互联网等新一代信息技术同机器人技术相互融合步伐加快，制作机器人的软硬件技术日趋成熟，机器人革命有望成为第三次工业革命的一个重要切入点和增长点。2014 年 3 月，总书记还指示我们，要正确处理好生态环境保护和发展的关系，因地制宜选择好发展产业，并指出，贵州开展大数据产业招商、发展电子信

息产业是一个好的选择。贵州秀美的山水风光、多彩的民族文化、宜人的气候条件，形成了良好的生态环境和后发优势。我们举办 2015 贵阳国际大数据产业博览会暨全球大数据时代贵阳峰会，就是为了搭建一个全球化、专业化的平台，促进各方加强交流，深化合作，推动大数据产业加快发展。

在此，我谨代表贵州省各族干部群众，向莅临大会的各位来宾、各位领导、各界朋友表示热烈欢迎和衷心感谢！祝各位嘉宾在贵阳期间身体健康、心情愉快、工作顺利！

深入挖掘大数据价值
唱响“多彩贵州彩云飞”

中共贵州省委副书记、省长　陈敏尔

尊敬的各位来宾，女士们、先生们：

大家上午好！

今天，来自全球大数据领域的顶尖企业、领军人物和专家学者云集多彩贵州、爽爽贵阳，共同探讨大数据产业发展大计，这是一件十分有意义的事情。

贵州省高度重视大数据产业发展，将其作为落实习近平总书记关于守住发展和生态两条底线这一重要指示的战略选择。我们的理念是：以大数据引领产业升级，促进新一代信息技术与三次产业的融合发展，实现“百姓富、生态美”的有机统一；以大数据助推政府转型，通过数据的集聚、融通、应用，用好政府的“有形之手”和市场的“无形之手”，实现“人在干、云在算、天在看”，提升政府治理能力；以大数据服务社会民生，通过大数据、云计算手段，在医疗健康、社会保障、交通旅游、食品安全等方面创造更加丰富的公共产品，让人民群众从大数据中感受到更多的“获得感”。

2014 年是贵州大数据发展元年，2014 年 3 月举办的贵州·北京大数据产业推介会是开篇之作。一年多来，我们注重探索“务实管用”的发展思路，始终围绕“数据从哪里来、数据放在哪里、数据谁来使用和怎样使用”这三个基本问题。我们初步提出要打造基础设施层、系统平台层、云应用平台层、增值服务层、配套端产品层五个大数据产业链层级的思路。我们注重制定精准有效的政策措施，先后出台了《关于加快大数据产业发展应用若干政策的意见》《贵州省信息基础设施条例》等政策法规。我们注重打造统一开放的系统平台，建设了省级政府数据统筹和共享平台，将其命名为“云上贵州”系统平台。注重实施系列示范应用工程，推进电子政务云、智能交通云、环保云、工业云、智慧旅游云、电子商务云、食品安全云等“七朵云”工程建设，并且以“云长制”的方式落实每一个部门、每一个方面实施的责任。注重抓好数据中心建设，重点推动三大电信运营商在贵安新区布局建设超大型数据中心，规划服务器规模将达 200 万台。注重引进一批示范性项目，阿里巴巴、富士康、惠普、京东、微软、腾讯、百度、浪潮等一批国内外知名企业正在贵州落地生根、开花结果。我们也注重先行先试探索创新，在不到一年的时间里，我们在全国大数据领域创造探索了“几个率先”，即率先举办以大数据为主题的博览会和峰会、率先开展大数据商业模式大赛和草根创业大赛、率先建立块上集聚大数据公共平台、率先建立大数据应用展示中心、率先建立大数据交易所、率先成立大数据战略重点实验室、率先打造全域公共免费 Wi-Fi 城市。现在，各位打开手机就能连接到贵阳免费 Wi-Fi，可以轻松愉快地“刷屏”“晒幸福”。

目前，国家正在制定大数据国家战略及行动计划。我们将抓住和用好战略机遇，深入挖掘大数据的商业价值、管理价值和社会价值，唱响“多彩贵州彩云飞”。

一是加快数据集聚。我们提出“集聚是必须、不集聚是例外”这样一个原则，加快推动省级政府数据率先聚集。依托三大电信运营商数据中心，吸引一批国家级、行业级数据集聚贵州。加快“块数据”城市建设，全力打造“数谷贵阳”。我们也衷心希望国家部委、行业和大型企业到贵州考察，将数据资源库、超级计算中心落户贵州。

二是加快数据融通。构建“出省宽、省内联、覆盖广、资费低”的信息基础设施体系。分层次有序向企业和社会开放政府数据。探索数据安全标准和数据应用规范，筑牢大数据管理的安全防线。着力构建数据交易市场，逐步向社会提供完整的数据结算、交付，数据资产管理和融资等综合服务。

三是加快数据应用。秉持众创、众筹、众智、众赢的理念，围绕大数据全产业链，鼓励和吸引更多投资者、创意者和应用商进入贵州，推动创意与资本结合，让创意结出成果，以此催生增值服务企业集群，带动电子商务发展，做大终端产品信息业的发展。

我们热忱欢迎全球大数据企业到贵州投资发展，共同掀起大众创业、万众创新热潮，来开创大数据应用新局面。

女士们、先生们！“数”聚爽爽贵阳，“云”集多彩贵州。我们相信，有国家的大力支持，有各方的积极参与，多彩贵州一定将勇立大数据时代的潮头，谱写一曲“云上贵州”的精彩华章。

谢谢大家！

“互联网 +”促进传统行业和互联网不断融合发展

腾讯公司董事局主席兼首席执行官　马化腾

尊敬的各位领导，各位同仁，各位媒体朋友：

大家上午好！

今天很高兴有机会和大家分享互联网给我们带来的变化，以及对贵州本地社会经济发展的推动作用。我看到今天的主题是“互联网 + 大数据”，“互联网 +”这个词最近热度空前，有媒体说这个概念最早是由我提出的。这里我跟大家透露，其实这个词最早是在 2013 年腾讯和阿里巴巴共同投资第一家互联网保险公司——中安保险的时候，在上海发布会上提出的，之后在很多场合我也提过这个概念。

为什么会有这种想法呢？因为我们看到互联网和传统行业的碰撞越来越多。我记得三年前微信蓬勃发展的时候，和传统的通信运营商产生了一些竞争，引起了社会的关注。我们也看到，两年前阿里巴巴的余额宝对银行业也产生了很大冲击，也有很多人议论。我们还看到，最近这一年，滴滴打车、快滴打车的激烈竞争，也对传统交通运输业带来了挑战。所以我们在思考，为什么互联网原来只是一个新经济、虚拟经济概念，最近这两三年和传统行业接触日益增多？所以我提出，互联网会不会和第一次、第二次工业革命的时候发明的蒸汽机、电力一样，其实是一种新的信息能源呢，是第三次工业革命的一部分。这样我想更容易让企业、政府和人们理解“互联网 +”的概念。所以我的理解，“互联网 +”是一种能源，而正是这种信息能源促进了传统行业和互联网不断的融合发展。

我们今天看到“互联网 +”的发展与大数据、云计算也是密不可分的。目前贵州围绕加速发展、加快转型、推动跨越的主基调，大力实施工业强省和城镇化带动主战略，不断推进工业化和信息化的融合发展，在互联网与信息产业领域取得了长足发展。近期，腾讯也和贵州省委、省政府达成了战略合作意向，以大数据信息产业为重点，围绕贵州省正在打造的大数据内容中心、大数据服务中心以及大数据金融中心，共同推进互联网与贵州各个行业的融合发展。

关于贵州全省的“互联网 +”情况，基于腾讯的大数据分析，我们特别做了研究。对包括贵阳、黔东南州、安顺、毕节等几个州市在内的贵州全省，我们做了关于“互联网 +”指数的调查。从最终结果可以看到，贵州省“互联网 +”的发展大体呈现东高西低态势，贵阳、遵义、黔东南地区的用户土壤基础比较好。虽然贵州全省的“互联网 +”发展情况相对有些滞后，但我们看到它具备非常好的发展潜力。正是通过数据分析我们得出了全面客观的评估，使得我们未来与贵州的合作可以不断地优化和顺利推进。

接下来，利用先进的科技手段，充分发挥“互联网 +”的融合作用，助力贵州经济崛起，是腾讯的一个主要目标。以农业发展为例，据我所知，贵州“十二五”规划把农业、农村、农民的发展问题作为全省重点工作。通过充分利用互联网手段帮助当地的山村百姓解决棘手问题，能够真正实现让当地农民离土不离乡、离乡不背井。多年来腾讯和贵州也有着不解的缘分，在贵州落地的“互联网＋乡村”计划就是我们腾讯公益探索创新的公益模式之一。未来我们将会继续优化和发挥腾讯在大数据、云计算等方面的能力，培育与发展“互联网＋”的模式，助推贵州总体经济结构的调整，不断提高贵州经济和社会的信息化水平。同时我们也期望通过“互联网＋”的不断融合，与贵州一起打造包括“互联网＋乡村”在内的更多开放和发展模式，推动贵州转型升级和发展转变，更好地带动当地的经济社会发展，助力贵州在中西部的全面崛起。

最后，预祝大会成功举办。谢谢大家！

贵阳打造大数据产业
发展聚集区是创新型的发展战略

美国高通公司全球高级副总裁　阿南德（Anand Chandrasekher）

尊敬的马凯副总理，尊敬的赵克志书记，尊敬的陈敏尔省长，各位嘉宾，各位朋友：

上午好！

我非常高兴能代表高通公司参加此次具有历史意义的全球首次大数据峰会。高通与中国渊源很深，高通创始人曾任贵国前总理朱镕基先生所发起的清华经管学院首届顾问委员会委员，那是在21世纪初。自十多年以前，也就是20世纪90年代末，高通第一次将技术和产品带到中国以来，我们始终致力于帮助中国发展无线产业技术，并且对我们的先进技术提供认证服务，这些技术正是移动终端价值的驱动要素。与此同时，我们还将最先进的芯片组提供给中方合作伙伴。高通每年把20%的预算用于研发，之所以这样做，是因为我们相信创新是增长的要素。今天，高通正处在另一个历史的关口，因为我们正在介入数据中心这样的业务，商业技术设施这一保证全球经济体有效运转的业务正在向云端过渡。我们共同催生了海量数据，这是前所未有的，实际上现在我们一年产生的数据可能超过过去所有数据的总和。这样的一种结合趋势，为行业新进者提供了难以置信的巨大商机，也为高通这样的企业提供了商机。我们相信，现在对于服务器和数据中心来讲正是最好的黄金时期。

实际上，各国对于服务器的需求量和 GDP 是比较吻合的，我想在这里指出与之相关的几点。2015 年美国 GDP 是 14 万亿，中国大概 11 万亿，数据虽然很接近，但是在服务器普及率上美国与中国却很不一样。美国服务器的消费占全球的比例是 60%，而中国是 15%。这一差距恰恰是中国企业和中国企业家以及创新者的巨大商机。对于中国来讲，把握住向云端和大数据的过渡将是前所未有的机遇。中国在大数据发展过程中扮演的角色是重要的，BAT、小米、360 在此过程中都做出了表率。其中需要做出创新的不仅仅是数据中心，移动端也要做得更好，因为它能够催生数据。我们需要把不同的终端更好地相联，保证移动端和数据中心都能够有良好的表现。

中国中央政府和贵州省政府都具有前瞻性的思维，把贵阳打造成第一个大数据产业发展的聚集区，这种创新型的发展战略，对于中国来讲将成为一种新常态。高通非常荣幸也很乐意成为大数据产业发展集聚区的一员。我们在开展服务器业务的同时，也在帮助贵州省进行大数据和信息产业方面的工作。我们愿意与省政府合作，在中国续写新篇章。

谢谢！

富士康如何从制造业企业转型为“六流”公司

富士康科技集团创办人兼总裁　郭台铭

尊敬的陈省长，尊敬的工信部怀部长，大数据领域的领导，女士们、先生们：

大家早上好！

今天我想就富士康集团如何从一个制造业企业转型为“六流”公司与各位做个分享。所谓“六流”，其实是大数据产业中非常关键的信息处理技术，大数据咨询处理过程中蕴含着信息流、技术流与资金流，此为“三虚”，以及人员流、物料流、过程流，此为“三实”。“三虚”和“三实”构成的“六流”哲理深藏在公司治理、产业创新、应用进化等的过程中。这“六流”虚实结合，软硬整合，贯穿整个大数据的应用，让大数据的积累更有意义，更有效地转化为有用的作为决策的小数据，帮助我们创新与分析、决策。通过有用的小数据，我们可以迈向万物联网的智能社会。而关键是要依靠“六流”来帮助公司进行转型。各个产业通过“云移物大智网”，加机器人创新，实现“互联网＋八大生活”，为人类创建一个更友善的智能社会，这也是富士康在转型过程中不忘的重要使命。

在迈向一个更加友善的智能社会的过程中，我们需要全力发展“云移物大智网”的智慧生活，以及机器人和网络自动驾驶车的应用，采集更多有用的大数据，通过“六流”数据分析、创造我们的智能生活。富士康依照智能生活，制定出六大制造原则，那就是“云移物大智网”。云方面包括云计算，富士康致力打造全球最先进的服务器与数据中心，提供更绿能、更智能的云端储存技术服务；移动终端方面，富士康已经是全球最大移动终端制造厂，将全力建制移动终端硬件的互通互联终端平台；物联网方面，富士康正在全力推动工业自动化与机器人，配合工业版4.0的演进，也是对中国制造2025的呼应；在万物联网方面，我们致力于Machine to Machine、Robert、Big data等技术的研发，在中国制造2025中我们将全力参与，绝不缺席；大数据方面，大数据是工业4.0的基础，通过大数据的沉淀积累，能够加速实现智能制造，是实现中国2025年的黏结剂；智慧化方面，数据最有价值的地方不在大数据的取得，而在于要对大数据进行归纳分析，使之成为智慧数据，帮助我们快速应对市场的变革，做出决策，提升效率和节省能耗；网络方面，网络是贯穿整个智能生活的神经系统，能及时反馈与调整智能应用，实现智慧生活everywhere、anytime、any davice的无缝连接。富士康集团期许在向“云移物大智网”和机器人的转型过程中，为下世代创造更加美好的智能生活。

在这里我们分享富士康对“互联网＋”的定义，分享富士康百万员工如何在“互联网＋”中做出表率。我们致力于密切员工的工作、生活，致力于为员工打造“工作＋生活”的“互联网＋”的智能生活。在互联网时代，互联网八大生活包括工作生活、教育生活、娱乐生活、家庭社交生活、安全生活、健康医疗生活、采购与财产交易生活、交通环保生活。我们认为，未来在三网融合的基础上，云端大数据分析将成为八大生活的基石。通过云网端的连接，富士康的八大生活应用将贯穿我们的每一天，通过应用，也通过“互联网+”为全人类打造一个智能生活网。

我们坚信，科技发展是为了改善人类生活，使其更有效率，更节省能耗。富士康集团致力于工业4.0的推动，正全力转型为“六流”的“互联网+”公司，将累积的大数据变成有用的智慧数据，提升生活效率，更有效节省资源，让人们的生活可以更幸福、更健康、更美好、更快乐！

谢谢各位！

大数据可以提供更好的决策依据和技术支持

高德纳咨询公司全球副总裁　琳达 · 普赖斯 (Linda Price)

各位领导，各位嘉宾：

早上好!

我叫琳达·普赖斯，非常荣幸来到这里，这是我第一次来到这个（大家都称它为爽爽的贵阳)美丽城市。今天上午我在酒店旁边看到有人在画画，有人在唱歌跳舞，这种舒适的生活让我印象深刻。这次博览会和峰会选择大数据这样的先进科技作为主题，意义重大。过去30年高德纳一直在为企业和企业领袖们提供建议，以使其从科技当中掘取价值。因此，我非常高兴此次盛会的组织者能够为我们提供参会的机会。

我们常常被问到，需要满足怎样的条件才能够构想、建设我们今天所谈到的大数据发展的集聚区。实际上这些条件是一张长长的清单，需要有好的经济、完善的法律法规等。但最为重要的是，要有把它变为现实的政治意愿。因此，我要恭喜我们的省长和市长，他们展示出了充分的发展大数据的政治意愿。

高德纳的价值主张，或者说它的品牌价值来源于我们的客观，我们不会受任何外部因素的影响，而且与外部没有任何利益牵涉，所以我们的专业观点是非常客观的。与此同时，在高德纳内部我们也建立了相关机制，以保证我们的客观性。我们对于大数据的看法是不断更新、不断成熟的，我们关注与大数据相关的各种要素，包括云计算、移动、社交以及信息的大数据等。我们最近在全球范围内对 CIO 和企业家进行了调查，在过去两年中，计划开展或者已经开展了大数据相关业务，并且看好大数据发展前景的 CIO 和企业家所占的比例从 50% 上升至 73%。这也体现了大数据的趋势正越发显现。大数据可以提供更好的决策依据，也能支持自动化等新技术。

我们认为行业、企业的崛起和商业加值不能仅仅依靠新技术，很明显来自各方的挑战还有很多。高德纳有评估和监测科技发展的机制，我们称之为 Hyper Cycle 趋势。大数据现在已经从新趋势变为主流，这就意味着整个市场会出现大洗牌，而且之前的很多看法会更加现实。我们为全球数以千计的 CIO 提供建议，要他们谨慎对待大数据。与此同时，我们也采取了创新的方法来处理大数据，而不仅仅只是关注预算、商业案例和最佳实践。大数据是一个完全崭新的领域，所以在提供建议时，我们不是直接去找一个问题的答案，而是在寻找一个甚至我们都不知道的问题的答案，因此常规的方法可能不适用了。与此同时，我们也需要寻找新的技能，高德纳已经分析了如何将新技能提供给各个组织，以及各个组织需要怎样的新技能。

我再次感谢贵阳，举办如此重要的博览会和峰会。相信在未来几天的会议中，我们将会有很多的交流、学习、互鉴，并且形成新的友谊和伙伴关系。

我相信我们的省、市领导对于大数据的美好期许，特别是爽爽的贵阳这样一个好听的名字，将在未来的数据和科技产业领域变为现实。

谢谢各位!

大数据时代的银行蜕变

中国银行总行副行长　许罗德

陈省长，怀部长，各位嘉宾：

大家上午好！

我想从金融的角度谈一下对“互联网 +”和大数据的一些体会。昨天晚上吃饭的时候，我和 360 的周董事长坐在一块儿，我请他送我一本他写的书。他这本书是写互联网方法论的，第一个观点就是人们不要挑战大趋势。我把他这个话演绎一下就是，在大趋势面前顺之者昌、逆之者亡。现在大趋势是什么？我觉得大数据就是一个非常重要的大趋势。在这个大趋势面前贵州省走在了前头，我对此表示敬意。我认为互联网催生了大数据，大数据给金融服务插上了翅膀。互联网与金融的结合产生了很多变化，这个大家都看到了，那么怎么来看这些变化？我把它们归纳为两种变化，一种是物理变化，一种是化学变化。

物理的变化大家可能感受得比较明显，我们原来的银行服务 85% 以上都是通过网点来完成的，现在我们通过网点完成的服务只有 15%，剩下的 85% 都是通过互联网的渠道，如网上银行、手机银行，通过各种各样与互联网有关的终端来实现。这种物理变化想必大家都深切感受到了。

那么化学变化体现在哪些方面？我认为有四个方面：

第一个是开放式平台。银行的平台原来都是封闭的，因为我们要金融的安全、数据的安全。但是现在我们的平台都是开放式平台，通过和电商连接，和第三方支付连接，和各种行业、社区甚至跨境连接，真正实现了“互联网 +”的开放式连接。

第二个就是跨界。银行业的跨界现在还比较纠结，跨什么界、怎么跨？我们没有像阿里巴巴的马云那样跨得那么坚决、跨得那么明确，我们很纠结。马云跨的目的不是要干跨界后界内的事，而是希望通过跨界营造一个生态系统，提供更好的金融服务，提供更好的客户黏性。

第三个就是构建一个生态系统，金融的生态链。周小川行长在 10 年前就提出了关于生态金融的理论，当时社科院连续几年发布区域性的金融生态报告，但是那个金融生态指的是金融服务的大环境，包括政策环境等。而现在说金融生态主要指金融服务上下游各方相互的依存，共融共生共存，是另外一个概念的金融生态。

第四个就是大数据，其实银行是最能产生大数据的。但是我们过去的大数据不是鲜活的，没有生命，我们的大数据都放在库里面。而互联网赋予了银行大数据生命，使其具有了内生的动力。我们现在利用这些大数据做了很多事情，现在中国银行的大数据活了，有生命了，活了以后使我们的商业模式、产品创新、营销渠道、风控模型都发生了很大变化，是真的发生了化学的变化。我们中银通过互联网的易贷已经发放了百亿级的贷款，很多中小微商户、个人客户实现了网上申请、网上贷款，我们还建立了精准推送、精准营销的各种渠道，我们的风控模型特别是对欺诈的定位现在已经到了非常精准的程度。在跨境服务中，我们运用大数据分析，对跨境服务需求做了很多分析，提供了量身定制的产品，做出了我们中国银行在全球服务中的优势。我们银行原来是金融服务不足，对小微商户服务不够，现在通过大数据，我们在这方面有了很大的改善。大数据确实使银行业发生了化学的变化，这种化学变化具有非常重要的意义。

最后我想说，中国银行入驻贵州今年是100周年，中国银行已经成立103年了。马云总说阿里巴巴要做100年的企业，我相信他是能做200年企业的。中国银行将在大数据、云计算、互联网的大潮中加强与各界的合作，与在座的各位合作，尽最大可能合作，和贵州进行合作，提供更好的金融服务，实现田国立董事长提出的做最好银行的战略愿景。

谢谢大家！

与贵州一起解决大数据安全问题

奇虎 360 科技有限公司董事长　周鸿祎

尊敬的陈省长，怀部长，各位领导，各位行业领袖，各位前辈：

大家好！

非常高兴有机会分享我们对大数据的看法。来之前我看了陈刚书记写的一本书叫《块数据》，刚才也听了陈省长的精彩演讲。坦率地讲，我觉得贵州省在理解大数据方面超过了很多同行，超过了很多互联网公司，所以我们非常有信心跟贵州省一起解决好大数据安全问题。因为时间有限，我分享几个观点。

首先，我觉得真正的大数据时代刚刚开始。互联网从 PC 互联网到手机互联网，产生了数据，量有了飞速的增长，实际上现在的“互联网 +”中有一个非常重要的趋势，就是 IOT，也就是我们所说的万物互联。中国现在大概有 5 亿台电脑在工作时间使用，会产生一定的数据；中国有十几亿人口，平均一个人两部手机，大概未来手机保有量在20亿部左右，会产生我们今天所说的大数据。但是在未来5年里，随着IOT技术的发展，万物互联，我们每个人开的车会布满各种智能设备，家里也会拥有各种智能设备，甚至人身上戴的眼镜、手表都会变成智能设备，每个人平均会拥有30到50个智能设备在和互联网相连，也就是在未来几年里中国所有人拥有智能设备的数目将会达到400亿到500亿。而且所有这些智能设备，即使在你睡觉的时候，也会在默默地为你工作，在不断采集各种数据，上传到云端。所以可以想象，5年以后，我们一天甚至一个小时产生的数据会超过人类历史上有史以来产生的所有数据。这代表了未来大数据真正的趋势，所以说今天大数据的时代才刚刚开始。因此要恭喜贵州在大数据时代拔得头筹。

但是大数据时代带来一个非常重要的挑战，在《大数据贵阳宣言》里面大家已经看到，就是安全的挑战。习总书记说没有网络安全就没有国家安全，我觉得没有安全就没有互联网一说。如果没有一个好的对大数据安全的保护，我们今天所有设想的大数据可能都会变成空中楼阁。大数据的安全威胁有很多，我举两个例子。因为有IOT加入，使得政府网站与企业网站的边界不在，也就是今后的政府和传统企业因为都使用了云计算、大数据，都会变成互联网企业，都会以互联网和用户相连接。连接带来便利，同时也增加了更多被攻击的可能性，也带来了更多被攻击的触点。同时未来很多云端大数据，当产生了计算、人工智能之后，会反过来控制各种智能设备，也就是以后的网络攻击不仅仅意味着用户隐私丢失，而且意味着人身伤害。当汽车都联网以后，如果大数据被污染或者被操纵，可能导致智能汽车在半路上突然死机或者突然停住，这带来的安全威胁，要远远超过PC互联网时代或者手机互联网时代带来的威胁。360从用户数目来说，已经是全球最大的网络安全公司。当年我们也是做了一回野蛮的外行人冲进了安全领域，我们最早运用大数据和云计算方法来解决安全问题，今天我们也会为大数据安全推出相应的解决方案。所以我们可能不建设数据中心，也不提供服务器，但是我们很希望在贵州做大数据试验的过程中能够来跟大家一起解决数据安全问题。

最后我提一个问题留给在座的各位讨论和思考，就是大数据的伦理问题和道德问题，因为今天技术的发展实际上已经超出了过去很多传统的规则。刚才马凯副总理也提到，比如说滴滴打车、Uber 与传统交通的监管。我从另外一个角度提一个问题，大数据必然产生资产，但是这个资产的所有权到底属于谁？实际上所有大数据都是由用户产生的，或者主动，或者被动，或者知道，或者不知道，被传到各个互联网公司的云端服务器，或者被传到政府的云端，那么用户信息的所有权到底属于政府，还是属于互联网公司？

因为有这些思考，我们提出了大数据时代的信息安全三原则，供大家讨论。第一，用户信息实际上还是用户的个人资产，它的所有权属于用户，它只是存放在政府或者公司的服务器上。第二，互联网公司和政府是通过给用户提供有价值的信息服务，实际上是通过平等交换，换取了用户的数据，对用户数据的使用必须经过用户的授权和认可。也就是说用户要有知情权和选择权，如果有用户说不愿意接受你的服务，希望你把数据删掉，互联网公司应该遵循用户的意愿。第三，作为存储用户数据的主体，无论是政府还是公司，应该做到安全存储、安全传输，要为用户数据提供最安全的保障。其实最近我们也观察了一下安全的趋势，比如一些互联网公司由于数据库被黑客攻击，导致数以百万计人的个人密码泄露。在座所有人登录政府内网，或者公司网络，或者购物网站的口令都是密码的一种，这种口令丢失有可能意味着很多网站不安全。所以我们提出三原则，这是我们在大数据时代面临的一个问题。

谢谢大家！

着力构建线上线下优势互补的商业模式

贵州茅台酒厂（集团）有限责任公司董事长　袁仁国

尊敬的陈省长，怀部长，各位领导，各位来宾，各位行业领袖，各位媒体朋友：

大家好！

很高兴，也很荣幸与大家在爽爽的贵阳共聚，参加2015年贵阳国际大数据产业博览会暨全球大数据时代贵阳峰会。在此，我谨代表贵州茅台集团对峰会的召开表示热烈的祝贺，对远道而来的客人表示诚挚的欢迎，对社会各界给予茅台的关心支持表示衷心的感谢！

传统工业企业如何通过互联网来提升市场占有率，推动机制的转变，实现新的跨越，这不仅是茅台关心的问题，也是众多中国传统企业面临的重大抉择。

互联网时代的到来给制造业带来的变化不亚于蒸汽机的发明、电的发明对工业革命的推动。据中国互联网发展状况统计报告显示，截至2014年

12 月，我国网民规模达到 6.49 亿，互联网普及率为 47.9%，手机网民规模达到 5.57 亿。据中华全国商业信息中心统计，2014 年，全国 50 家重点大型零售企业商品零售额同比下降 0.7%，而网络零售市场仍然保持 49.7% 的增长，中国主要零售企业关闭门店数量同比增长 474.29%，中国零售业线下线上的遭遇可谓冰火两重天。不难看出，互联网已经融入大众消费生活，而消费者的网购热情已经催生了一种具备生命力的销售方式。一个能够获取大数据的互联网才是发现问题、解决问题的工具。对于茅台而言，上述数据寓意着一场深刻变革正在加速到来。正如马云先生所说，数据使传统行业的产品和服务更贴合个性化需求，从产品流动延伸到生产制造。

今天，中国白酒线上销售量虽然只有 1.59% 左右，但是潜力不可小觑。互联网时代的到来，不仅给很多灵活运用互联网思维的品牌带来新的空间，也给茅台这样的企业带来新的动力。我们必须主动融入大数据时代，勇于改革创新，才能做互联网时代的强者。下面谈几点个人看法，请各位批评指正。

一是围绕线上线下共建和谐新商业生态。互联网尤其是互联网时代的到来，不仅加速改变了流通方式，也颠覆了传统商业模式。在这个大背景下，我们必须打破线上线下的界限，打造新的商业业态。这要求我们学习掌握互联网思维，着力构建线上线下优势互补的商业模式，让消费者的线上支付与线下体验产生协同效应，必须努力实现线上支付与线下体验的无缝衔接，建立从实体店到数字店的全渠道销售方式，必须完善物流配送，建立更方便、更快捷、更安全、更灵活的模式，必须针对互联网商业特点全面提升质量管控水准。未来，线上线下交互购物形式将成为主流趋势。

二是利用大数据改变传统企业解决问题的方式。传统生产企业的痛处是，我们知道谁帮我们卖，但是不知道谁在买；对传统零售业来说这个问题变为，我们知道谁在卖，但不知道消费者的体验。在传统的生产模式中，消费者、生产者往往相互孤立、相互脱节，导致供求失衡。大数据的核心作用是分析需求、预测未来。通过对大数据的整合，生产企业对消费者的喜好、付费方式、消费体验等有了更直接的了解，并可将其作为关键的决策依据。大数据时代的到来，打通了传统企业生产到消费者体验的最后一公里。数据创造价值，创新驱动未来。随着大数据时代的到来，每瓶茅台酒的生产都蕴含着丰富的产品信息，包括哪个班组酿制、哪座酒库储存、哪个车间包装、哪个单位烧的酒瓶、哪家印刷商标、哪个省的销售渠道、哪家经销商销售、销售给哪些客户，等等。每年进入市场的茅台酒汇聚了海量数据可追溯、可监控，这些宝贵数据如果加以更深层次开发，必将推动贵州茅台市场整合能力全面提升。

三是“互联网 +”时代，白酒行业要顺势而为。“互联网 +”战略下的数据，既是传统行业急需的资产，也是新经济的基础。中国拥有悠久的酒文化和历史传统，传统的酒行业遭遇“互联网 +”时代碰撞出新的机遇和挑战，要打通数据，不让数据成为孤岛，真正实现大数据的价值，使数据资产成为数据商品。当前，酒类品牌除了利用较为传统的互联网广告展示，也开始利用社区、社会化媒体、APP 游戏、微信、微博等方式与消费者互动，白酒也创新营销，不仅在京东、天猫等开设旗舰店或者授权销售产品，同时也催生了一批专业电子销售平台抢占市场。贵州茅台正在努力探索适合自己的发展路径，我们以遍布全国的经销商、专卖店、分公司等销售网络为骨干，重视对京东、天猫等平台运用，并且成立了自己的电子销售公司，以了解当前消费者的消费习惯和消费趋势，有效影响目标人群，在互联网上创建真实的销售互动，制定合适的网络销售策略。

以茅台为代表的白酒工业是贵州传统支柱产业，以大数据为基础的信息产业是贵州重点打造的新支柱，抓住贵州大数据产业的发展机遇，全力整合茅台销售渠道和云平台资源，打造贵州五张名片综合网络平台是贵州茅台在互联网时代的重要任务，“云上贵州”需要产业落地来支撑。传统产业和创新企业共同努力，我们希望贵州大数据产业给予传统产业更为有力的支持和支撑。

在座的各位业界领袖有很多是茅台酒的忠实粉丝，同时我和我的同事们也是你们产品的追随者。比如包括我在内，绝大部分茅台员工通过百度来获取知识，通过微信来了解信息，通过阿里巴巴来了解电商市场。这是消费与服务角色相互融合的时代，也是新经济模式和传统产业产生化学式剧变的时代。众人拾柴火焰高，我们期待在这个神奇的大数据时代，“互联网 +”能够给大家创造更多的商业机会、更广阔的发展空间。

谢谢大家！

发起建立“国际大数据联盟”

宽带资本董事长　田溯宁

各位领导和朋友：

昨天晚上我们的飞机到贵阳已经是半夜了，我们就聊为什么这么多人到贵阳凑这热闹，是因为领导重视，还是大数据这题材比较时髦？我觉得我们今天看待大数据可能要从历史角度来看。人类文明进步都与大发现有关系，我们最重要的大发现是哥伦布的地理大发现，奠定了今天的全球政治经济乃至国家格局。后来有物质大发现，发现了钢铁、发现了石油、发现了抗生素，这些大发现奠定了我们今天生活的文明基础。而20世纪物理学的大发现，奠定了今天IT所有的技术，比如半导体技术。我觉得我们可能又到了一个新的大发现时代，就像人类过去发现新大陆、发现矿物质、发现抗生素一样，我们到了一个数据大发现的时代。我觉得可能是这样一个时代把我们聚在一起，我们只有用历史的眼光才能理解这个时代的很多困惑、很多激动人心的东西，当然也有很多不解。我认为每一次大发现所产生的文明和进步都是全球合作的结果，都为各个方面不断发展奠定了标准和规则。所以在这个会议之前，行业的几个朋友就谈到，如果我们认为大数据是这个时代最主要的资产，这个时代的发现这么重要，我们是不是应该尽早发起和倡议一个国际大数据组织，就像人类在海洋大地理发现时产生的海洋公约、电信时代的ITO电信公约，我们在这时候应该率先倡导一个国际的联盟，来理解这个时代，来探索这个时代的问题、标准和将来的各类的应对措施。所以我今天利用这个机会，代表这12位发起人念一下国际大数据联盟的贵阳倡议书。

大数据时代为人类社会发展提供了空前的机遇和挑战，大数据流动的国际属性、数据产权、隐私权、主权等诸多问题，均是跨越国家和地区的重要问题，因此需要在全球范围内汇聚人才，逐步探讨建立国际社会的共识和标准，以降低交易成本，促进大数据时代健康与繁荣的生态系统。利用贵阳成功举办大数据博览会的机会，我们广泛征求业界意见，决定发起国际大数据联盟，期待各国商界、学界和政界具有未来视野和社会影响力的领导者们一起加盟，共同推进大数据国际协调平台的建立，通过广泛深入的交流和业务合作，来建立国际的共识和标准，我们期待并为之努力。

近期目标为：一是创建基于民间合作，并得到政府理解和支持的国际开放和透明的交流平台；二是倡导并研究国家、企业、公民在大数据社会中的合法权益、大数据的安全和隐私权；三是推动全球大数据的标准、规范、伦理和法规的研究；四是提倡利用大数据推动各国社会文明的发展，促进经济繁荣，提升人类福祉；五是鼓励大数据的国际交流和合作，推动更多的大数据国际专业机构产生，形成丰富的大数据生态系统；六是提倡数据公平、公正，大数据发达地区支持相对落后地区，提供必要的技术和人才的资源；七是倡导建立平等和公正的大数据开放模式，促进国际以及企业间的大数据流动与交易，反对数据垄断和技术封锁行为。

学者、企业家、志同道合者们，让我们共同合作探索迎接人类历史上又一次重要的技术和社会变革。我们一共有12个人，有印度的代表，有挪威电信的代表，有鄂维南院士，有阿里巴巴的副总裁涂子沛，还有原索尼的董事长，还有《大数据时代》的作者，北京市金融工作局党组书记霍学文，中国股权投资协会的常务副会长，等等。这12人作为发起人，希望从今天开始有更多有志者加入进来。我今天来看到很多老朋友，过去20年我们跟着中国互联网一起创业，无论我们方式如何，都是过去20年中国互联网发展的最大受益者。我希望我们能够放下过去的包袱，继续发挥我们的想象力和创造力，未来20年在全球范围内参与创新，拥抱大数据的新发现时代！

谢谢各位。

网络驱动企业创新

Uber 公司 CEO　特拉维斯·卡兰尼克（Travis Kalanick）

尊敬的陈省长、怀部长，尊敬的各位领导、各位来宾、各位朋友：

大家上午好！

首先我衷心感谢马凯副总理、各位中央领导、贵州领导和各位来宾！我很高兴来到这座城市，也很愿意在中国待上一段时间。对我来说，我可以在这里学习一些商道，因为我很早就接触过一些关于在中国如何经商的资讯。我之所以这么高兴，是因为我的工作允许我可以到世界各地的城市看看，此外，我的企业是用网络来驱动创新的，也带给我许多想法。

依我看来，未来几年在创新的层面中国绝对会超过美国的硅谷。在“互联网＋”时代，我们可以使用应用软件，通过大数据增加生产力，所以“互联网＋大数据”，能让我们的生活发生翻天覆地的改变，也能创造更多的岗位，使我们得到更多的利益。

在中国，使用 Uber 只要简单按一下按钮就可以顺利出行。现在对人们来说，不再需要拥有一辆车了，只需登录 Uber，就可以轻松出行。而在一开始，设计 Uber 的初衷只是为了满足我自己以及我在旧金山的朋友的出行需求。现在人们可以选择拼车，就是让更多人一天内可以乘坐这一辆车，乘客可以享受更好的体验，司机有更好的收入。

利用大数据可以预判用车需求的时间和位置，如此一来，我们可以用最有效率的方式增加合作司机的收入，从而降低自己的综合成本。人们现在不再需要拥有一辆车，这就是 Uber 的核心价值。而之所以会有这么重大的突破，是因为现在世界上有超过 10 亿辆车。

中国有非常多的车，但有很多车没有被充分使用，可话说回来，世界上又有多少辆车是被 100% 使用的。如果可以充分使用这些车的话，就可以降低污染。在“互联网 +”时代，优化环境是一个更高远的目标，不是一个 APP，或者在手机上打打游戏就能实现的。如果我们要在“互联网 +”时代取得成功，就要让我们身处的城市变得更好，而我们所做的一切都是为了让城市变得更好。

Uber 希望跟地方政府合作，同时也希望能够提供更好的服务。现在虽然世界上有许多城市都有 Uber 的身影，但是我们还有很多路要走。现在很多一线城市有 Uber 的身影，而 Uber 的合作司机都是当地人，我们希望和当地人一起推动所在城市的发展。

“互联网 +”时代到底会给 Uber 及其竞争对手带来什么机遇？我觉得是增加了合作的机会。例如在杭州，在过去 30 天内，我们已经创造了 1 万多个工作岗位，在中国，我们在上周大概创造了 6 万个工作岗位。这带来的影响是非常深远的，我们不仅创造了工作机会，也减少了在路上的汽车数量。只要有一辆 Uber 的车在路上跑，就可以减少原来在路上跑的 10

辆车，在上海我们在路上已经减少了 10 万辆车。

现在，在旧金山湾区我们又推出了全新的 Uber 软件，只要简单按下按钮，就会有车来接你，只是你要跟其他乘客共同出行，而这些做法只是为让我们的城市变得更好而已。我们对于中国的业务特别重视，希望能够和中国共同进步、共同发展。我到中国后发现，中国的省、市领导都非常关注城市的发展，城市也比我在其他国家见到的更有活力。

谢谢大家！

挖掘大数据时代的商业模式是当务之急

小米科技公司董事长兼CEO　雷　军

各位领导，各位来宾：

大家好！

站在小米的角度，我们充分感受到了大数据的浪潮扑面而来。为什么呢？因为小米的主业是做智能手机，今天的手机不再是单纯的通信工具，已经是一个随身携带的电脑，或者是随身携带的相机。正因为这个特点，它无时无刻不在产生海量的数据。

两年前我们意识到这个需求之后，小米开始做云服务，每年数据量增长多达6倍。我简单跟大家分享一下小米的数据。现在使用小米云服务的客户已经达到9700万人，我们已经为用户存储了405亿张照片、5.04亿视频，存储量超过100个P。100个P在今天看来还不是特别大的数字，但是考虑到每年增长6倍，每个月新增都在3至4个P的话，压力其实是空前的。

而且，两年前小米进入了智能设备领域，这个领域增长也非常迅猛。比如说小米的空气净化器每个月销量过 10 万台，小米的监控头和运动相机每个月销量也是十几万台，像手环这种便携穿戴式设备，小米每个月的销量过了 100 万台。这么多设备每时每刻都在产生数据，所以小米对大数据的需求感受是非常深刻的。

2014 年，小米制定了“翱义云服务”计划。在这个计划里面，小米的重心放在应用层面，金山软件的重心放在开放云服务层面。2014 年金山的董事会也批准了整项计划。小米从自有的资金里面拿 10 亿美金投资云服务，经过过去一年的努力，小米预计 2015 年在云服务方面的收入大概会增长 4 到 5 倍。

随着整个计划的大规模推进，我觉得今天最大的困难是什么呢？今天最大的困难是，大数据时代的投入非常大，但是整个市场还在初期阶段，如果没有配套的商业模式，其实发展压力是非常大的。那么怎么保证大数据能够持续地发展？我觉得关键在于，怎么探索数据的价值、怎么挖掘大数据时代的商业模式，这是今天的当务之急。

谢谢！

大数据与云平台结合更能提高效率

惠普公司中国区董事长　毛渝南

尊敬的陈省长、怀部长，尊敬的各位领导、各位来宾、各位从事大数据的同行，以及对大数据有兴趣的嘉宾们，女士们、先生们：

大家好！

数据其实指向的是过去，可是它也能够表达未来。数据中始终隐藏着社会和行业发展的规律，所以数据其实不是新的东西。大数据的运用有赖于软件、硬件系统上的发展，它能够通过对过去数据的分析指导我们今后的工作和生活。更重要的是，大数据能让我们及时地运用数据，而大数据依托云平台更能增加它的效率。

惠普在全世界范围内在云计算和大数据推广、运用、服务和客户量方面都是一个领先者，有个咨询公司过去连续两年都把惠普排在云运作的领先位置。今天在这里我想向各位报告，惠普很荣幸在贵州、贵阳已经落地运用了大数据，在医疗的提供上、在农业的发展上、在媒体的运用上，都有了实际的运用项目。

我们尤其感到荣幸的是，能够参与贵州、贵阳的医疗项目，我们在2015年10月就会点亮平台第一期，实现“一个平台、三个库”的融合。一个平台就是人口健康信息云平台，三个库的融合是电子健康档案、电子病历、全员人口库的融合，四个应用包括医保统一结算平台、医疗业务监管平台、医疗机构协作平台、居民健康平台。在项目推广之后，我们会和本地的合作单位：贵州省政府、贵阳市政府一起陆续发布一系列白皮书，向大家报告在医疗方面大数据与云平台能够节省成本、提高效率，让民生最重要的一环得到更好的发展。在农业平台上，我们要促进贵州、贵阳农业的发展，更重要的是使贵州、贵阳在农业产出的附加价值上有大的增加。在媒体云上面，我们也有实际的建树。

最后我想跟大家报告的是，我们在贵州还做了一个更有意义的项目，惠普公司促成了惠普大学与贵州大学的合作，在贵州大数据与云平台的人才培育上跨出了实际的一步，我们成立了西部新一代IT教育培训基地，在大数据、服务外包以及云平台上面都有实际的推动，因为大数据发展如果最终没有人才支撑，一切都是空谈。

谢谢大家！

未来最大的能源不是石油而是大数据

阿里巴巴集团董事局主席　马　云

尊敬的陈省长，怀部长，各位同仁：

大家好！

坐在下面听演讲，心里特别激动，从几年前的一个概念、一个想法，到今天贵州真正全面进入大数据时代，觉得真是特别了不起。

今天早上来之前我在网上查了一下，看到很多线下小店在打折、关店，下面有评论说，都是马云惹的祸，都是淘宝惹的祸。其实我在想，13 年前我们在推广电子商务的时候，我们到处说互联网会影响生产、制造、销售，互联网将会影响社会的方方面面，电子商务将会对很多行业带来巨大冲击，但当时很多人并不以为然。今天我也可以这么讲，10 年以后，很多人会说，中国的经济也好，世界的经济也好，都是贵州惹的祸。如果你不参与整个大数据的建设，不参与大数据技术、云计算，不把自己的企业真正变成一个互联网的制造企业，我相信你一定会像今天抱怨淘宝一样抱怨贵州。

我觉得任何事情要站在未来的角度看，而不仅仅从今天的成绩、从今天你能做什么的能力角度去看。这个世界正在发生很大变化，我相信未来 30 年是人类社会最精彩的 30 年，也是令人期待的 30 年，更是令人恐慌、恐惧的 30 年。

今天我们生活在一个非常纠结的时代，经济下滑趋势明显，经济下行压力非常大。小公司关门，说是因为互联网，大公司无所适从也说是因为互联网，似乎每个人都在怪互联网。但另一方面，很多欣欣向荣的企业在不断地成长。前段时间我面试了六个年轻人，面试以后我倒吸了一口凉气，幸好自己是 15 年前创业，要是现在创业，一定被这帮小子活活搞死。因为他们采用的是互联网技术，运用的是互联网思维，应用的是大数据。他们说的很多商业模式，我到今天为止也不是很理解，但是我相信，一旦我理解了，我会更加恐慌。

今天，我们喊了很多年的信息数据时代已经开始，政府倡导的经济转型也已经开始。转型升级是要付出代价的，这个代价正在开始形成。很多人说我们期待转型升级，但对其中的一些人来讲可能是叶公好龙，当转型升级真正到来的时候他们可能会心里发虚。

回应一下刚才田溯宁讲的三次工业革命，第一次是英国的蒸汽机，第二次是美国的电力能源。我们都觉得好像中国失去了这些机会，其实中国从来都不缺少它们，关键是看我们有没有把握这些机会。第一次工业革命的结果是诞生了一种新的商业模式，那就是工厂、煤。第一次工业革命是真正释放了人的体力；第二次工业革命能源起来之后释放了人的能力，人希望能走得更远。第一次工业革命希望更强；第二次工业革命希望能走得更远、更持久，诞生了公司；第三次工业革命会是什么样的商业形态？这是我最近考虑最多的。因为每一次工业革命对商业形态的变革所造成的影响都是非常大的，必须从组织上去思考。从未来看，如果社会走向这样或那样，我们未来的组织应该是怎样的？我思考最多的就是，任何一次军事变革经过很多年以后一定会变成一次商业的变革。

从第一次世界大战和第二次世界大战来看，也有人说第一次工业革命导致了第一次世界大战，第二次工业革命导致了第二次世界大战，那我们这次技术革命会产生什么东西？因为这一次的技术革命释放的是人的智慧、人的脑袋。人们没有想过这次技术革命会使整个人类社会发生什么翻天覆地的变化。美军的组织从第二次世界大战的旅到越南战争的营，再到伊拉克战争的 7 人小战队，我不知道今天全世界有多少国家的军队还是以师和团来作战，而在后面发射导弹则是三军总司令部，也就是形成前面小分队、后面大平台的作战体系。

未来的组织不是公司雇佣员工，而是员工雇佣公司。这一系列的变化是因为整个技术发生了巨大的变化，因为数据的产生，整个社会商业发生了变化，一定会造成整个社会发生变化，经济、政治体系发生变化。所以在座的每一个企业要去思考什么样的组织才适合未来，什么样的团队才能够适合未来？

另外，今天我想重点讲的是从IT到DT的变革。我们以为IT(Information Technology）和 DT（Data Technology）是技术的提升，其实这是两个时代的竞争。DT 是一个新的时代的开始，所以大家一定要高度重视 DT 时代的思考、DT 时代的思维、DT 时代的想法。

IT 时代是让自己更加强大，DT 时代是让别人更加强大。IT 时代是让别人为自己服务，DT 是让你去服务好别人，让别人更爽，是以竞争对手服务竞争对手。IT 时代是通过对昨天信息的分析掌控未来，是控制未来，而DT时代是去创造未来。IT时代让20%的企业越来越强大，80%的企业可能无所适从；而DT时代是释放80%企业的能力，所以整个世界将会发生翻天覆地的变化。

IT时代把人变成了机器，而DT时代把机器变成了智能化的人，所以我们正进入一个新型的时代。而未来的制造业不仅仅是生产商品和产品，未来的制造业制造出来的机器必须会思考、会说话、会交流，未来所有的制造业都将成为互联网和大数据的终端企业。未来的制造业要的不是石油，未来的制造业最大的能源是数据。所以我相信未来的竞争将会发生天翻地覆的变化。

关于平台型企业，有人说要以服务别人为中心，有人说要以服务自己为中心，我想这儿有一个简单的例子。第二次世界大战期间，日本建造了全世界乃至人类历史上最强大的军舰，叫作大和舰。它拥有强大的钢甲、最强大的火力，日军认为它可以摧毁一切，但是它第一次远航的时候，想找航母对抗，可连航母都没有找到，就被几架飞机击沉了。因为航母是一个平台，自己不具备进攻能力，而航母上的舰载机具备强大的进攻能力，整个是一个生态。不要只想着让你自己强大，而是要思考让你的员工更强大，让你的客户更强大，让你的合作伙伴更强大，所以所有的技术都是对思考的总结。假如我们不去把握未来DT时代整个思考，那么我们的技术将是无用的，还是生活在昨天。

今天，我们看到无数企业在追逐、参与大数据时代，我们也看到了很多互联网公司很快沦落成为传统的互联网企业，很多IT企业变成了传统IT企业，因为很多人还没有搞清楚什么是IT，我们就进入了DT。互联网企业要参与社会变革，参与经济发展，参与教育和文化，让整个社会各方面越来越强大。所以让经济更富裕，让人类更幸福，是所有互联网大企业的历史担当。

今天互联网已经不仅仅是上网看新闻，或是购物，也不仅仅是玩游戏，或是聊天，互联网必须成为整个社会发展进步的巨大能源和动力。如果今天我们把互联网仅仅当成一种工具，就如同我们也曾经把中国发明的火药当作烟火、当作炮仗，而别人却把它当作了武器。所以我想，今天是一个剧变的时代，是一个可以共同展望未来的时代。在这个时代不是去改变别人，而是改变自己，去拥抱它，这样你10年以后就不会说这是大数据惹的祸，我们应该共同把大数据变成人类未来巨大的能源所在。

谢谢大家！谢谢贵州！

创新与实践

2015 年 5 月 27 日，城市全域免费无线网络与块数据下的产业创新发展论坛在贵阳国际会议展览中心召开

2015 年 5 月 26 日，中国大数据交易高峰论坛在贵阳国际生态会议中心召开

2015 年 5 月 26 日，在中国大数据交易高峰论坛上，专家学者围绕“大数据交易与政府数据公开”议题展开圆桌讨论

2015 年 5 月 27 日，数据商品化发展论坛在贵阳国际生态会议中心召开

2015 年 5 月 27 日，大数据征信与大数据资产评估高峰论坛在贵阳国际生态会议中心召开

抢抓时代机遇敢为天下先

大数据战略重点实验室

数据是基础性的资源，也是重要的生产力。数据在政治、军事、社会公共事业、经济等领域都发挥着重要作用。美国建国初期利用人口普查得来的数据进行分权；在美国南北战争期间谢尔曼巧用数据“向大海进军”并取得重大军事胜利；而后美国利用数据进行成本收益分析极大地促进了社会公共事业等的发展；各届美国总统利用民意调查的数据调整重大政治决策；乔治·盖洛普利用科学抽样的数据不仅在政治领域，也在商业领域获得巨大成功。这些只是在早期阶段数据所产生的作用，如今互联网技术特别是移动互联网技术的发展引发了一场深入的信息革命，数据如浪潮般澎湃而至，人们对数据的认识更加深入，储存与分析数据的技术得到进一步提升。2013 年人类社会正式步入大数据元年，大数据成为互联网产业链最核心的部分，创造了很多新的商业模式，同时大数据也是推动国家战略的有力抓手，受到国家层面的高度重视和支持。数据正成为基础性资源与重要生产力。

利用大数据创造无限商机。数据是继土地、资本、人力等要素之后的独特生产要素，谁掌握了数据谁就占据了对财富的支配地位，甚至能影响未来。人们开始思考如何更好更快地收集数据、如何进行大数据交易、如何才能将数据商品化、如何进行大数据征信并对数据进行定价等。这些问题，要么是在已有的实践基础上进行创新，要么是在做前无古人的探索。

一、城市全域免费 Wi-Fi 覆盖助推数据块上集聚

人类一切生产和交换活动都基于数据展开。传统意义上的数据是指“有根据的数字”，数据是对客观世界测量结果的记录，而非随意产生。随着人类社会进入信息时代，数据的内涵随之扩大，只要是保存在电脑中的信息都成为数据，数据库出现后，数据开始成为“数字、文本、图片、视频”等的统称，成为“信息”的代名词。随着人类社会进入信息大爆炸时代，大数据进入公众视野。

信息技术和互联网的新发展带来大数据的爆发式增长，海量数据蕴含着巨大的商业价值和应用价值。目前各行业所掌握的数据皆为自身产生或收集到的条数据，而未来大数据的发展趋势是块上的条融合，即在一个物理空间或者行政区域内由人、事、物形成的行为数据与自然数据等的总和。块数据使数据之间互联互通，从而打通数据孤岛，进而挖掘和获取更多更大的数据价值。政府在很多领域涉及大数据应用和服务，这能催生和带动新的商业模式。贵阳正在以大数据产业为基础，全力加大开放，融合创新力度，努力将贵阳打造成为名副其实的“块数据城市”。

数据的条块融合，才是真正意义上的大数据。贵阳是中国第一个

Wi-Fi 公共免费全覆盖城市，“701”项目运用互联网思维来经营和发展，通过建设高质量、广覆盖的 Wi-Fi 热点和传输网络，形成消费人群上网的主入口，聚集访客量和浏览量，实现块数据的集聚。块数据理论提出数据之间是相互关联的，关联度越高，数据的价值就越高。Wi-Fi 系统让数据产生新的价值，对于发展大数据云服务和智能终端等高端产业，提升通信基础设施服务能力，大力推进“智慧贵阳”“下一代互联网应用”等众多项目，乃至推动贵阳大数据产业发展具有重要意义。

贵阳打造中国第一个块数据大数据公共平台。块上集聚的大数据公共平台，主要是基于用户行为数据、企业数据、社交数据、政府部门数据等各类条数据和传感设备，在同一平台上进行开放共享，在一个区域聚集为块数据。用块数据的区域属性把分裂的数据聚合，从政府公信力的角度推动这些技术结合，让大数据更接地气，取之于民、用之于民。此外，块数据将赋予城市发展灵魂，通过对城市多维度数据源进行各种处理、加工、分析、提炼，将数据结论运用到目标领域中，实现块数据与经济、社会、政府等各行业、部门数据关联，促进经济社会发展。

二、大数据交易的并非原始数据而是其分析结果

大数据交易的本质是对数据的价值进行交易。大数据交易的不是底层数据，而是根据底层数据分析得出的结果。大数据的大不仅指容量，更指价值，容量只是表象，价值才是本质。大容量并不一定代表大价值，大数据的真正意义在于大价值,价值主要是通过数据的整合、分析和开放而获得。将数据成功推广到商业领域，开启市场调查新时代的第一人是乔治·盖洛普。《乱世佳人》制片人塞尔兹尼克利用盖洛普提供的各项数据调整电影

宣传策略，使影片最终成为美国有史以来票房最高、最赚钱的电影。与其说塞尔兹尼克利用的是盖洛普提供的数据，不如说是利用了潜藏在数据中的各项价值，即数据分析所反映出的观众年龄、收入、偏好等。这是20世纪40年代发生在美国的数据价值交易，也可以说是首次利用数据分析结果对电影进行营销的成功案例。

贵阳打造中国首个大数据交易所。随着人类社会进入信息大爆炸的大数据时代，所储存的数据无论从量还是质上都有极大的飞跃，人们开始思考利用数据资源进行交易这一新的商业模式。贵阳敢为人先。2015年4月，贵阳大数据交易所正式挂牌运营并完成首批大数据交易。大数据交易所以电子交易为主，通过线上大数据交易系统，让关联客户进行数据交易。大数据交易必须遵循六条规则：一是交易的是数据分析结果；二是实行会员制；三是大数据交易所实行不休市交易；四是每个交易品种拥有唯一代码；五是所有的交易基于现有法律执行；六是实行电子化交易。交易所将积极发挥数据质量认证、数据格式标准化、数据金融工具的作用，建立交易双方数据的信用评估体系，增加数据交易的流量，加快数据的流转速度。

大数据交易所开启大数据产业链的“贵阳模式”。大数据交易所将积极发挥贵阳在大数据领域的政策优势、数据清洗建模优势、数据金融衍生品设计的优势等，连通大数据的供需双方，让数据之间互相碰撞，产生核聚变的结果，服务全球，让数据变成影响政府决策、企业经营的第一决策要素。大数据的快速发展，使数据交易所变成一个多维的空间，不管是产权交易所，还是产品交易所，或是非标交易所，都是多元化的。从这个角度看，大数据交易所是商品非标准化的交易所，但可以把多个层面放在这一个平台上，使这个交易所变成一个立体状态。结合贵阳在大数据方面的发展战略、资源优势、政策优势，大数据交易所将优先采集贵阳企业用电数据、企业经营数据、医疗数据等，进行数据的清洗、脱敏、分析工作，为贵阳各产业的转型升级提供数据支持，打造在中国大数据产业领域的影响力和话语权，加快中国互联网金融中心、中国大数据聚集中心和大数据金融中心的建设。

三、数据商品化的目标是实现多维度的数据共享

数据商品化是进行大数据交易的前提。数据虽是资源，但未经过处理和加工任其成为数据孤岛则很难发挥它的价值，这是贵阳市提出数据商品化的初衷。在原始社会，人们使用以物易物的方式交换自己所需要的物资。后来产生交易行为，双方以货币为媒介进行价值交换，买卖双方就某一样产品或商业信息进行磋商谈判。大数据交易依然以货币为媒介，只是产品的呈现形式不是实体，而是数据，或者说是数据中潜藏的价值。数据要像商品一样流动起来，才能产生价值；必须让大家买数据、用数据，才能把大数据发展起来。当数据成为商品时，获取数据的渠道便开始成为焦点。

让政府开放数据的呼声高涨。政府掌握的数据可以说是最多的，因此专家呼吁政府除了保密、涉密之类的数据，应最大可能地向社会和企业开放数据，方便企业为社会提供各项服务，为政府的决策和监管提供服务。而政府开放数据的前提是对数据进行整合，打破数据孤岛，实现数据之间的互通互联。数据整合是政府开放数据的基础，也是关键。通过整合数据，催化城市大数据生态圈的形成，政府职能协作圈为人们提供一站式服务，大政府生态圈促使数据提供方与居民需求相结合，产业生态圈促进各产业更好地发展，创新创业生态圈为创业者提供良好的线上线下环境，方便其使用数据发展新的创新业务。数据是政府的一大金矿，参与开源与开放可以创造更多的经济价值，但是政府开放数据要遵循三个原则：第一不能和

个人隐私相关；第二不能和国家安全相关；第三不侵犯商业机密。

打造中国首个政府数据开放示范城市实现数据共享。“云上贵州”是贵州推进政府数据资源整合、共享、开放和利用，推动大数据产业发展自主搭建的云计算系统平台，也是全国首个升级数据统一管理、交换、共享的云服务平台。在这个平台上，可以进行跨领域的数据交换和共享，对数据的存储、计算实现集约管理。2014 年 10 月，“云上贵州”系统平台正式开通运行，“7+N”云工程示范项目开始面向企事业单位提供服务，计划到 2017 年，“云上贵州”系统平台将面向全国提供服务。

四、大数据资产评估标准是大数据产业发展制高点

大数据产业的发展带来很多新的课题，其中很重要的一个就是迅速制定大数据资产评估的标准，规范行业发展。大数据产业的发展，标准是制高点，谁掌握了标准谁就占据了产业发展的主导权。可以说大数据征信与大数据资产评估是整个大数据发展产业链条中非常重要的两环，大数据征信是利用采集的被评价方全方位的主体信息，对数据进行梳理、分析、评价，从而得到数据主体状况的一系列流程；大数据资产评估是对原始数据进行评估，并在此基础上驱动产生价值。贵阳市高度重视大数据征信和大数据资产评估，与金电联行等国内知名企业一起探讨和建立大数据征信和大数据资产评估体系。可以说，建设大数据征信标准在大数据产业发展中具有前瞻性和开创性，将培养和壮大我国新兴产业。

大数据资产评估标准的建立是保证大数据交易的重要依据。数据本无价，但若将其商品化并对其进行交易，就需要对数据进行定价。我国已经形成全球最重要的大数据市场，如果没有标准将使数据世界变得杂乱无章。标准化

可以化无序为有序，确保数据交易双方更好地完成交易。此外，标准化实现数据共享。没有健全的标准作为支撑，不同行业、地区之间信息源态势不同，数据交换共享困难。标准化是支撑产业的技术手段，是推动治理能力的强劲动力，是提升公共服务质量的重要工具。标准问题已经越来越成为制约产业发展的关键因素，要发展大数据产业，实现数据商品化和进行大数据交易，大数据征信与大数据资产评估两个方面的标准建设迫在眉睫。

鲁迅先生曾称赞："第一个吃螃蟹的人是很令人佩服的，不是勇士谁敢去吃它呢？"大数据交易、大数据商品化、大数据资产评估、免费Wi-Fi全城覆盖，这些本身就代表着创新，代表着勇气。当别人还在思考大数据是什么时，贵阳已经开始在大数据领域进行理论探索和实践，紧抓机遇敢为人先，成为大数据时代创新与实践的最佳代表。

大数据智能的研究与应用进展

中科院研究员　程学旗

非常感谢贵阳市组织的这次高峰论坛，也感谢中关村大数据产业联盟临时接洽我到贵阳来，给大家做一个报告。我看在座的各位，有很多从事这个领域的研究工作，或者实践工作。今天的主题是“全域免费无线网络与块数据下的产业创新发展”。万物互联就是 Wi–Fi 跟物联网关联在一起，我的报告没有分析 Wi–Fi 对城市的感知，而是分析在互联网的大背景下它所产生的价值，主要是大数据的智能。

数据来源于我们现在的三元世界、三元空间。第一是网络空间。第二是物理世界。第三是人类社会的交互和信息传导，在物理世界通过无限的传感穿戴式设备，通过人机、脑机的界面，形成一个新的空间 DATANATN，数据界。关于数据的价值，我们昨天在分论坛上谈论了很多，我们可以用数据做导航，可以用数据做预测，可以用数据做决策。我们把数据的应用分为三类，一类是对现状的感知，一类叫未来预测，一类叫决策与调控。我们做大数据战略分析的时候，更多的是从决策与调控的方面进行考虑。我就快速地跟大家讲一讲，对现状的感知，包括对城市环境的检测、在微观层面上对特定事件的检测，也包括对大量数据做一些科学分析；未来预测，包括对城市未来交通、污染，以及重大突发事件等的预测；决策与调控在我们知道未来可能发生某种状况的情况下，我们采用某种办法让世界、让状态按照我们期望的方向发展。基于大数据的决策与调控，包括金融以及其他方面的应用。

关于数据，我们刚才讲了空间来源，从计算上讲主要有四个问题：一是数据自身网络化存在所导致的数据特性，比如网络化数据传播的正发性和关联的抑制性与多样性，它的特性导致我们对这个数据的度量和计算存在困难，就是数据复杂性。二是由于在网络空间里面存在结构和在线、离线的数据互相关联，存在新的计算复杂性问题。三是在数据处理方面，从感知到传输、存储再到计算如何设计系统结构和系统架构，我们称之为系统复杂性。最后我们把数据存起来干什么用，我们刚才说到对现状的感知和对未来的决策调控，目的是在数据里面发现规律。对数据进行预测，实际上就是学习和判定复杂性问题，尤其是网络空间的大数据，在数据层面、判断层面都存在着思维复杂性。我们最终目的是实现从数据到知识、从知识到智慧的决策。从数据如何到智慧？这是我们今天的主题，就是数据智能。大数据智能跟脑智能有什么区别？大数据智能实际上能够从大量、散乱、无规则的数据里面发现一些规律、一些现象，能够预测特定的状况，并就特定的状况做调控。两者最大的区别在于涌现性，数据是涌现出来的。我们举一个简单的例子：蚁群效应。蚂蚁群体行动产生了群体智慧，也就是说个体看上去很单一、很弱小，但是群体却有大智慧。而数据智能通过数据碰撞最后形成智慧的决策。大数据智能跟前者有相关性，也有其独特性，它的核心在于涌现性。大数据的目标是希望通过对个体智能的分析和判定形成群体智能的分析和计算。这叫大数据的智能，核心在大数据表达、度量和涌现方面。我们讲人肉搜索，群体智慧在这方面的众包方式是体现大数据智能的计算方式。人，可以是一个单元，一个小的方面就是大数据的一步，最后形成群体智慧。

如何实现群体智慧，如何实现大数据智能？要解决三个问题：

第一，我们刚才提到了大数据的复杂性，数据复杂性、计算复杂性、系统复杂性等，我们要解决这些复杂性，在大数据的杂乱无章中尽量解决度量问题，解决群体抑制大数据问题。在数据规模足够大的时候，也就能够产生一种新的解决方法。大数据的精简表达与度量，抑制数据，网络传感数据，数据的分布抑制，结构复杂，还有表达的尺度多样，大数据在网络空间存在的特点等，构成了挑战性问题。要解决挑战性问题，意味着在传统数据表达方面有很多工作需要做，复杂性理论、数据度量，以及尺度如何计算，是我们面临的比较难的问题。

第二，在大数据复杂计算性方面，传统的算法主要是解决函数问题。我们希望在变量和参量之间有一个模型：一个函数，或者一种计算的方法。我们认为一个问题可解，那一个多项式就是可解的。在数据规模小的时候我们更多关注算法的问题，在数据规模大的时候，在数据几乎无边界、无穷大的时候，线性复杂的问题无法用传统的模型求解。这种情况下要在数据上做文章。最近几年我们在做国家重点基础研究发展计划（973 计划）的时候，从数据的角度提高数据计算，降低数据计算复杂性问题。传统方法更多的是从方向性方面入手，利用多项算法解决这个问题。而在大数据情况下，数据规模非常庞大，要从三个层面去解决：第一就是简约计算，一个大的空间是一个全量数据，真正计算的时候需要找到核数据，即便数据规模在变大，但它是相对稳定的，这样就可以找到计算方法；第二就是分布式计算，我们用把数据化整为零的方式实现计算的简约，是要解决数据横向的问题，但还要对数据结构做组合，因为一个简单的矩类问题做切割之后结果并不是一致的，那在算法模型上如何实现一致性就是分布式计算要解决的问题；第三就是增量式计算，大数据很多，我们怎么样在全量依赖的基础上解决增量计算。

第三，是大数据涌现挑战。数据的涌现激励是什么、数据架构怎么支撑，以及涌现的过程是不是可度量、可重现？我们现在解决了三个方面的问题，即涌现度量、交互的个体和群体以及相变点求解的问题。我们提的方法是通过预测模型构建一个环路。前面讲的大数据，包括智能的问题、数据的表达、计算和涌现机制的发现等，其实就是我们这几年在做的研究。

下面我举几个具体的例子：第一关于数据表达。在文本数据表达方面，一个大的网络里面有短信、微信、评论和论坛等各种数据，其实从大的种类来看，它们都是短文本数据。短文本数据往往信息比较确实，是口语话的语言，需要解决相互距离长的问题。由于大规模系数导致计算的复杂性加大，我们提出一个办法：不去计算这个词的出现频率，而去找这种表达特征之间的共性关系。原来是按“点”做计算，我们现在按“边”做计算，通过按“边”我们发现精准度提高了 20% 左右。在我们对微信，或者微博数据做分析的时候，其精准度可以得到大规模提升。第二就是关系度量，就是人的影响力问题。对人的影响度量，即度量 B 对 C 的影响。传统的办法是要对相互影响的每个用户进行度量，这个结果是非常大的。如果 11 个人都在社交网络里面进行交互，要把每个人的影响力算出来，最后求综合影响力，这个计算复杂性非常高。在度量一个人对每个人的影响力的时候，如果只是看其他人对他的可接受性，我们叫每个用户的影响力，我们现在只需要算每个“点”对特定用户的影响是什么即可。第三举一个关系网络里面的数据。如果我们求两个人是不是兴趣相似、是不是关系亲密，或者找两个网页之间是不是相关。谷歌里面讲是不是内容相关，这是一种办法，还有一种方法是看两者之间是否有连接，如果有连接它们就相关。如果求两个人是不是相关，往往看这两个人是不是很相似，比如是不是都很关心大数据、是不是都很关心古典音乐或者某一个明星。另外看他们两个人有没有互动、有没有互粉或者互相评价，如果有就相关。两个网页是不是像上面说的是两个维度，第一看它们兴趣是不是相关，第二看它们是不是产生了交互。这两个维度视角东西，在一个空间里面到底谁重要，谁不重要？如何让这两个维度的东西最后在一个度量里面？什么意思呢，原来的搜索是把不同维度的东西放在一个模型里面做参数学习，现在我们提出一个新的办法，就是把数据相关、内容相关的东西放在一个空间里面进行度量。内容相关跟连接相关很难在一个物理的空间，我们这里的极坐标空间可以用一个空间进行度量，这个度量很有意思，有一套理论。

还有在计算方面我们的研究工作。在排序方面，我们知道无论信息检索，还是产品推荐、用户推荐，都是查询的某个关键字是什么以及是否匹配的问题。我们要找的是最前面的相关信息，现有的问题是，把最后的结果统一排序叫全量排序，这个数据量非常大。数据检索搜到 1000 或者 10000 个结果的时候，用户往往只看前面 100 个，如果只对前面 100 个做排序可以大大减少计算复杂度，是用局部的结论求解全局的结果，从平方降到线性复杂度。我们讲在信息传播或者产品推荐时，在大规模的社交网络里面，能不能用最短的时间、最小的代价把信息最大规模地扩散出去？我们现在在找中央媒体做扩散，可是我们知道这个有偏向性，中央媒体会使民众产生逆反心理。最有影响力的是谁？可能是国家主席，但不见得他讲的话是老百姓最爱听的。相反，有时候草根的力量是非常大的。我们在一个复杂关联的社交里面不仅仅要找到大V，还要找到有效的结点，找到最小的覆盖，能够把你的影响最大化地扩散出去，我们叫影响力最大化。影响力最大化在传统上其实是一个组合优化的问题。我们知道在组合优化问题中要精确求解基本不现实，在一个社交网络里面你有一个用户，要在最短的时间内把你的产品扩散到所有群体，精确求解是无法实现的。但我们通过我们的算法可以用时间证明，用快 1000 倍的速度尽快把我们的消息扩散出去。

另外还有群体智能，群体形成智慧的判定。关于功劳的分配问题，我们知道最后是效益的分配。比如公司股权的分配，在团队合作里面要用工作绩效的考核，因为大家是一个合作关系，通过这种方式看到底谁的贡献大。传统的分配方法就是比比谁的贡献大，还有一种方法比较权威，就是找一个评委或评委会来评判。所有的评判都要找到权威来评或者找领导来评，这些权威是公正的，这些权威的信息是客观科学合理的。但我们知道每个人、每个权威都有片面性跟局部性，如何用更客观的办法对所谓的权益和权力进行分配，这是社会基本问题。这个基本问题也出现在我们做研究的人写文章中，写文章的时候，看谁的文章贡献最大，我们放在具体的案子下面看。比如诺贝尔奖，我们现在知道一篇文章有上千个作者，如果这篇文章出来影响力非常大，那到底谁的贡献大。这篇文章获得诺贝尔奖，不是一千个人都拿，那到底谁拿。比如爱因斯坦一年写 5 篇文章，5 篇文章都可以拿诺贝尔奖，那就是他一个人拿这个奖。现在是有上千个作者，那第一作者真的重要吗？最后一个才是思想理论者。我们现在的所谓群体判定方法，就是说这篇文章获得诺贝尔奖有两个作者，这篇文章被其他人关注和引用，我们用被引用强度判断每个作者的功劳比例。这是 2014 年 7 月份公布的方法，用这个方法对 100 年来诺贝尔化学奖、物理奖、经济学奖判断率是 86%。我们看到有时候第一个作者获奖，有时候最后一个作者获奖，有时候中间作者获奖。专家评判有专家自己的专业知识，也有他的误差，而我们做这个评判的时候完全根据它的方法，根据作者自身写作影响力的评价。我们的准确率是 86%，而传统的准确率是 30%，我们极大地提高了这个判断力。这是通过群体的作用进行决策和判定。另外还有流行度，流行度也是一种大规模网络上的相互关系，通过一些有效的办法，直接建模关注度来解决。我们对微博、论坛进行统计，哪一篇文章 10 年内被引用得最多，这个准确率也是 86%。刚才说的是用网络化的数据，做预测的问题，做数据的度量问题，做一些计算比如排序、推荐等，去做这样的方法优化，大规模算法的优化。我们形成相关的系统，比如大数据的平台系统和对数据的存储管理系统。最后我们还有一套大数据的分析引擎。在分布式存储情况下，提供自适应的框架，对结构化进行有效的处理和分析。这是互联网网络方面大数据检测的应用。

网络也罢，大数据也罢，我们认为存在三个科技问题。我们今天讲了数据智能里面的数据复杂性、计算复杂性和系统复杂性，系统复杂性体现在涌现复杂性，计算复杂性体现在计算模式，变换尺度变换空间去度量。大数据智能更多的是涌现复杂，最后应用到系统方面，包括交通、环境、医疗、金融等方面，实际上最后我们形成相关的系统，包括数据的存储，数据分布式计算、分析和开放式的计算网络。

我的报告就到这里，谢谢大家。

数据、资产、交易、价值

贵阳大数据交易所总裁　王叁寿

人们都说大数据是一座金矿，可金矿由于流通性比较差，大家可能觉得没什么价值，但是如果具体到卖一块金子，大家就觉得这个是有价值的。大数据本身也是一样的道理，大数据本身是没有价值的，大数据通过什么样的方式才能有价值？通过清洗、建模、分析、交易才能产生价值。我们大数据交易所目前主要是完成大数据交易的环节，交易所发展的理念是“贡献中国数据智慧，释放全球数据价值”。很多互联网公司在未来五到十年都将变成一个大数据公司，这是看得见的趋势。不管是做电子商务的，还是做社交的，抑或是做搜索引擎的，只要公司掌握数据就一定会变成大数据公司。现在很多互联网公司还局限在某一个方面，但也许就是未来的五年或者十年，很多互联网公司将改变其商业模式。中国人寿在三五年后，是否还会通过卖保单来赚钱呢？大数据时代，也许有一天保险公司真的会把保单白送给你，但它要你的数据。到那个时候，大数据交易就会成为一个非常重要的核心环节。大数据交易所以后交易的数据主要分为两个部分，一个块数据，一个条数据。块数据就是政府的公开数据。政府数据公开要积极探索开放有价值的数据，但会是全部免费开放吗？不会。贵阳一直在提倡的块数据，我认为分三个层级。第一层级的政府数据，不管有没有价值都要免费公开。第二层级的政府数据，本来政府没有公开义务，而今天大数据给了其价值，所以政府愿意公开。第三层级的政府数据，是不管免费还是不免费，都不能公开，属于政府的绝密数据。我们要挖掘那些原来没有公开，但是非常有价值的政府数据。今天我们也请到了 IBM 的曹锋，IBM 将投入 30 亿整合美国气象局的数据，这些数据可以卖给保险公司。大家会问，保险公司买气象数据干什么？做农业保险。比如说贵州省 2015 年几月份可能遇到飓风，会不会影响贵州的农业，这些数据产生的价值非常大。前两天西门子、富士康也来到我们交易所，他们也对贵州的气象数据感兴趣。他们要建一条无人驾驶汽车的测试线，无人驾驶汽车要实时感受贵州的天气变化，甚至温度湿度的变化，让无人驾驶汽车接收气象数据，然后做出判断。大数据交易所的发展理念是“贡献中国数据智慧，释放全球数据价值”。目前大数据完全实现了会员交易制，但还没有对海外开放。比如说在中国的企业，可以被吸纳为会员；如果是纯外资的企业，在会员开放方面我们还没有做相应的安排。

大数据交易所的使命是“大数据 ×”行动。“互联网 +”作为中国的战略，李克强总理在 5 月 8 日针对大数据交易所做了批示：大数据产业是“互联网 +”战略的重要支撑。今天大数据交易所的使命，就是“大数据 ×”，形成“互联网 +”战略的重要支撑。为什么会提“大数据 ×”？因为国家提了“互联网 +”，我们不能也来个“大数据 +”。大数据与任何行业的碰撞，都将产生上千亿产值的产业。“大数据＋保险”就是保险大数据，“大数据＋交通”就是交通大数据，“大数据＋智慧城市”就是智慧城市大数据。大数据交易所的愿景是，之前全球的任何交易所发源地都不在中国，我们希望成为大数据交易所的发源地。到目前为止，经过调研，《2015 年中国大数据交易白皮书》也提到，中国也好，其他的国家也好，除贵阳外目前没有任何一个其他地区，建立大数据交易所平台。贵阳作为中国乃至全球的第一个大数据交易所，让全球的数据在交易所平台上产生价值。我们一直强调，大数据是有价值的，但是大数据的价值必须通过交易才能产生。下一步交易所也会去很多地区，去建立大数据交易所区域交易中心。我们已经在北京建立了交易中心，下一步在上海、杭州、海南、成都，都会建立贵阳大数据交易所四川交易中心或上海交易中心等。

大数据有一些规则。一提到数据交易，所有人都会问一句话，隐私怎么保护？既然大家关心隐私，关注数据的安全，那我们就在交易的过程中，把隐私放在第一位。第一个交易规则，我们交易的不是底层数据。中国几亿人的通信数据、保险数据，这些数据是不可以交易的。那怎么做交易呢？要进行清洗、建模、分析、可视化，交易的是其分析结果。假如把联通的数据分析出来，告诉数据买方目前这个人住的小区单价面积是 10 万元每平方米，那么第一这个人有可能是银行的白金客户，第二这个人可能会购买银行的理财产品，这就已经够了。不能开放这个人的具体住址信息，这是犯法的，是跟现在的隐私保护法相冲突的。但是我们可以告诉银行这个人现在居住小区的最大面积、最小面积，以及这个小区的单价，对银行来说这些信息已经足够了。这是交易所的第一规则，交易的不是底层数据，是根据底层数据分析出来的结果。第二个交易规则是会员制，这跟早年证券发展什么公司上市有很大的相似性。我们现在首先会选择一些中字头的公司，比如说中国联通、中国人寿、华为、富士康，等等。数据量比较庞大、公司信誉度比较高的企业会率先成为我们的会员。不是我们的会员，不允许在我们交易所进行交易。所有申请成为会员的机构，我们都要对它们的资质进行审查，只有审查通过了才有资格在交易所卖和买。不管卖还是买，我们都有一套监督体系，因为卖要保证数据是真实的，买要确保数据不滥用，这是非常重要的。第三个规则，借鉴了证券交易所、期货交易所的规则，我们实现了 365 天 24 小时不休市的交易。因为所有交易都是通过电子交易，不用来贵阳交易所，全国的数据卖方和买方不需要来贵阳，可以在电子市场进行交易。很多人会问怎么交易？目前有三种形式。第一种是交易 API 接口；第二种是交易金融终端，或者叫数据终端，这个终端有点像淘宝；第三种是交易在线数据，不允许下载，不会给终端，需要数据在交易平台上浏览一些成果就可以了。第四个规则，关于交易的品种，每一个品种都有一个类似股票的代码。第五个规则，所有的交易都是基于现有的法律，只要是跟隐私保护法、公司法、统计法相关的数据，都不允许在这个平台上交易。贵阳大数据交易所不是贵阳的，是全国的。交易所成立到目前，接到过李克强总理的批示，接待过马凯副总理视察。贵阳大数据市场绝对不只是服务贵阳，不仅限于贵阳一地，也不仅仅是服务贵阳的数据公开。最后一个规则，交易所目前完全采取电子化交易，自动撮合，支付结算。交易所下一步的战略，加大力度跟各个省有实力的集团、公司进行合作，合资成立比如说贵阳大数据交易所某某区域交易中心。目前，交易所正在跟上海市、海南海航集团、四川工投集团，交流建立区域的交易中心。日后所有的会员，不一定非要到贵阳来交易，完全可以在本地的交易中心实现线上或线下的交易。

以上是交易所的一些规则，可能大部分人最关心的是数据如何定价。

大数据交易所的价格是怎么定的？目前实行挂牌定价，数据的卖方把数据清洗、建模、分析之后进行定价，是否认同这个价格是买方的事情。交易所的义务和责任是协助卖方分析市场需求以及市场对价格的敏感性，数据卖方跟数据交易所协同定价。数据的价格会不会像股票一样浮动，今天和明天的指标不一样，价格也不一样？这里面有一个规律，100 条数据定价 10 块钱，为什么 200 条的时候，定价是 25 块钱？因为数据价值不是线性递增，而是像一个抛物线。这就是大数据的魅力所在。数据与数据之间的碰撞也是这样，不是 100 个指标碰撞另外 100 个指标变成 200 个指标，数据分析出来的结果可能更丰富。数据与数据之间的碰撞过程，体现着大数据交易所的价值。在数据买方来看这是一组数据，但有可能是由 10 个供应商一起供应的。而整合数据正是大数据交易所的价值。我认为智慧城市的数据非常有价值，为什么不能直接跟数据卖方买呢？因为这个数据的卖方不止一个，它可能需要整合中国人寿和其他保险公司的数据。现在有一个现实的需求，之前跟北京银行、贵阳农商银行、中国农业银行沟通的时候，他们就说交易所能否汇集到三大运营商的数据，因为他们需要的不仅是联通的数据，而是三大运营商整合的数据。没有交易所的平台，谁会帮你整合数据呢？今天有了交易所的平台，我们就能做到这一点。

大数据中国在行动，当然贵阳也在行动，我们说“互联网 +”任何行业，都将产生千亿产值的数据体量。中国人寿未来的保单可能是不要钱的，如果不要钱了，要数据，大数据就做起来了。这是未来的一个趋势，也蕴含着大数据的价值。数据将超过石油、黄金，会不会成为全球最重要的资产？我们是基于哪一点得出这样的结论？因为互联网产业目前发展的势头非常好，这种数据的交易是可以反复交易、无限复制，一条数据可以卖很多次，而且数据的价值是随着时间的沉淀，越来越值钱，沉淀了 20 年的保险数据和沉淀了10年的保险数据相比，释放了100倍的价值。我们认为数据未来的价值应该会超过石油、黄金，如果有一天真的超过了，那全球也就没什么战争了。

另外就是政府数据公开。马凯副总理来数据交易所考察工作，也代表了这样一种态度。李克强总理在2015年“两会”期间反复提到政府数据公开，能公开的要尽量公开。公开政府数据中有价值的数据，有人说，原来政府卖地，现在开始卖数据，政府所掌握的数据价值说不定比土地的价值还大。做大数据交易所的时候，很多人都说你不跟BAT一起玩，你做不起来。BAT是一个数据体量，阿里巴巴目前的数据体量就是100个PB，而2015年贵州是400多个PB，一个贵州省的数据量就是四个阿里巴巴，BAT怎么可能垄断中国的大数据市场呢？大数据对BAT来说也是一个弯道超车的机会，没有任何一家互联网公司可以垄断大数据的市场，各有各的市场，没有办法取代对方的价值，它们之间是不冲突的，只是在大数据交易所的平台上聚合。

此外，大数据将改变众多行业的盈利模式。有一天软通动力做智慧城市了，那是为了数据，神州数码、IBM这些公司也都一样，而且那一天不会太远了。最终，全球的互联网公司都会变成大数据公司，这是我们的一个预测。

交易所到2020年发展的战略，第一是在五年之后，会员发展到10000家，目前已有100多家了。第二，交易所目前有几个等级，副理事长单位、创始会员、会员。副理事长单位可以与交易所一起，在国家相关部门的牵头指导下，制定相应的技术标准、大数据交易的安全标准，以及大数据交易的监督监管标准。如果真的把这些做成了，有一天就有可能成为国家级的政策、监管体系。跟不同的机构去聊，有人说，跟交易所共同牵头制定智慧城市的大数据交易标准呢？我说没问题。在未来的五年，我们希望日均交易金额突破 100 亿元，年总额达 3 万亿，当然它没办法跟证券交易比。第三是做市商数量。交易所目前还没有开放会员的接纳。比方炒股需要去证券公司开户，市商有点类似证券公司券商的角色，它可以在交易所的指导下来负责不同领域的数据撮合。现在已经有很多机构提出这一诉求，说它既没有数据，也不产出数据，又不买数据，但是能不能帮你撮合数据。等交易所系统完善后，大家可以来申请，现在也可以申请，有愿意成为市商的机构可以来咨询相关事宜。数据交易量，在 2020 年希望达到 10000PB，相当于 100 个阿里巴巴。今天在贵阳已建立了大数据清洗公司，可以把数据的清洗建模工作委托给交易所，交易所来进行分析可视化，把价值挖掘出来。中国人寿卖保单，衍生出了很多数据，中国联通卖手机、充值，也产生了很多数据。如果不知道怎么交易，可以委托交易所做清洗工作，我们希望把贵阳做成中国乃至全球最大的数据清洗工厂。这个其实跟富士康差不多，富士康是把产品生产变成标准生产线，我们是把数据清洗建模变成标准生产线。

还有就是大数据的创业。大数据是一种资源，很多人都可以来这个金矿，来做产品的二次开发。比如说你可以先购买大数据交易所的产品，然后研发新产品，最后再把新产品卖回来。昨天马凯副总理就说到了这个问题，今天比如 IBM，你在我们交易所购买了数据，回去后把它变成了另外的产品，再卖回来，这是可行的。但是你不能不做任何修改就卖回来，我们在交易的过程中有个数据审查环节，也有抽查的环节，就是为了防止这种事情发生。这是我们的发展战略。

我们目前正在做的一件事情，也跟各位做相关的解释。第一，我们现在只是期望，希望在国家相关部委的牵头指导下，由我们大数据交易所来制定完善相关的标准体系。我们现在已经有了《贵阳大数据交易所 702 公约》，这个公约就是我们对大数据做的一些思考和探讨。我们贵阳市领导班子、金融办也在思考这个问题，我们希望有一个政府数据公开的窗口。第二点，我们大数据交易所将先行做一些立法的尝试。第三点，制定完善交易所的技术标准、清洗标准、大数据的安全体系、监督监察体系。第四点，我们也在做一些课题，如果感兴趣的朋友也可以参与进来，但我还是那句话，我们现在做的所有相关工作，尤其是标准制定，你必须成为我们的副理事长单位。

最后，我非常感谢大家今天能抽时间来参加中国第一届大数据交易高峰论坛，谢谢各位。

政府开放数据平台

——开源、开放标准与开放数据

微软（中国）开放技术首席技术推广专家　刘天栋

大家下午好！

微软在云上面有应用商店、数据商店，比较了解什么是数据商品化。但是我要说的是，这几年，微软不断地往开源、开放的方向移动，不断往这个方向前进。开源、开放包含应用、数据，是这个时代以及下个时代成长的发动机。刚刚我接受采访，他们问我：“你对数据商品化、数据开放有什么观点、想法？”政府的信息公开化和数据开放是一回事吗？不是。举一个简单的例子，引用我非常尊敬的郑磊博士的说法，政府的信息公开就像政府炒了一盘饭，公开给大家吃，大家可以加一点葱花之类的。但是数据公开是什么？数据公开是给你米，而不是一盘炒饭，把米做成蛋炒饭或者其他的花样都可以，这才是数据公开，为什么呢？今天跟浪潮的武总说到政府开放数据平台的原因，中国政府是世界上最大的开放数据的拥有者。我们缴税，得到各种政府服务，但其实政府还有好大的金矿没有开放，就是数据。如果能够开放，国民经济、全民的知识产权等都会得到很大提升。给米，而不是把饭炒好以后就吃这个饭，这是开放数据和所谓的政府信息公开不一样的地方。政府开放数据，分寸在什么地方？我认为有三个，只要这个数据不牵涉国家安全，不牵涉个人隐私，不牵涉商业机密，有适当的立法来保护数据使用、数据引用、数据公开，如果这些方面做好的话，政府就可以开放数据，引导国民经济发展，我相信前景是不可限量的。

为什么说这么多？因为政府开放数据，走开源、开放的道路，跟微软曾经走过的道路很接近。微软走了很多年封闭、避源、商品化的路子，但后来我们发现要把基础的原材料开放，参与开源、开放可以创造更多的经济价值。围绕开放技术，也就是我们现在所做的，在微软技术以及非微软技术之间搭建桥梁，把好的非微软技术引到微软的平台，把微软好的性能开源出去、开放出去。第一，我们做的是云计算和移动端，移动端包括手机、平板、电脑等。在云和移动端之间的就是应用和数据，数据可以是商业数据，可以是开放数据，也可以是大数据。怎么做呢？通过开源的项目、开源的软件。第二，推动开放标准。第三，跟开源社区进行非常紧密的合作。经过三年的努力，现在微软全心全意在走向开源。微软开放技术也完成了历史使命，从 7 月 1 日开始微软开放技术回归微软。

今天为什么先介绍微软的开放、开源？先把历史介绍一下，表明我们是有资格来说的。以前说开放，在 20 年前、30 年前，只要把源代码开放出去就是开放。现在很多开源界的人还是这么想，只要开源出去就是开放。但我要告诉大家，这个已经过时了。在移动计算和云计算、大数据时代，开放不仅是开源，开放包含三个层面。第一，软件的开源是一个很重要的因素。第二，大家都跟随一个标准，而不是你开源我开源，大家彼此语言不相通，你谈你的我谈我的，开放的标准是开放的一个非常重要的指标。第三，互操作性。我举个例子大家可能比较容易理解，比如微软的云计算，在安卓手机上的信息推送要通过百度，所以我们跟百度合作；需要个人身份认证、登录获取服务时，要用到微博、QQ，微软就跟新浪、腾讯合作。百度和新浪、腾讯，它们的源代码不是开放的，也不一定遵循业界的标准，这时候就需要公司跟公司之间彼此维持一个互操作性。所以开源、开放标准、互操作性兼有的话，可以说是开放。这几点加起来要说的就是，这些东西都需要人来做，不管是政府、软件公司，还是程序员、企业，必须要人来做。把人聚集在一起，有的做开源，有的推动开放标准，有的推动互操作性，这几方面加起来，就是微软这十几年来所做的。我铺垫了一大堆，要说的就是，微软真的爱开源，这不是随便说的，是经过筚路蓝缕、经过很多年的积淀，是厚积薄发。因为在移动的时代、云的时代、大数据时代，如果不走开放、不走开源、不走标准、不走互操作性的路子，任何公司都没有办法在云时代、在大数据时代走远，包括微软。

简单插一句，全球最大的开源项目网站——Hadoop，差不多有几百万的开源项目，而且数据都是实时的。在 2004 年、2005 年的时候已经有 1600 个开源项目和开源社区合作。谈到大数据，其实从 2008 年开始，微软就对大数据最原始的开源项目贡献源代码。微软在全球、在中国也有很多标准化、互操作性方面的工作组。谈了这么多，开放、开源、互操作性、标准等，最终要把它们落地实践，落到一个公有云上面，或者移动端上面。所以在操作系统的层面，不管是 Linux、Windows，或者是数据库、开发框架、语言等，都是全面支持开源的软件。

鉴于微软在开放方面多年的投入，下面我要讲的是开放的数据有三个部分。第一是开源运动，可以从个人，也可以从政府开始，这不用多说。

第二是开放的标准、数据标准有哪些？在国内如果能把标准规定清楚，甚至互操作性规定清楚，就可以谈开放数据。第三是谈一些实际建设的开放数据平台，在全球有十几亿的用户。

先讲个人，在座有没有人看过 TED？T 代表 Technology，E 代表 Entertainment，D 代表 Design，就是技术、娱乐和设计。TED 里面有个 Talk，其中有个大师是讲统计和大数据的，特别有激情，拿一个超长的棒子在舞台上跳来跳去，用各国政府提供的数据来做有趣的统计和分析。里面讲到东方的崛起，鼓励大家看，有中文字幕，非常好。他说中国和印度在 2048 年人均收入会达到美国今天的水平，更有趣的是日期都定出来了，是 7 月 27 日。我记得特别清楚，因为是我儿子的生日。那么为什么是 2048 年 7 月 27 日？因为是这位大师 100 岁的诞辰。根据统计分析到 2048 年 7 月 27 日，中国和印度的收入可以达到差不多美国人的收入水平，这位大师是一个统计的、大数据的狂热爱好者，对东方和发展中国家和地区也非常了解。这里面有很多资料，中国在过去某一个人的健康状况、收入状况等，趋势是怎么样的，大家可以自己去看看。

回到前面说的什么叫开放数据？它可以广泛地、便捷地让人和机器获取公开数据，跨越技术、法律使用的鸿沟。刚刚几位专家提到，现在很多的政府开放数据，第一，政府跟部门之间有很多鸿沟，怕这个怕那个，怕影响到法规之类的；第二，放出来的东西其实质量不是很高，不能让人进一步地挖掘和使用，也不是机器可以获取的形态，还有很多技术门槛、法律和使用的门槛。世界上很多国家，也考虑到了这些，做过了很多实践，吸取了很多教训。我们是纳税的公民，纳税产生很多数据，这些数据是不是我也可以享用？为什么非要吃你的炒饭？为什么不能在里面创造经济价值？但是什么数据能为广大公民共享、使用？有三点：第一，不能和个人隐私相关；第二，和国家安全无关；第三，不侵犯商业机密。考虑清楚以后，通过立法，让想使用数据的企业和个人，应用相关的法律规章，把数据的来源清洗干净，之后可以让机器随便公开。

欧盟做过一项研究，关于数据公开所产生的经济效益给欧洲带来的经济价值。从中可以看到，很多的国家，像澳大利亚、美国、英国、新加坡等，在政府开放数据，让市民使用，提高经济增长，提高施政的透明度，提高政府服务的质量方面做了很多工作，甚至包括肯尼亚也在往这个方向走。各国政府都在这么做，很多民间企业、个人，或者是社区，他们想分享数据的时候怎么办？或者是遵循一定的标准，或者是大家同意来做互操作性。开放数据就是数据交互的一种共通的语言，怎样做好彼此语言的规范？用微软、IBM，以及其他公司提供的开源项目，跨平台多语言实现。另外一个非常受欢迎的叫 CKAN，做了开源的内容、管理的门户，其中开放数据的目录、索引都是在公有云上面。在这方面，我们一直在做本地化，做本地化的模板、框架，而且已经做了实际落地的实践。国内已经有人在做，把原始数据自动上传，包括数据的检索、存储、可视化、地理空间的调用。比如免费自行车，怎样让大家知道自行车什么时候用得最多，或者哪个地区都没人用？政府可以调用免费的自行车。此外还有餐馆的食品安全信息等。数据发布部分，怎么样做各式各样丰富的界面，通过社交媒体、第三方可视化工具，这些都是实际的，而且已经在实现当中。

刚刚讲了开放数据的标准、开放数据的平台等，下面我们看一些案例。什么叫 gapminder.org ？这个可以自己搜一下。它讲过中国和美国在人均收入和人均寿命方面的比较，贵州很早就被提到，从一九三几年的数据开始，上海人均收入和人均寿命事实上超过了美国的平均值。大家知道美国人均寿命最低的是哪一个城市吗？是华盛顿。所以是很有趣的，在收入方面，我们要追上美国可能还需要一段时间，但是人均寿命，中国这方面做得非常好。

中国的数据开放，上海是2009年开始的，微软也参与了几个项目，比如武汉市开发区政府开放数据平台。我们做了很多政府数据开放方面的工作，来帮助经济开发区的企业了解政府有哪些服务，也帮助这些企业获取各自的运营数据。在西安西咸，微软参与了两个应用，其中一个应用比较有意思，就是渭水的治理这么多年来都没什么进展，现在怎么把它变好了呢？把政府治理水污染的信息发布到网上，同时用社交媒体进行追踪。两者结合在一起，民众知道政府做了什么、怎么样治理渭水，同时有反馈渠道，他们可以通过社交媒体将身边的负面见闻进行曝光。这样就治好了水污染，这就是政府开放数据的好处。

微软在西咸还在做另外一件事情，西咸有一个项目叫海绵城市。西咸非常缺水，要把城市变成一个海绵，把雨水这些水资源循环利用起来，让西安的弱水再使用率达到40%，而不是完全流失。这个项目动用了数以万计的物联网传感器收集信息，然后把数据传到微软的公有云上面，分析各项数据，海绵城市的效率怎么样，应该和哪个方面结合。这就是政府数据公开跟物联网、大数据结合的美妙之处。

大家听了这么多，觉得好像很多人也在做，个人在做，社区在做，政府在做，那我可以做什么？我怎么样采取下一步行动？建议大家到网站看一看，包括微软的技术网站，到各国政府官网看一看。我刚才讲到TED上面的，东方崛起，还有郑磊博士的一些文章也非常好。欢迎大家随时联系我，今天就讲到这里。

谢谢大家。

大数据信用标准化的必要性和紧迫性

中国标准化研究院党委书记、副院长　王宗龄

很荣幸参加这次数博会的征信与资产评估高峰论坛，来到贵州、贵阳，来到数博会，在爽爽的贵阳感受如火如荼的大数据信息。迎接大数据的标准化时代，围绕这一主题，我想从五个方面来谈我今天演讲的主题——大数据标准化的必要性和紧迫性。

第一，标准化对社会经济发展的促进作用。从古代发展到今天，标准化已经与人民的生活密不可分，标准为我们的生产、生活提供了技术支持，为经济社会发展提供了可靠的保证。一方面，标准化是支撑产业的技术手段，在经济增长速度延缓、经济结构优化的新常态下，加快产业结构调整步伐需要标准的门槛，推动产业转型升级需要先进技术标准。用标准抬高准入门槛，引领企业加强技术改造，促进生态文明社会的形成。同时标准化为大众创业、万众创新提供了有效的途径，促进稳增长保就业目标的实

现。另一方面，标准推动了治理能力，为服务改革提供了强劲的动力。首先，作为法律法规有效的补充，标准能够弥补法律法规的不足，是社会实践的结果。其次，标准是政府职能转变的容纳器，标准作为市场的准入门槛和监控，是实现政府职能转变的重要安排。不仅如此，在政府依法行政方面，还可以建立行政审批事项标准化流程。再次，标准促进基本公共服务均等化，是提升公共服务质量的重要工具，标准规范政府行为，提升公共管理服务的透明度。

第二，标准化与大数据。在当今经济社会条件下，大数据产业已经成为新一代新兴技术产生的重点。经过多年发展，我国已经形成全球最重要的大数据市场，面对大数据产业飞速发展，没有规范的方法，将带来一个杂乱无章的数据世界。标准化是科学技术和实践经验的结晶，标准化的本质是通过统一规范的规则与实现秩序，促进共同效率。统一规范和科学的数据标准体系，可使不同地区、不同行业资源共享、对接和交换，通过标准化，可以化无序为有序，确保准确性和高质量。同样的，数据实现产品化，实现交易，交易双方如何判断是否合格，只能用标准衡量，标准化是保证大数据交易的重要依据。推动技术创新，实现大数据产业化，应用和服务有序化、规模化发展，是大数据时代的必然要求。

第三，标准化与社会进步。每一条信息都可能记录社会和个人的社会行为，电商购物、社交活动、交通物流等方方面面，通过对信息的整理、筛选，都会被纳入大数据范畴。其中的信用数据是社会金融体系构成的基础，社会治理体制的重要组成部分。加快信用体系建设是构建和谐社会、实现社会主义核心价值观的主要基础，是创新社会的重要手段，对增强社会诚信，优化信誉环境，提升国家能力，促进社会发展和文明进步具有重要的意义。标准化是社会健全的重要基础保障，也是推动社会信用体制规范性、科学性和有效性的重要技术支撑，能够确保实现信息共享，规范服务。可以设想，没有健全的标准作为支撑，不同行业、不同地区之间信息源呈多种态势，数据交换共享困难，则难以在全国范围内建成社会行为体系。

第四，标准化与大数据建设。实现各行业、各地区信用信息的互联互通、资源共享。我国信用评价发展尚在起步阶段，在大数据时代，信用评价机构业务水平有待提高。解决信用评价问题，仅仅靠法律法规是不够的，也是来不及的。只有通过落实、统一系统的标准，才能实现数据的分享，确保信用评价体系的可靠性和稳定性。进行规范化和科学化，能够使信用评价结构更加客观、准确，推动行业体系更加公开、透明。毫无疑问，在大数据时代信用业面临着颠覆性巨变，只有加强信用评价标准，运用系统管理的方法，建立一套包括信用评价基础标准、服务提供标准、服务支撑标准在内的科学、唯一的标准体系，并使其高效运用，才能保证信用评价的规范和可持续发展。

第五，标准化与贵州大数据产业的发展。加快大数据产业发展是实现产业转型升级的重要抓手，贵州发展大数据具有得天独厚的优势。《贵州省大数据产业发展应用规划纲要》指出，到 2017 年，建成大数据标准规范体系，包括建立数据资产，加强食品安全营养标准，加快安全软硬件技术产品研发指引，制定共享、交易等的规范，制定资源开放和数据安全开放标准，围绕大数据资源的分级、共享、开放、交易，推进标准规范治理的实施。可以说标准作为产业升级的技术手段，将在贵州省的大数据发展中发挥不可替代的作用。贵阳作为贵州的省会，是全省的政治、经济、文化和交通中心，也是西南地区的交通枢纽，具有较好的大数据基础环境，集聚了大数据产业的相关要素，形成了贵阳大数据投融资环境。当别人还在思考什么是大数据、大数据是什么时，贵阳已在探索大数据怎么做。如今贵阳已经站在全国甚至世界大数据产业发展的前列，标准化与贵阳大数据的有机融合，必将提升贵阳经济和社会发展的质量和效益。贵阳市政府作为最先发起方，足见其对大数据发展的重视。

中国标准化研究院愿与贵州、贵阳一道，尽我们的绵薄之力，助力贵州大数据的腾飞。

观点再现

Ira Winder（美国麻省理工教授）：城市景观模拟项目是一个城市景观分析平台，也是一个三维累积型的强化版现实平台。通过模型，可以模拟城市，助力智慧城市建设。MAT 媒体实验室不仅仅使用乐高玩具制作模型，也希望能用最新的投影和绘图的FENLUNTANYANJIANG技术，建立乐高以外的模型。“我们能够将任何可能的数据，任何数据分析都体现在这些模型上。”这些模拟不仅能体现视觉化上的数据，而且通过这些模型，通过互动方式，可以获得可触碰、可传感的现实体验。最终的目的是希望城市能够满足人的需求而不是机器的需求。

方发和（软通动力集团执行副总裁）：大数据预测，不仅可以帮助企业决策，而且在个人消费行为分析方面，甚至在城市治理方面都有建设性作用。大数据不是单独存在的，在“互联网 +”的基础上，要利用大数据重塑各行各业，推动传统商业模式创新，通过经济、社会、民生等多方面的数据采集，建立城市大数据中心。智慧城市的建设能为大数据产业的发展奠定业务基础，同时，也能促进智慧城市的实现。

许立威（富士康宇宙互联总裁）： 第一，人们用了十几年甚至几十年的 www 将退出主流；第二，2015 年前，大家仍处在个人电脑时代，但移动和无线时代已经开启；第三，P2P 是客户机和服务器结构，但在 PXP 时代将会被颠覆，社会将进入互动团体时代；第四，以前是眼球经济时代，未来则将是互动经济时代，现在的重点是数据的整合和融合，感受互动式的 PXP 大数据和块数据。从 2015 年开始，万物都是互动的，连在一起的，整个大数据都将被颠覆。未来，PXP 会跟现在的大数据一起互动，大的机会、新的机会都会从 PXP 环境中产生出来。在 PXP 时代，一切是兼容的、包容的，事情做起来更容易。

张灏（亚信数据总裁）： 块数据这一制度创新能为城市发展赋予活的灵魂。通过对城市多维度数据源数据采集，将政府、行业、民生等数据聚合，进行各种处理、加工、分析、提炼，运用到目标领域中。那怎么转变政府职能，构建以块数据为核心的区域生态呢？首先，要从数据开始驱动变革，对接各类企事业数据采集接口，实现数据的统一汇聚和质量管理，实现数据开放。其次，要引入以市民关系管理强化服务的理念，使城市运营可管可控，提升服务水平和效率。最后，将大数据资源和技术活用到区域公共服务中，切实解决看病难等民生难题。以政府数据开放带动数据资产的社会化流通，促进块数据对接外部生态并实现自身价值最大化，是政府义不容辞的责任。

张立铭（科亚太区首席工程师）： 以云、软件、开放、移动、生态系统等为标签的新一代 IP，将过去的网络架构从专用、硬件设备、孤岛式运营方式转变为开放、基于软件、优化成本。通过自动化、智能化、生态化等，可以实现价值从硬件系统转向软件系统，数据中心从后台走向前台。

新一代 IP 的含义包括很多方面，开放性会成为未来发展的方向，商业芯片也将成为主流，网络数据成了宝贵的资源。这不仅仅是一个单一功能的平台，而将是更强调生态系统的平台。

黄运（证监会正司局级研究员、原期货部主任）：大数据的快速发展，使数据交易所变成一个多维的空间，不管是产权交易所，还是产品交易所，抑或是非标交易所，都是多元化的。因为大数据交易所是一个多元化、立体式的平台，意味着一个非标准性的产品，通过进一步标准化后，就可以重复多次交易。但要注意的是，必须把风险控制进一步做好。大数据交易所是多元化、立体式平台有三个依据，即数据是有价的、数据是有重量的、数据是有归属的。

刘文献（贵阳众筹金融交易所董事长）：众筹金融交易所是建立在贵阳大数据基础之上的，众筹为大数据的交易提供了更准确、更深入的依据。大数据交易所和众筹金融交易所，都是贵阳创新的主要部分。大数据和移动金融的出现及其崛起颠覆了时空，建立第三方的众筹金融交易所，以众筹金融交易所来管理众筹金融市场，有利于建起公共规则，信息公开透明，便于各类众筹平台接受大众监督、监管部门监督，更好地维护市场秩序和投资者的合法权益。

历军（曙光集团总裁）：未来的信息服务是通过数据的更合理运用，达到透过历史看未来的目的，也就是我们常说的智能化。要想做到这一步，必须对海量的数据进行存储，并将不同行业的数据进行关联，才能确保分析的准确。

武立忠（浪潮集团副总裁）：IOT 平台能给客户带来三方面价值：第一，在各个部门不改变原有系统应用架构的基础之上，解决数据整合难题，搭建统一的数据共享和开放体系。既可以避免系统的重复建设，又可以建立公共数据平台；既可以使各部门之间进行数据共享，同时又可以开放数据。第二，它是面向私有云的开源开放平台。政府、客户的 CIO，可以依靠这个平台开发自已的大数据平台，进而摆脱对平台供应商的依赖，享有充分的自主权。第三，这个平台是创新应用的资源平台，可以非常容易地构筑大数据生态圈，可以给行业客户、合作伙伴、创客提供一站式的大数据解决方案，方便大家进行创新应用。

赵刚（赛智咨询总裁）：整个数据加工清洗产业的发展有十大趋势：第一，数据加工对象将呈现多样化、复杂化。第二，数据加工的自动化水平将不断提升。第三，数据加工清洗将逐步形成流水线生产。第四，数据加工将兼具劳动密集型和技术密集型。第五，数据加工将呈现社会化众筹和众包模式。第六，数据深加工将呈现专业化细分。第七，市场竞争将呈现平台马太效应。第八，数据安全处理既是数据加工的组成，也是数据加工发展的保障。第九，数据分析将成为数据加工的高附加值环节。第十，数据可视化将大力提升数据产品的体验。

翟本乔（和沛科技创办人）：大数据被认为是继云计算、物联网之后的又一大颠覆性的技术革命。云计算对数据资产只有保管功能，数据才是真正有价值的资产。但数据的价值不在于数据的大小，而在于数据的分析。要实现数据的真正价值，就必须打破信息孤岛，分析数据之间千丝万缕的联系，这样才能进行精确的应用，才能充分挖掘其中蕴藏的巨大价值。

黄莹（联想集团副总裁、联想云计算与智能研究室主任）：怎样保护隐私？Forrester 提出构建隐私管理的五个步骤：第一，定义数据隐私范畴。企业需要根据其业务范围，了解相应国家、地域的相关法律条文，对不同的数据类型进行有效保护。第二，明确企业角色和责任。企业常把隐私保护误解成数据安全而让技术专家提出方案，其实，应该有隐私专家以保证各方面合规。第三，建立法规与业务要求之间的映射。隐私管理需将各项标准、法规转化成实际业务中的要求。在特殊情况下需借助外部法律援助。第四，让隐私保护成为企业文化。隐私保护必须成为企业文化，要认识到当前缺陷，制订计划进行纠正，再利用政策与流程加以落实。第五，跟上变化步骤。需要应对法规条例的不断变化。目前，对政府与企业而言，隐私保护都处在一个不断完善的过程之中。

康燕文（北京软通动力执行副总裁）：大数据如何与城市创新结合，怎样对应城市发展的产业方向，将创新创业跟政府引导的方向结合在一起？现在提倡众创，利用线上的好资源，以众筹、众包、分包的模式，把工作发放到城市。另外，数据清洗、数据加工等工作，如果有好的政策环境支持年轻人做，也可以分到城市里去，让年轻人可以在一个很好的环境之下，包括线上的环境、线下的环境，更方便地使用数据，发展新的创新业务。通过线上线下，实现大数据与各个领域的融合，以众创的模式来发展大数据产业。当政府数据开放得越来越多，这些数据需要被加工、整合，例如交通数据、旅游数据、城市文化数据等，城市相关的信息都可以与不同的领域进行整合。

郝志军（北京航星永志董事长）：互联网背景下的档案文化产品，主要以传统档案资源为主体，借助先进的技术手段，通过多个层次、多种方式的重新开发利用，提高其便捷性、互动性、趣味性，为公众、民生提供多样化的档案文化体验。档案本身是经过整理、分类的信息，把整理过的档案进行电子化的处理，包括整个项目管理，以及交接、入库、处理、扫描等基础性工作，最终实现传统档案的电子化转换。做档案数字化加工的时候，要遵循相关的标准和规范，我们主要参考的是 2005 年的国家纸质档案数字化标准，并以此为准进行相关的项目管理和安全保障。因为档案都是敏感机密信息，所以做这个工作的单位必须具备相关的资质。

冯一村（海云数据 CEO）：到今天为止大数据已经不仅仅是技术革命，而是思维革命。因为技术革命只能帮助增加效率和效益，而在大数据时代，人们的思维方式发生了变化，从过去单维度的逻辑性的现线思维逻辑，转变为复合型的颠覆式的逆向思维逻辑。政府做监管、决策，最重要的是要站在百姓的角度思考问题，百姓到底需要什么，用大数据为百姓创造什么，能不能给百姓创造钱、创造工作岗位，能不能为百姓的实际生活带来便利，这才是最需要关心的、最需要做的。所以大数据的产品、大数据的商品，需要解决的是价值问题，应该切实站在用户的角度思考，用户需要什么东西，创造什么东西给用户；要思考如何真正通过数据的支持，探究国家与国家之间的关系、经济如何影响国家间的政治关系。

王玉祥（贵阳市人民政府副市长）：数据资产已经成为国家海防、边防的重要组成部分，同时也成为企业的实质性资产。于人类社会而言，在后工业时代数据将成为继土地、资本、人力等要素之后一个非常独特的生产要素。可以说谁掌握了数据，谁就占据了支配地位，支配财富，影响决策甚至影响未来。在大数据发展过程中有两个非常重要的环节，即大数据征信和大数据资产评估。贵阳高度重视大数据征信，认为大数据资产评估在整个大数据发展产业链条中具有重要性。我们致力于推动金电联行等国内知名企业跟贵阳一起探索和建立标准，从而建立起大数据征信和资产评估体系，促使其更好地为企业发展发挥重要作用。

马利（全国政协委员、全国政协提案委员会委员、人民网董事长）：数据是基础性的资源，也是重要的生产力。如果说一开始对数据的兴趣是基于对新技术的原始渴望，那么现在大数据已经进入到工作、生活的各个领域，可以说上天入地、包罗万象，无论是制定国家政策，还是给普通民众提供路况信息，其重要性以及运用的广泛性已经远远超出我们的想象。大数据是推动多项国家战略的有利抓手，受到国家层面的高度重视和支持；大数据是互联网产业链最核心的部分，与金融征信及一切传统行业结合，创造了许多全新的商业模式，依靠大数据信用信息服务管理体系，解决了许多传统方法难以解决的问题。从政府服务的角度讲，运用大数据来提高管理服务水平已经成为现实，应用大数据与各行业融合是大势所趋，势在必行。

张汉亚（中国投资协会会长）：大数据最核心的价值在于对海量信息进行分析，这对数据处理能力是一个巨大的挑战。目前全国各地都十分重视、大力发展大数据产业，贵阳市走在了前列，通过落实贵州省“七朵云”、建设智慧贵阳、搭建全城 Wi-Fi 等举措打造了全国领先的大数据中心和大数据应用服务示范基地。这次召开数博会在全国乃至全世界都属首次，更是奠定了贵阳发展大数据的领先地位。而建设大数据征信标准在大数据产业发展中具有前瞻性和开创性，能够培养和壮大我国新兴产业。

范晓（忻金电联行北京信息技术有限公司董事长）： 通过对海量数据的挖掘、分析，可以获得具有巨大价值的产品、服务乃至深刻的观察角度。大数据征信是采集被评价方的全方位主体信息，对数据进行梳理、分析、评价，得到数据主体状况的过程。数据是进行大数据征信的根本条件，但并非所有的数据都可以用来做信用评价，而是数据越完整清晰越好。大数据资产评估有待认识和开发。大数据资产评估是对原始数据资源进行评估，并在此基础上驱动产生价值。通过对企业数据资产的大数据评估，能给企业带来实际经济利益，为大数据交易、众筹提供依据。大数据资产评估将企业的数据转化为有价的无形资产。建立客观、规范、公平、有效可行的数据资产评估体系，必将有力地促进资产交易体系。总的说来，把握大数据征信与大数据资产评估，就打通了大数据产业大厦的症结，大数据征信与资产评估的标准化建设是大数据产业大厦的钢筋，撑起了整个大数据产业。

黄震（中央财经大学法学院教授、金融研究所所长、互联网千人会会长）： 大数据驱动我国金融创新，重塑金融业态与格局。金融创新在于信用，大数据助力风险识别，参与评级与风险监测、预警与防控，撑起了金融消费者保护之伞。消费者作为注册用户，其个人信息、隐私应得到保护。大数据支持金融消费者行使知情权、选择权等，商家使用大数据时需对金融消费者尽相应的义务。有了大数据的支撑，消费者在行使各种消费权益的时候就可以主动选择，而不是被动地被商家牵着走。

变革与趋势

— 用大数据思维发展『互联网＋』

— 『互联网＋』改造传统行业促进产业升级

— 借大数据发展东风助政府提效升级

2015 年 5 月 26 日，创时代的“互联网 +”论坛在贵阳国际生态会议中心召开

2015 年 5 月 27 日，大数据时代的社会治理与政府职能转型论坛在贵阳国际生态会议中心召开

2015 年 5 月 27 日，在大数据时代的社会治理与政府职能转型论坛上，专家学者围绕“大数据时代下社会治理与政府职能转型”“企业数据的开放及如何利用企业数据来解决转型”等议题展开圆桌讨论

2015 年 5 月 26 日，从 IT 到 DT 时代论坛在贵阳国际生态会议中心召开

2015 年 5 月 27 日，政企面对面论坛在贵阳国际生态会议中心召开

立足改变世界的战略高地瞭望未来

大数据战略重点实验室

大数据瞬息万变，大数据商机无限，大数据波澜壮阔。随着信息革命的深化，大数据作为云计算、物联网之后又一具有颠覆性意义的技术革命，从各个方面影响着人类社会的生产生活方式；作为一种重要的战略资产，数据已经渗透到当今每一个行业与业务职能领域，成为重要的生产要素。当前，我国经济社会发展进入“新常态”，经济进入“转型期”、社会矛盾进入“凸显期”、改革进入“攻坚期”、增长进入“换挡期”，现有发展模式与管理手段已不能满足要求，大数据带来的各领域变革将有力助推破解我国社会转型中的种种难题。未来，能否掌握和合理运用大数据的核心资源，将决定能否在变革中进一步发展壮大。

针对数据带来的趋势与变革，2015 贵阳国际大数据产业博览会暨全球大数据时代贵阳峰会期间，先后成功举办了从 IT 时代到 DT 时代论坛、政企面对面论坛、创时代的“互联网 +”论坛、大数据时代的社会治理与政府职能转型论坛等。众多大数据领先企业和领军人物就大数据带来的产业变革、生活变革、政治变革与社会变革进行了思想交流，并就大数据未来发展趋势进行了探讨。

一、“互联网 +”商机无限，大数据普惠民生

李克强总理在 2015 年的政府报告中指出：“制定‘互联网 +’行动计划，推动移动互联网、云计算、大数据、物联网等与现代制造业结合，促进电子商务、工业互联网和互联网金融健康发展，引导互联网企业拓展国际市场。”国务院近日印发《关于积极推进“互联网 +”行动的指导意见》。意见指出，积极发挥我国互联网已经形成的比较优势，把握机遇，增强信心，加快推进“互联网 +”发展，有利于重塑创新体系、激发创新活力、培育新兴业态和创新公共服务模式，对打造大众创业、万众创新和增加公共产品、公共服务“双引擎”，主动适应和引领经济发展新常态，形成经济发展新动能，实现中国经济提质增效升级具有重要意义。

作为数博会的重头戏，2015 年 5 月 26 日下午，创时代的“互联网 +”论坛在贵阳国际生态会议中心召开。论坛围绕“互联网 +”的本质，“互联网 +”面临的挑战与机遇，“互联网 +”的未来，“互联网 +”如何连接智慧想象、如何幸福本地生活、如何普惠民生进行了深入的探讨。论坛认为“互联网 +”挑战与机遇并存，“互联网 +”不会颠覆传统企业，而是换代升级。未来互联网将在智能经济、O2O 等方面有所发展。“互联网 +”将改变我们的生活、习惯。贵阳市委常委、副市长刘春成致欢迎辞，中国互联网协会秘书长卢卫致辞，中国工程院院士刘韵洁，易观国际创始人、

易观商业解决方案总裁杨彬，腾讯公司副总裁江阳，中国邮政储蓄银行总行副行长曲家文，缔元信总裁秦雯，Wi-Fi 万能钥匙副总裁高祯祥，乐途网 CEO 彭斌，唱吧 CEO 陈华，今日头条创始人兼 CEO 张一鸣，摩卡 i 车副总裁任兴武，北京汇商融通信息技术有限公司（小笨鸟）董事长许丹霞分别进行了精彩的演讲。创时代的“互联网 +”论坛，汇聚了全球大数据行业领先的专家学者和企业嘉宾代表，共同探讨了大数据发展成果，以求破解大数据发展过程中的共性问题。

“‘互联网 +’重点的领域就是制造领域，简单说就是把互联网的应用覆盖到制造业的营销、生产的全过程。我觉得‘互联网 +’同时也为创业、创新创造了机会。”中国互联网协会秘书长卢卫在论坛致辞中表示，当前，全国上下都在推进大众创业、万众创新，这是党中央、国务院在新形势下的重要战略，也是实施创新驱动发展战略的重要内容。互联网为创新创业提供了更高的平台，也为市场创造了更多的机会。“互联网 +”的本质是传统产业的在线化和数据化，数据只有在线化才能成为鲜活的数据，才能转化为经济。

围绕“互联网 +”与实体经济结合将会带来的十分巨大的市场前景，中国工程院院士刘韵洁做了主旨报告，“互联网与实体经济深度融合——在工业互联网方面，互联网发展正在由‘消费型’领域扩大到‘生产型’领域。美国提出工业互联网，德国提出工业 4.0，中国提出中国制造 2025 计划”。

本次论坛演讲单元之一主题是“‘互联网 +’：连接智慧想象”，谈及“互联网 +”在各行各业发展情况，腾讯副总裁江阳指出：“最早的‘互联网 +’是在第三产业，包括个人消费与服务，如金融、物流、娱乐、终结、零售、住宿、餐饮、旅游、文化、房地产等结合得比较紧密。现在在公共服务领域也开始融合，比如交通、医疗、教育、政务、民生、公益，等等。在第二产业上如能源、制造业也和互联网开始联合，而第一产业农林牧副渔等方面还在摸索。”

邮政银行有业界最为广泛的电子渠道，相信结合互联网，邮政储蓄、其他金融机构会为用户提供更为便利的服务。那互联网金融会改变传统的金融本质吗？中国邮政储蓄银行总行副行长曲家文给出了自己的答案：“互联网金融不会颠覆传统的金融本质，从目前的发展来看，互联网金融扩展了金融服务的范围，提升了金融服务的效率，也切切实实改变了金融消费者的体验。但是金融本质还是存、贷、投、融，互联网金融并没有颠覆传统的金融本质。商业银行经过多年的发展，拥有实体网络、广大的客户、成熟的客户评级体系以及风险控制技术的基础，银行发挥自身优势，积极借鉴互联网思维，加快商业模式创新，在‘互联网 +’时代，将走得更远、走得更好。”

二、借大数据发展东风助政府提效升级

随着人类文明的不断进步，低碳、绿色、可持续成为时代发展的主题，绿色可循环的发展方式成为当前各国经济发展和国家竞争力提升的新引擎。大数据因其体量巨大、类型繁多、价值密度低、处理速度快，正日益深入人类生活的方方面面，涵盖医疗、交通、金融、教育、体育、零售等各行各业，此外大数据作为信息资本和数据资源对国家治理、政府决策、公共服务、组织方式和业务流程等更是有着巨大影响。作为一种新技术、新模式，大数据在推进政府决策管理科学化、经济运行稳健化、民生服务精准化等方面的广泛应用已被世界各国广泛关注，政府如何迎接大数据时代的机遇

和挑战，利用大数据创新社会治理、推进职能转型是一个全新的课题。

2015年5月27日上午，由贵阳数博会组委会主办，中国信息协会大数据分会承办的大数据时代的社会治理与政府职能转型论坛吸引了众多业界专家学者。论坛由清华大学公共管理学院副院长、中国信息协会大数据分会政务大数据专委会副主任孟庆国主持，北京贸促会副会长林彬、国家信息中心副主任李凯分别致辞，贵州省发改委副主任张晓平参加论坛。国家信息中心专家委员会副主任宁家俊、国家行政学院电子政务专家委员会副主任罗建中、香港城市大学教授马建、中国信息协会大数据分会专家委员会副主任文金言、日本横滨市政策局政策部政策课课长关口昌幸等嘉宾出席并发表主旨演讲。论坛围绕政府职能转型的信息能力建设、大数据下政府的角色与作用、政府与民间组织和企业推进数据开放等话题，从宏观层面、国际先进经验借鉴层面、地方政府先进经验分享层面等进行了深入浅出的探讨。通过探讨认为，数据的开放与共享是提升政府社会治理水平、促进政府职能转型、利用大数据更好地为政务服务的关键，要积极建设政府数据开放平台，让更多的人参与到信息创新中来，实现大数据服务于民。

“近年来大数据的概念席卷全球，改变了人们的工作、生活和思维方式，大数据能够有效地集成各类政治、经济、文化等信息资源，提供重要的数据基础和技术支撑。越来越多国家从战略层面认识大数据，在政治治理领域融入大数据的思维。”北京贸促会副会长林彬在致辞中结合大数据给政府治理带来的增益这样评价。

那么大数据究竟在哪些方面带来了变化，针对这个问题，国家信息中心副主任、中国信息协会大数据分会会长李凯指出：“大数据伴随云计算、互联网的发展正在发生一系列变化，首先数据量大规模的增加，种类也越来越繁多，数据的传输速度在提高，产生了大量的低密度数据，同时也隐含着巨大的商业价值。其次，基础设施也在发生变化，随着虚拟技术、融合技术、分布式技术的发展，企业的数据中心从原来的机房变成了越来越社会化的数据中心集群。第三，在数据应用方面，随着数据的进一步交换、集中，数据能够统一调度、跨越融合，使数据的深入挖掘、跨界分析利用成为可能。这一切带动了社会组织、社会治理模式以及政府管理的变革和创新。”

关于数据的使用，原来以信息资源管理为主导的思维方式可能要进行调整和变更，国家信息中心专家委员会副主任宁家骏表示，“做好政府大数据应用的本质是信息资源的整合，这次我们在考核各地信息惠民试点服务城市的时候，把服务水平的提升、服务渠道的延伸作为一个评价的核心要素，从过去以搞机房、搞工程、专项服务为主，转向以信息公开为主。资源的建设应该是政府信息化建设的核心能力，而这一切离不开数据的开放，这点各地都有很好的案例”。

大家都知道大数据对政府治理有用，但是到底有用在哪里，该怎样用，有些人还不太清楚。为此，国家行政学院电子政务专家委员会副主任罗建中为我们勾画了清晰的逻辑图。“所有的政府转型或者政府的治理，或者说政府的大数据能力无一不是围绕社会的具体目标和任务来管理，关于目标和问题的分析是数据，围绕问题和目标就需要全面对象的行为痕迹，这些都构成了大数据。大数据有这么一段话，以多目标为约束条件，全量特点的，多元化采集，可视化分析，这是我理解的政府转型的大数据的基本特征。以上是关于政府职能转型的大数据能力。”

三、从 IT 到 DT，数据思维是主角

中国进入互联网时代才短短十几年，DT 时代就已经到来了。马云提出，IT 时代是以自我控制、自我管理为主的时代，而 DT 时代是以服务大众、激发生产力为主的时代。这两者之间看起来似乎是一种技术的差异，但实际上是思想观念层面的差异。在数据处理需求急剧上升的今天，如何获得海量有效的数据、挖掘出大数据背后的价值是关键问题。大数据的价值体现在大数据的应用上，人们关心大数据，最终是关心大数据的应用，关心如何从业务和应用出发让大数据真正实现其价值，从而为我们的生产生活带来有益的改变。对大数据应用，不同行业和不同应用者理解不同。那么，从 IT 时代到 DT 时代，各行各业发生了什么变化，又带来哪些新的问题，新的解决方案呢？

2015 年 5 月 26 日下午，由贵阳数博会组委会主办，阿里巴巴集团承办的从 IT 到 DT 时代论坛在贵阳国际生态会议中心召开，众多业界精英齐聚，共同探讨 DT 时代下人才、创新、数据如何给社会创造价值，数据如何成为未来的真正核心。阿里巴巴数据事业部资深产品运营专员兰淼主持论坛。论坛分为两部分，第一部分是阿里巴巴集团内部数据业务的发展分享，第二部分是合作伙伴结合阿里巴巴数据开发的创新应用进行探讨。阿里巴巴研究院高级专家潘永花，蚂蚁金服数据平台架构师、高级专家刘行亮，阿里健康数据运营总监原雷，尼尔森大中华区 VP 许丽平，北京维艾思气象信息科技有限公司副总经理李昶，电众数码电商中心群总监胡丹丹，埃森哲总监靳涛，芝麻科技创始人兼 CEO 朱智等电商精英进行了精彩的演讲。论坛上，嘉宾分别从思维创新、企业营销方式转变、“互联网 +”实践、数据开放等方面进行了全方位探讨。他们认为，从 IT 时代到 DT 时代，数

据思维发挥着越来越重要的作用，要积极利用好大数据，做好“互联网+”的实践，让大数据融入产业、行业发展，推动和实现新发展。

阿里巴巴是一家互联网公司，从1999年成立至今，随着零售、物流、支付、健康、娱乐等业务的快速发展，大量的数据沉淀到了阿里巴巴的平台上。阿里内部对数据业务的应用从未停止过，那么阿里对数据源是怎样认识的呢？阿里巴巴研究院高级专家潘永花表示：“DT时代的技术基础储备——技术成本、存储成本和带宽成本的下降，以及相应能力的提升使得云计算成为基础，使得数据的共享、开放和流动成为现实。数据源也在发生越来越多的变化，包括互联网用户数，像Facebook的用户数2014年达到22亿，月活度数达到13亿，这些都说明数据源变得越来越多种多样。”

IT时代到DT时代，带来的变化体现在哪里？数据的利用模式又有了什么转变？作为一家专门从事数据服务的公司，蚂蚁金服数据平台发出了自己的声音，蚂蚁金服数据平台高级专家、架构师刘行亮指出，“从IT到DT最大的转变在于，原来是我们自己研发，支持蚂蚁的自有业务，到了DT时代是我们把渠道能力、大数据计算能力，把行业的创新能力授权给我们的合作伙伴和我们的ICT厂商。所以基于这样的思路，我们构建了一个金融信息服务平台，我们称为维生素平台。在这个平台上面有三方面角色，一个是数据供应方，也就是我们，可能还有一些外部DP，它提供的一些数据；另外一个是数据加工方，就是SP，它会有一些行业技术背景，比如处理数据的能力和创新点，它可以到这个平台上来基于这些数据去建工；最后是数据使用方”。

四、大数据促使政企关系由被动管理变合作双赢

政企关系是一个永恒的主题。政府与企业是两种不同的组织，目标不同，行为与运作方式也不同。在市场经济中，企业始终以自身的利润最大化为目标，政府则是在协调，追求整个社会的利益最大化，这就决定了政企之间必然有矛盾。与此同时，企业的发展离不开政府的支持与约束。政府控制着大量的资源，政府作为社会管理者，其管理制度和政策对企业的市场机会产生着重要的影响。而政府也需要依靠企业增加就业和税收等，政府在服务于企业的同时也实现了自己的目标。随着市场经济的发展，政府与企业之间不再是简单的管理与被管理的关系，而是战略合作伙伴的关系。政企合作已经成为经济社会发展的必然趋势。

为创造良好的氛围，使政界官员和企业界代表共聚一堂，面对面敞开心扉地对话交流，2015 年 5 月 27 日，由贵阳国际大数据产业博览会组委会主办、中关村大数据产业联盟承办的 2015 贵阳国际大数据产业博览会政企面对面分论坛在贵阳国际会展中心成功举行。此分论坛由中关村大数据产业联盟秘书长赵国栋主持。黔西南州副州长李杰，贵阳市综合保税区管委会主任李瑶，国家行政学院教授许正中，台湾东森集团执行长徐言，软通动力董事长刘天文，亚新集团副总裁张灏，美林数据技术股份有限公司董事长程宏亮，华院数据董事长宣晓华，荆州市委常委万卫东等相关政界官员与企业界代表参会。与会嘉宾围绕政府和企业之间的“相互吐槽”“相互欣赏”和“相互期待”三个环节进行了面对面交流。由于形式新颖，本次论坛吸引了近 200 位各地中小微企业代表亲临会场，与台上嘉宾一起互动讨论。

通过长达近4个小时的对话交流，与会嘉宾统一认为：在大数据时代，政府和企业间是战略合作伙伴的关系。为实现双赢，在政企合作中，政府官员要多一点企业家精神；企业家要多一点社会责任。政府应多为企业创造良好的机会和环境，建立完善的信息化平台，健全机制，提供更多的政策支持，并加大执行力度，使政策真正落地落实，同时要提高自身的工作效率，更好地服务于企业；企业在政企合作中要勇于开拓创新，保持积极的态度，发挥自身优势，为政府改革建言献策。

政府与企业间的关系较为复杂，这是多数政府官员和企业家共同的心声，二者在寻求合作共赢的道路上羁绊不断。当下，企业信息技术日益发达，而政府面临改革，此时双方应扮演什么样的角色呢？黔西南州副州长李杰指出，“在国家治理的进程当中，一些企业能够帮政府推进改革的进程，发挥很重要的作用。比如说，一些改革加一点技术手段就会变得轻而易举，如信息技术，就能帮助实现政府的职能转变。那企业是否愿意帮助政府实现改革呢？答案是肯定的。因为只有改革了，政府治理能力和治理水平提高了，企业才有更好的生存和发展环境”。

政府希望企业提出切实可行的建议，而不是一味地发牢骚，那么企业又是如何看待的呢？众多企业代表进行了精彩演讲。软通动力董事长刘天文这样说：“‘互联网＋双创’是非常好的战略，包括走出国门的‘一带一路’战略，是非常及时的。有了就业才有可能有更多的民生，有了更多的就业才可能进一步通过智慧城市，提高政务，让政府的决策更有效，通过大数据实现可持续发展。”台湾东森集团执行长徐言表示，“现在政府扮演的角色跟过去不一样，政府要顺应市场的需求和整个世界局势的发展，要能应这个需求给企业制造机会、制造环境，相关的法令要能够配合，企业才能够得以发展。东森集团在过去二十几年里跟台湾当局的配合是非常密切的。很多的法令要修改，政府官员可能也无能为力。所以东森集团就要根据国际市场的发展，以及整个环境的需求来协助政府制定各种法律的草案”。

数据科技："DT+"驱动产业下一次革命

埃森哲总监　靳　涛

大家下午好！

分享几个心得，因为现在比较晚了，感谢大家留到这个时候跟我们一块儿分享一些想法，包括我们之前做的一些东西。

先说几个我的感受。第一个，今天上午一些大咖也讲了，我们一些合作伙伴也在讲，我后面有一些概念可能和他们有重复，我就略过，我感觉越讲越难讲了，对我们挑战还是挺大的。第二个，刚才有人讲到人才，我觉得今天站在这一片热土可能真是一个机会。因为前不久，当刚开始接触阿里巴巴的业务，刚开始做埃森哲大数据业务的时候，我们在探索的同时，也在不断做一些比赛，或者一些竞赛。我们上次做的数据科学家大赛，在全国邀请了淘宝、天猫很多非常好的合作伙伴，他们也创造了很多历史的辉煌，很多资本也很青睐他们。当时大赛设了一个最大的数据科学家大奖，最终结果是把这个奖给废掉了。因为当时我是数据组的评委，我们在比赛的整个过程中没有找到一个团队或者一个人既非常懂营销，又非常会玩数据，或者非常会玩算法。玩数据不只是会做报表，做过 BI，不只是做这些，而是如何挖掘。第三个，就是我为什么来到这儿。我是负责数字化营销，还有我们中国区大数据业务拓展的，我为什么今天站在这儿？因为我觉得我们现在的业务发生了很大变化。当然我要尽量控制自己激动的情绪，还是很激动。现在尼尔森在做一个产品，电众也在做一个产品，其实我们之前看尼尔森也好，或者电众也好，他们不太做产品，也不善于做产品，他们现在在做，而且做得非常好，这个是时代在变化。埃森哲为什么在这儿？我们做很多关于消费者的洞察、消费者研究、CRM、营销咨询或者消费者分群咨询，再对组织结构、销售管理、业务流程，甚至财务进行优化。阿里巴巴也是我们的客户，我们做了阿里巴巴整个财务共享中心的咨询。埃森哲是做这些东西的，但是为什么今天也来到这儿？是因为我觉得埃森哲现在也不得不变，而且要非常积极迎接这个变化。为什么呢？因为 DT 时代的到来。很有幸我们昨天跟不同的大咖在聊，包括周总、雷总，他们现在都在做手机，中国现在比较大的手机制造商都是我们客户。周总出了一本书说他最早做的 3721 网络实名，为什么今天要做手机，因为他觉得手机是相对廉价地利用消费者数据的重要的人体外接器官。他们都在变，在这种情况下，如果咨询公司不去变，不从品效合一去做，只卖一些报告，那可能就不会走得更长远。而比较幸运的是我们现在做一些项目，按照客户最后成交付费，或者按照目标付费，如果做得不好不收费。我们以前一份报告可能卖几百万，一个系统加上实施可能几千万，这种项目是很多的，但是现在为什么做得不好不收钱，或者按照数据分析结果做得不好不收钱呢？是因为我们真想倒逼自己，做到品效合一。

今天有几个议题。第一个，消费者行为或者生活方式渐渐数字化，我们认为这是技术的变化。今天上午马总在讲，刚才阿里的同事也在讲，是因为技术的可实现性才促成了今天这么一个时代，如果不是手机可以很方便而且很快地接入网络，我们就没有这么多数据，也没有那么多跨界的公司去做手机。第二个，从 IT 到 DT 我谈一些自己的观点。第三个，“DT+”如何驱动新的商业革命或者如何成为商业驱动力。是不是商业革命或者新的商业驱动力，现在说都还为时尚早，但是这么多曾经或者已经成功的互联网或者传统行业驱动者都在积极地变化，我想大家至少应该重视一下这次变革。我们会以案例畅想的方式跟大家分享一下我们现在做的和以后做的事情。为什么叫畅想，我认为这个时代才刚刚开始，我们才刚刚有 4G，移动设备覆盖量越来越大并且会超过 PC，现在是能够累计很多有价值的数据的开始，所以这个畅想会是无限的。

第一部分，由于消费者的变化，我们所有的服务企业——无论是卖快销品、卖车的，还是卖房的，或者提供金融服务的，都是我们的客户，这些企业主，包括曾经叱咤风云的企业主为什么要找咨询公司呢？因为他们觉得这些变化让他们不得不变。埃森哲和以前我服务的其他咨询公司都在讲，要帮助企业客户实现数字化转型，这个事说起来挺大也挺空，但是它离不开几个关键词——移动互联、云计算、大数据。有一段时间大数据还被一些人认为是伪论，不被认同，但是今天大数据时代真的来临了。

以下是我的几个观点。阿里今天成为阿里，我们谁也没有想到，它以前只是开淘宝，我买衣服的时候，或者我老婆买衣服的时候才会想到阿里，想到去淘宝里面淘一淘。阿里云一个叫李彦的同学告诉我云是什么，以前很多传统国际型产品公司告诉我们云是什么，说得我云里雾里的，后来李彦用双十一的数据告诉我，如果当时不能提供几千台计算机同时算一个事情的话就不叫云计算，就实现不了双十一的订单。有一串数字告诉我们为什么要上云，现在很多企业都面临着数据迁移，他们大部分的数据都还存储在自己的数据库里。这是第一点，技术变化带来了所有可能。

第二点，人们的生活变化是因为很容易接入互联网，同时互联网提供者和APP的提供者也监测到人们的行为，经过分析，在不透露个人隐私情况下为人们提供服务。这会带来几个变化。第一个是Marketing。传统意义上的Marketing，包括我们做的一些中国500强、世界500强的Marketing部门有时也没那么强，它们在做Marketing的时候有哪些数据支撑，怎么做精准，怎么让广告费不浪费，或是趋于不浪费，这个事谁也说不清楚。这些情况我们的客户也经常遇到，我们也在帮它们做，但是我们觉得如果只有它自己的能力、它自己的数据，有时候我们可能做不了。举一个例子。我前两天买跑步机的时候，非常不了解跑步机，但是卖跑步机的厂商非常了解跑步机。这时候是不是有些人能够捕捉到我的诉求，并且分析出来我应该买哪款，我估计懂行的人挑起来比我要快。这样做Marketing的时候就是引导性地做Marketing。引导性就是通过同类的千万人的数据分析，在比你更了解你自己以后，把广告投给你。这是非常好的广告，让我非常省时间，我直接对比一下就买了。第二个是销售。我们之前做天猫，或者客户官网转型的项目，包括一些大银行、快销品、3C消费品等，做了以后，它的官网或者跟消费者线上接触的渠道是不是可以一对一地分析消费者的诉求，或者再进一步，有一些学过消费心理学的人，通过消费者行为分析消费者诉求，再把消费者想要的东西推给消费者。当一对一地进行有针对性的销售的时候，是不是会变成不一样的商业环境。第三个，我来自北京，看到在北京各种洗车的，他把小三轮开到你家地库，给你洗好了再开走，也包括各种送餐的，都在颠覆与我们日常生活有关的服务。说一些我们正在服务的公司的案例，比如做手机的企业是不是可以识别到用户打第一次投诉电话，第一次去维修，第一次放弃维修，第二次打投诉电话骂你，以及他在哪些渠道做了哪些事情。如果能有这些数据支撑是不是可以把服务做得更好，使创始人不再因为这些环节没有做好而丢了很多粉丝，或者丢了很多忠实客户。

接下来是我的一些想法。其实马总上午把 IT 到 DT 这东西说得非常透彻了。我们开玩笑说以前没有这种能力，我们要抽样，要减少客户的成本，要减少自己的成本。我们现在有大数据，我们不抽样了，这是第一点。第二点就是海量的精算。人才上需要很多的精算师，我们埃森哲一些合伙人是出身于金融体系的精算师，这些精算师是不是可以通过消费心理学角度把这些东西算好，不抽样也能把它算好。以前我们只做一种客户——离不开 IT 系统的客户。离不开 IT 系统的客户有两种，一个是电信，一个是银行，它们系统建设得非常好，但是如果以消费者经营导向来看的话也有问题。我们做了几个省的电信运营，用它们的数据，用我们的算法公式和一些算法工具做数据挖掘，挖掘到一些高潜力客户，再设计话术，教它们的营销人员按照我们的方式去打，哪个先打，哪个后打，一次不行再做第二次，这是个反复迭代的过程。最开始做得很辛苦，但是现在觉得还不错，因为我们敢用它们的数据去做，并且能洞察到这些东西，我们可能比客户更了解。再举一个例子，我跟国内一个比较创新的银行的高层去聊，我说其实我比你们更了解你们“0 到 5 万”这段的客户，我知道哪些人可能更有潜力，因为我们有了御膳房的大数据。

为什么我们今天可以跟阿里一起合作？第一个，因为我们分析了一下我们的合作伙伴，还找不到一家能够以一个完整的技术体系去跟我们这样的国际型公司合作去做某一个咨询——从它的 Marketing 到销售，到组织机构调整，到供应链，再到财务等，我们找不到这样的公司。第二个是我们没有找到很好的平台，阿里是我们认为比较好的一个保障。其实有时候数据会告诉你的事你可能没有想到，但是它就在那儿，这就是我们所说的，先用种子数据去学习，然后再去看它的切片，埃森哲才能更精准地去做海量数据的精准分析。以前我们只是用客户数据做分析，是很慢的，而且效果也不是很好，如果有这个数据之后，我们后面一系列数据会变得更有效率。我们可以做到精准的分析，并且能够用全网很好地触达端去触达，这些东西已经在颠覆广告行业了。前两天参加北京的大会，会上没有人怀疑数字化营销，没有人怀疑在数字化上投放广告的效果。以前我们在 PC 上能停留的时间、能够做的事情、能够沉淀的数据是有限的，而现在移动互联网无处不在，在地铁里、公交上，都是低头族，随时都在看这块屏幕，这块屏幕就有各种展现、推送或者精准触达的可能。我们在移动互联网去买这些广告位和展现量的时候完全不一样，我们会买得更多。如果延伸到金融体系，据说华尔街 70%—80% 的股票不是像今天中国这样去买，或者是看新闻拍脑门，而是用一帮学过数学的人、会算法的人去精算出来的。一个人盯着无数的屏幕，光纤直接接到公司，就怕他的网速比别人慢 1 秒。我们说未来的广告很有可能或者正在趋于更大的量，这给我们这种做数字化，或者是做 IT 咨询的厂商提供了很大的遐想空间，这也是今天我们埃森哲站在这里跟阿里巴巴御膳房合作的原因。

我认为很多现在我们做的不是颠覆性的，而是简单的所谓触网。我们现在有很多客户非常兴奋地跟我们讲："快帮我建一个电商网站，我马上要触网，选最好的平台、最好的人帮我做。"在中国的环境下，以前一些企业简单的触网，认为做一个网站就可以了，触网了，其实不是这样的。在他们不太会玩的时候，一些公司就把他们干掉了，是颠覆性的。如果埃森哲作为以后DT专业服务的供应商的话，我们希望是一个“DT+”传统行业，能够提升传统行业的一些能力。就是我们挖来银行行长，挖来医院副院长作为行业性专家，用DT的专业能力服务传统企业，再有一些学过心理学的或者是会玩数据的，而且会玩算法的人精算好了推给消费者。我们希望用“DT+”而不是“颠覆”帮助到企业客户，他们目前有的还在非常痛苦的弯路期，走了很多弯路。

最后是我的几个畅想。第一个就是我们上次大赛的案例，我把它拿过来了。有一家中国龙头房地产企业它本来想的广告创意可能是有问题的，我只share一个数据，它本来是学区房，把小学盘了过来，广告也是这么打的。但是我们用实际成交的客户数据去跑了一下，发现有48%是单身的，25%是两口之家，也就是说73%的人可能在五年之内不用考虑学区房的事情，那这样的广告就浪费了。

第二个是精准引流的畅想，也是我们上次大赛的案例。如果我们是卖空气加湿器的公司，这个空气加湿器有一个功效是除甲醛。我们有很多玩数据玩营销非常好的小伙子，他们做了很多贡献，比如说：搜出15天内买过软装、买过大家电、买过沙发的人，以及9天之内买过一些大的洁具、五金件、地板的人。在这之后再去投放除甲醛的加湿器，而且那时候是冬天，他还会告诉你关着窗也可以除甲醛。这样做，第一，在中国几亿的阿里活跃用户里能看到有多少这样的人，这样你就知道自己投放圈有哪些人，并且知道有多少人；第二，它给你提供无限的可能，不是让你去和另外一个同品类的竞争对手竞争，打价格战，而是在于发现用户有这种诉求，而且在不透露个人隐私情况下把最良好的广告推给用户。

最后一个案例，有个人非常优秀，不到30岁就上了福布斯封面，他跟埃森哲在做一个合作，非常有意思，我想和大家share一下。这个人以前是做雷达的，非常厉害，他用做雷达的精神和技术做了一个项目。我做个调查，现在哪些人是开着 Wi-Fi 没有关的，请举手我看一下。谢谢，目测至少一半以上。如果这个人在这里架一个设备，大家很多的 MAC 地址有可能会被他读到，读到之后他不知道你是谁，也不知道你的若干个切片，也不会给你打电话，也联系不到你。但是我们在两个点上做了尝试，第一个点就是一个消费者，完全没有他的任何切片，也不了解他，销售员只能看他戴什么表，开什么车，问一堆话，看他穿的什么衣服去辨别。但是当这个人的 MAC 被读到之后，能够和阿里的御膳房做匹配的时候，我们就得到一些切片、一些标签，而这些标签当然不能直接给售楼处或者卖车的销售，他们只能读到一些所谓的引导性的导购的话，通过这些话不是想暴露个人隐私，是想更有针对性地服务于看房看车的消费者们，这过程是很漫长的。我自己在北京刚刚买了一套房，还要把原来房子卖掉才有足够资金去买，整个过程我从年前就开始跑，很痛苦。但是如果销售员非常清楚我买得起买不起，或者是不是适合买这房子，一个卖房子的总比我要了解他的房子，这时候他给我做一些有针对性的推荐或是话术，我觉得体验很好。也就是说我买得起大房子的话，他说你要买一个公寓，我可能扭头就走了；如果我真正买不起这房子，进来之后他跟我谈一堆话，他的话术里面有一些有标签，可能变得更有针对性，对于我来讲体验也是好的。第二个点就是 Callcenter 的优化。Callcenter 来的时候只是一个电话，这个电话我们做了一些匹配以后，会有一些话术推荐。好的大宗消费品销售自己会对消费者进行分群，但是他可能没有受过训练，可能对于一个人有几十种话术，但是我们告诉他有五种话术是比较适合这个人的，那么这时候消费者的体验是非常好的。

我们畅想一下，如果“DT+”快消品，我们一个快消品客户现在想用阿里云的数据做 C2B 快消品的研发，如果顺利的话，八九月份在天猫上就会有一些新的口味出来，然后用数据算大家到底想喝什么，做反复的迭代，并且试饮后可能不像以前那样让他填报告，在整个过程中，其实他的行为都会被侦测到。第二个是“DT+”3C 类，昨天我们跟周总在聊的时候也有很多畅想。3C 类非常容易，因为它卖的不是可乐，可口可乐实际上是最好的品牌，但是无法获得消费者各种行为数据，它卖的是手机——一个智能设备，太容易去获得各种行为数据。第三点是“DT+”大宗消费，刚才我们举了例子，就不在这儿举了。“DT+”旅游、“DT+”文化产业……我们看看以后是不是会发生我们说的这些变化，我就说这些，谢谢。

“互联网 +”与未来网络的发展

中国工程院院士　刘韵洁

今天非常高兴能在贵阳跟全国互联网界的朋友一起开会。我今天汇报的题目是“‘互联网 +’与未来网络的发展”。我将从三个方面进行介绍。

第一，现有网络面临的挑战。

互联网发展到现在经历了 40 多年发展历程，分为三个阶段：1969 年到 1989 年，前 20 年主要是在军事与科研方面（第一代互联网）；1990 年互联网真正发展，直到 2005 年主要用于电子商务方面（第二代互联网）；2006 年以后就是未来网络，未来互联网面临与实体经济深度融合的问题，如工业互联网、能源互联网、车联网等，这就是“互联网 +”。那么，发展“互联网 +”面临三个挑战。

第一个挑战就是由于传统网络结构不灵活，不能适应不断涌现的新业务需求，网络可持续发展日益严峻，服务质量难以保证，产业价值链难以为继。随着 OTT（over the top）业务快速发展（OTT 是指互联网企业越过运营商，发展基于开放互联网的各种视频和数据服务业务，微信就是 OTT 典型的应用），以及用户数及数据流量等快速增长，运营商要加快 OTT 业务布局。互联网不按流量收费，OTT 业务爆炸式发展对运营商骨干网造成极大冲击，没有谁愿意无偿承担 OTT 业务的基础网络建设，若没有完善的基础网络支撑，OTT 也将失去明天。据调查，85% 的用户愿意为更好的业务体验支付最高 25% 的溢价。

第二个挑战就是互联网流量飞速增长，信息冗余传输严重，网络难以适应未来信息海量增长的需求。以移动互联网为代表的全球 IP 流量高速增长以及互联网大量内容重复传输，将会给电信运营基础设施带来巨大压力及挑战。高通公司统计，2010—2011 年，全球互联网流量增长了两倍，按此估算十年后，全球互联网流量将增长 1000 多倍。思科公司预计，至 2018 年，全球 IP 总流量将达 1.6 泽字节，这一数字将超过 1984 年到 2013 年 Q1 全球所有 IP 流量总和（1.3 泽字节）。亚太地区是 IP 网络流量增长最快的地区，中国和其他国家间的国际流量和宽带也快速增长。工业与信息化部统计，2013 年，中国移动互联网接入流量达 2.7 亿 G，增幅 56.5%，移动互联网接入月户均流量达 117.4M。这将会给电信运营商网络基础设施带来巨大的压力及挑战。

第三个挑战就是信息网络和传统行业深度融合发展具有巨大空间，但现阶段信息网络在实时性、安全性、灵活性等方面满足不了应用需求。今天的主题“互联网 +”，互联网与实体经济深度融合是发展的必然趋势，即第二经济。美国经济学家 Brian Auther 最近提出了第二经济的概念，指出由处理器、链接器、传感器、执行器以及运行在其上的经济活动，形成了人们熟知的物理经济（第一经济）之外的第二经济。第二经济的本质是为第一经济附着一个“神经层”，使国民经济活动智能化。在第二经济中，信息技术价值并不只是传统的硬件、软件和服务。信息技术融入人类社会的物理世界，具有大得多的价值空间。预计 2030 年第二经济的规模将逼近第一经济。李克强总理指出：“互联网 +”推动移动互联网、云计算、大数据、物联网等与现代制造业结合，促进电子商务、工业互联网和互联网金融健康发展，引导互联网企业拓展国际市场。大家对什么是“互联网 +”有不同的看法。我个人看法是，“互联网 +”不是中国固定的形态，是全球的形态。“互联网 +”是互联网发展的必然结果，就是要与实体经济深度融合。中国互联网经济占 GDP 的比重不断增长，2013 年 iGDP 比重中国是 4.4%，美国是 4.3%，中国已达全球领先国家水平，我们超过了美国。2013—2025 年，互联网在中国 GDP 增长中的贡献率可望达到 7%—22%，这个占比是非常大的。全球互联网用户预计在 2015 年将超过 30 亿，中国用户 6.69 亿，占全球的 22%，中国互联网用户数是美国的 2.5 倍，中国互联网的用户数 = 美国 + 印度 + 日本 + 俄罗斯 + 巴西。互联网用户这么多有什么用？互联网的价值是什么呢？可用梅特卡夫定律解释：网络的有用性随着用户数量的平方数增加而增加。

互联网与实体经济深度融合——在工业互联网方面，互联网发展正在由“消费型”领域扩大到“生产型”领域。美国提出工业互联网，德国提出工业 4.0，中国提出中国制造 2025 计划。

互联网与实体经济深度融合——能源互联网是指使用风能、太阳能等可再生资源，利用分布式能源采集系统采集微小可再生能源，通过智能网格计算、互联网和智能终端技术构建智能能源共享网络。

互联网与实体经济深度融合——车联网新需求是为了解决避碰、车辆变换车道控制、安全辅助驾驶等问题，一般要求网络传输延迟在 50 毫秒以内，有些应用要求在10毫秒以内。传统网络技术无法克服这一问题。

安全问题也是“互联网+”时代的一个挑战。2014年德国境内一个钢铁厂遭遇网络黑客攻击。美国很早就认识到在网络领域采用安全对策的必要性，近年来，美国在电力、通信、金融等重要基础设施领域采取措施强化信息安全。

互联网与实体经济深度融合——运营商在“互联网+”实践。2015年5月，中国电信发布运营商首份“互联网+”行动白皮书，聚焦四大领域：“互联网+现代农业”“互联网+工业制造”“互联网+新兴服务”“互联网+企业运营”。主要思路：通过打造灵活、安全开放的网络并提供定制化服务，为“互联网+”产业提供网络基础保障。“互联网+”对传统互联网提出了新的挑战，需要信息网络能够提供差异化服务能力，并能够灵活配置网络资源。

第二，未来网络发展趋势。

未来网络发展有两个思路。第一个思路是软件定义网络（SDN）。通过建立一个新的网络模型，通过数据转发平面和控制管理平面相分离，构建一个开放、可控、安全的新一代网络。目标是数据平面和控制平面的分离，以及实现网络可编程。优势是使复杂网络简单化，增加网络部署的简约化及灵活性，增加网络的稳定性及可靠性。面临的挑战是：一是性能问题：面向大网的性能扩展问题、控制器的健壮性、分布式控制平面设计；二是芯片：流量容量、流表学习速度、流表转发速率、转发时延；三是协议演进：可扩展的东西向协议、高效简洁的南向协议；四是控制器的多样化：接入光、IP、云数据中心、移动网等多种控制器的互操作；五是多种南向协议的统一抽象：基于模型的资源抽象；六是安全性问题：安全隔离、授权认证等。

第二个思路是以内容为中心的新型架构（CCN）。通信网络架构由以

IP 为纽带转向以信息内容为纽带。CCN 面临的问题：一是内容命名与标识：命名机制、解析、寻址、以内容命名的架构可扩展性；二是路由与转发：路由算法设计、多路径路由、转发策略、以内容命名的数据转发查找效率；三是内容存储管理：存储管理策略、副本管理机制；四是内容所有权及安全：内容的归属、隐私保护；五是网络模型与性能评价：网络带宽、时延、存储之间的权衡关系；六是与现有网络的兼容与部署：内容标识与演讲式部署之间的矛盾、与现有 DNS 系统的关系。

第三，服务定制网络。

服务定制网络架构 SCN 的提出要求简单、开放、可扩展，安全可靠，融合，高效、灵活调控网络及信息资源。调控网络就是把互联网的资源向用户开放，但这样还不够，还要调动信息资源。我认为能够灵活调控网络资源和信息资源的网络才能够解决刚才的问题。这是我们提出的服务定制 SCN 网络的价值。

交通运输体系采取差异化运输方式，就是普通公路不收费，高速公路收费,普通列车低收费,高铁高收费,水运低收费,航空提供差异化服务收费。用户可根据需求，选择不同交通运输方式，并支付不同费用。目前互联网不按照流量收费，类似于普通公路不收费，都保证不了服务质量。网络能灵活提供差异化服务质量保证，势在必行。

SCN 核心技术包括软件定义的可编程路由交换系统，智能资源调度与管控平台，基于大数据的网络测量、感知平台。这些理念并不是在理论上，我们现在已经在实践了。未来网络小规模实验网于 2013 年 8 月 8 日开通，已在南京、北京、上海、广州、西安等 7 个主要的城市完成部署。国内 80 多个创新团队以及美国 XIA、欧盟团队在实验网中进行试验，已与现有的互联网及欧美未来网络实验网互联互通。SCN 体系架构得到了国际相关知名专家的高度评价，以及领导的广泛关注与重视。

最后对中国特色的网络创新发展之路提出展望。在“互联网 +”这个前提下，中国完全有可能走在世界前列。美国有什么东西我们就有什么东西。2013 年 2 月国务院 8 号文件将 CENI 项目列为《国家重大科技基础设施建设中长期规划（2012—2030 年）》；2015 年天地一体化信息网络重大工程立项；科技部宽带通信与新型网络重点项目准备立项。未来网络是一个既有技术高度，又有巨大产业规模的领域，涉及网络领域、智慧城市、智慧旅游、智慧制造等一系列产业的提升和变革。要实现“互联网 +”与实体经济结合，将有十分巨大的市场前景，但需要我们各位的共同努力。

谢谢大家！

拥抱“互联网 +”时代的邮储银行

中国邮政储蓄银行总行副行长　曲家文

大家上午好！

这次应该说非常高兴也非常荣幸，能够有机会参加创时代的“互联网 +”论坛。今天我发言的题目是：《拥抱“互联网 +”时代的邮储银行》。在此我主要谈一些体会，包括三个方面：“互联网 +”时代的新特征、互联网金融的新思考、邮储银行“互联网 +”新策略。

第一，“互联网 +”时代的新特征。

李克强总理在 2015 年的政府工作报告中首次提出制定“互联网 +”行动的计划，意味着互联网已经超越了信息技术本身的范畴，成为创造性的商业模式，创建新的生活、生产方式的重要引擎。我认为“互联网 +”时代会出现三大特征：

一是推动传统产业转型升级、形成全新的发展生态。互联网与商业模式的结合所产生的电子商务，因其便利，近年来得到了快速的发展，电子银行交易的活动产生了爆炸式的发展，也形成了互联网理财、融资等新的金融业态。近两年来，互联网金融爆发式的增长，互联网与交通、能源等一些传统产业的跨界融合，也将产生新的化学反应。像领导讲的，1 加 1 大于 2。“互联网 +”将助力传统产业焕发新的生机，从而形成全新的生态。

二是打破时空束缚，无处不在。随着互联网尤其是互联网、移动互联网的快速发展，传统的时空观念已经改变。在时间方面，互联网作为重要的生产因素，渗透到行业和领域当中，碎片化的时间得到充分的利用，生产的效率得到提高，时间也被人们更为随意地支配。在工业方面，“互联网 +”使得线下生产的活动，转化为线上的一些应用场景，使人们的生产生活通过 PC 桌面和移动终端可以轻松完成，传统的空间概念被淡化，随时随地无处不在成为实实在在的存在。

三是颠覆式创新成为重要的生存法则。政府为“互联网 +”时代提供了更为宽松的政策环境，传统的行业也希望通过“互联网 +”，或者互联网来实现转型升级，进而实现可持续发展。因而传统意义上的优化改造，难以维系，只有通过打破原有的生产作业方式，创造新的商业模式，形成新的价值链，才能拥有更为广阔的市场前景。

第二，互联网金融的新思考。

谈到“互联网 +”的感受，作为金融行业从业者，我对互联网金融有三点不成熟的看法。在互联网发展的进程中，互联网金融无疑是先行者、领导者，近年来商业银行感受到了来自互联网金融的挑战和压力。

一是互联网金融挑战与机遇并存。2013 年以来，以余额宝为代表的互联网金融爆发式增长，互联网理财、P2P、众筹融资等新的模式不断涌现。互联网企业依托社交网络大数据、云计算等技术和平台优势加速向全领域金融服务进军。银行业面临经济的新常态、利率市场化及互联网金融的挑战，也在加快转型升级。银行业、金融机构纷纷亮剑互联网金融领域，推出自己的电商平台、直销银行、移动金融、供应链金融等众多的新产品，可以说无论是互联网企业还是传统的银行业，都在积极构筑互联网金融的生态圈。未来面临的挑战在各个方面都是难得的发展机遇。

二是互联网金融不会颠覆传统的金融本质。从目前的发展来看，互联网金融扩展了金融服务的范围，提升了金融服务的效率，也切切实实改变了金融消费者的体验。但是金融本质还是存、贷、投、融，互联网金融并没有颠覆传统的金融本质。商业银行经过多年的发展，拥有实体网络、广大的客户、成熟的客户评级体系以及风险控制技术的基础，银行发挥自身优势，积极借鉴互联网思维，加快商业模式创新，在“互联网 +”时代，将走得更远、走得更好。

三是互联网金融发展的趋势。我认为互联网金融今后在三个领域将会大有作为。首先，在 O2O 方面，商业银行有庞大的实体网络和广大的电子银行客户群体，利用互联网社交网络等新技术，线上线下协同发展，既可以创造更好的客户体验，又可以在一定程度上实现降本增效。其次，在开放平台方面。随着云技术的成熟和普遍的应用，平台化战略成为未来的制胜点。商业银行通过平台的建设，加大外部合作，特别是与互联网企业的合作，实现竞合发展、共赢发展。再次，在大数据方面。商业银行拥有丰富的客户数据，但是这些海量数据没有得到充分的开放、整合和使用，而互联网企业在这方面走到了前面。在互联网时代，利用大数据的技术与应用，能为商业银行产品的设计、精准的营销、风险的控制，提供更为有利的基础。当然对其他的行业也是如此。

第三，邮储银行“互联网 +”新策略。

邮储银行资产规模超过63000亿，拥有近4万个营业网点，6亿的客户群体，其中电子银行客户群体超过1.3亿。我们将积极学习借鉴互联网思维，充分发挥自身的优势，不断加快创新的步伐，以适应“互联网+”时代的新变化、新要求。简单地说就是打造三个银行：

一是打造开放协作平台银行。依托云技术，全力推进互联网金融云平台建设，实现网上银行、移动金融、自助银行等云接入，依托中国邮政庞大的实体网络、邮乐网电商平台，整合数据物流等资源，发挥资金流、物流、信息流、商流四流合一独特的优势。搭建邮储银行互联网金融的综合服务平台，实现“互联网金融+数据电商/数据物流”等多种合作的新模式，形成独具邮储银行特色的互联网金融产品体系。

二是打造体验良好的智慧银行。将个人的网银、手机银行、电子银行等全覆盖到线上电子银行，打造成业务品种齐全、客户体验良好的线上交易服务平台。我们依托4万个营业网点，打造智能设备丰富、服务流程便捷的智能网点，引领线下的服务平台，实现电子渠道与实体网络的互联互通、协同发展，形成线下实体银行与线上虚拟银行齐头并进的智能银行的新格局。

三是打造平等、共享的普惠银行。邮储银行将普惠经营的理念与互联网的精神高度融合，我们将利用大数据技术深入挖掘三农服务、个人创业者、在校大学生、小微企业、高新技术产业等客户的需求，结合平等创新普惠服务渠道，依托“互联网+金融”的商业模式打造普惠金融特色银行。

互联网时代适者生存，邮储银行将与互联网企业共同打造适应互联网金融要求的商业银行。与此同时，我们还坚持服务三农、服务中小企业、服务社区的战略地位，服务实体经济，建成拥抱“互联网+”时代的邮储银行。

谢谢大家！

政府职能转型的信息及能力建设

国家行政学院电子政务专家委员会副主任　罗建中

大家好！

我跟大家分享一下关于政府职能转变和大数据建设的一些体会。今天上午跟大家分享三个内容，一个是讲讲政府职能转型，一个是讲讲政府职能转型的大数据能力，还有一个讲讲几点认识。

政府职能转型。什么意思呢？政府职能转型就两个字，一个“退”，一个“进”，要从市场上“退”，要在更好地履行职能上“进”。政府从市场中“退”出来，就是要以市场和社会主体自主的经营为主。刚才马建教授跟我说中国政府到处建数据中心可能有点重复，可能是这样的，我们的市场主体还没到位。我们要从政府、从行政配置资源的决定性作用变成市场起决定性作用，还有很长的路要走，不光是大数据可以解决的，要更好地履行职能。政府的职能包括四个方面：经济调整、市场监管、社会管理、公共服务和应急处置。要让市场主体的自觉行为符合法律和技术的要求，还要了解社会矛盾，掌握公共诉求，提供公共产品，这是政府转变职能的基本诉求。要发现经济社会的现实矛盾和问题，要分析判断各种成因和复杂关系，要研判客观形势，要评价已有的政策措施的效果，还要进行发挥市场和社会主体的主动性作用的制度安排，各式各样的制度安排，这就是政府更好地履行职能，发挥更好的作用，这是“进”的地方。进有进的地方，退有退的后路，这些是经济社会客观存在的市场行为的市场表达，政府需要大量的数据。过去数据在政府这一侧，市场主体和政府这一侧的信息不对等，这就是我们说的政府职能转变的信息需求。政府职能转变的“进”就是要解决资源配置的效率和公平，“退”就是使社会运行和管理更为有序。

政府职能转变的大数据能力需要什么，就是经济社会客观存在。我们说数据就是信息表达的这些内容，是对客观现实和问题的分析，是对各种成因、关系的分析，对各种形势的判断。这些问题，需要制订各式各样的治理社会的方案。这点我们刚才说了，资源配置的效率和公平、社会运行的规范和有序，是社会治理的两大目标。资源配置的效率和公平，从政府管理这个角度看，就是它的合理性管理，讲的是社会运行的规范和有序，讲的是合规性管理。合理性管理和合规性管理是所有政府都在做的事情，但两者所需要的信息是不一样的。合理性管理所需要的信息就是要表明经济社会各领域内在关系的信息。信息是什么？信息是客观事物的表征。还有经济社会各专业规律的知识，这个知识不是客观的，知识是人脑对信息的加工。合规性管理也需要两个方面，首先是规则的信息，所有国家有史以来、古往今来都要制定法律法规，这就是规则的信息。进入工业社会以后有标准的技术规范，有标准的知识信息，就是规则信息。规则信息就是这个社会的规范，运行的规范，市场也好，社会也好。更重要的是社会主体、经济主体的行为合规或者不合规的信息，这是我们目前的信息里面最缺的信息，没有过程信息，没有痕迹信息，主要是一些样本信息和某个时间节点上的时点信息，这样的信息不足以支撑政府进行合规性管理。合规性管理，涉及经济社会各领域内在关系的信息。合规性管理需要我们做什么？规律的信息、行为合规和不合规的信息是支撑我们做判断的，这个判断不光是政府作为监管者，更多的还是公民、消费者，其他市场主体来判断的。做决策需要什么？做判断的时候需要规则，那输出什么呢？主要是情报和方案，决策是靠各种各样的情报和方案，包括互联网的公开情报和方案。我们现在说舆情，互联网上比较多，其实还是情报和方案。系统输出是什么？一个是判定的结果，第二个就是结果的责任规定，你的行为是否符合合规性的规定，符合或者不符合哪些规范，然后就进入执法，对不合规的责任行为进入行政执法的程序，政府就实施市场监管的职责。这一点就是我们经济社会多领域相关关系数据，我们输出的是这个东西。从输出这个角度来讲，也是多领域的原始输出数据，还有就是规则数据和行为数据合不合规，多领域应用输出的数据中间是数据处理。再进一步阐述一下，我们所有的政府转型或者政府的治理，或者说我们政府的大数据能力无一不是围绕社会的具体目标和任务来管理，关于目标和问题的分析是数据，围绕问题和目标我们就需要全面对象的行为痕迹，这些都构成了大数据。大数据有这么一段话，以多目标为约束条件，全量特点的多元化采集，可视化分析，这是我理解的政府转型的大数据的基本特征。以上是关于政府职能转型的大数据能力。

最后有几点认识，跟大家做一个分享。第一，政府目前没有大数据，只有填报数据和样报数据，不足以支撑政府的职能转型。第二，百度、阿里、腾讯、京东已经很热了，包括电信运营商的数据也已经很多了，但不是能够全面支撑政府转型的数据。第三，要具备支撑政府转型的大数据的能力。一是多领域对象基于自身利益以及国家安全利益，提供自身特定行为痕迹数据。二是社会各领域信息化程度普遍提高和应用深入发展。三是政府依托社会专业力量对社会各领域进行深入持续的专业化研究。不是政府的数据库在一块儿就有大数据能力，没有的。第四，政府的大数据能力首先是经济社会变革和管理的制度构建，而不是工程技术的构建，不是大规模的数据中心，不是大规模的数据存储能力。不是建了很多大数据中心就是大数据了，不是的。真正的国家治理能力和治理体系现代化不是把数据库和数据中心贴上就现代化了。

我的演讲完了。

观点再现

刘春成（贵阳市委常委、副市长）：贵阳市作为贵州省的省会，承担着发展贵州大数据产业的重要使命，贵阳也是全国生态文明示范城市、国家创新型城市的试点城市，在发展大数据产业方面拥有生态、能源、平台等诸多优势。因而发展大数据产业已经成为贵阳市贯彻落实国家、省的战略部署和工作要求，加快打造贵阳发展升级的必然趋势。数博会作为全球首个大数据行业的盛会，其根本目的，不仅是要发展贵阳的产业，更希望为大数据这一具有明显战略前瞻性的产业，为大产业时代的到来，做出应有的贡献，并打造一个良好的平台。

卢卫（中国互联网协会秘书长）：随着“互联网＋”的提出，当前我们已经进入了一个新的互联网发展阶段，互联网正在潜移默化地渗透到我们的生活当中来。“互联网＋”并不是互联网行业和其他行业的单纯相加，而是互联网思维与技术和各行各业进行融合创新，产生增量经济，重构一个新的空间，甚至更大量级的新业态。“互联网＋”为我们创业、创新创造了机会，“互联网＋”的本质就是传统产业的在线化和数据化。数据只有在线化才能成为鲜活的数据，才能转化为经济。

江阳（腾讯副总裁）：“互联网 +”这么热，实际上得益于移动互联网的发展。就“互联网 +”在各行各业的发展情况而言，实际上最早的“互联网 +”是在第三产业，包括个人消费与服务，如金融、物流、娱乐、终结、零售、住宿、餐饮、旅游、文化、房地产，等等。现在在公共服务领域也开始融合，比如交通、医疗、教育、政务、民生、公益等。在第二产业上如能源、制造业也和互联网开始联合，而第一产业农林牧副渔等方面还在摸索。

秦雯（缔元信总裁）：互联网和产业结合的变化是从产业经济到共享经济，最后到智能经济。产业的未来是互联网式的、大数据引导的。“互联网 +”不等于行业互联网化。从某个角度说，“互联网 +”是互联网减，减的是组织流程、产业中介、人力资源。大数据是业务过程的全记录，对于企业，大数据最容易切入的点是营销。

高祯祥（Wi-Fi 万能钥匙副总裁）：共享经济有三个要素：一是人。所谓共享一定是在人跟人之间发生的。二是资源。研究下来觉得资源就是经济，其实对共享经济来说，是要在极大丰富的状态下，多出资源。三是平台。互联网是驱动、掌握跟分配资源的平台，共享经济其实是驱动“互联网 +”的原动力。因为，第一，随着科学技术的不断发展以及社会的稳定，人的生活条件越来越好，不管是物质上还是精神上的需求越来越多。第二，资源会出现不平衡，而且随着生产力的发展，资源会越来越多，但是有一些人会掌握多一些的资源。第三，互联网从理论上是组织、分配、管理资源的载体。要想在“互联网 +”经济大潮中发挥更大的作用就要发展 O2O。

陈华（唱吧 CEO）：移动互联网是一个更大的互联网，移动互联网并非 PC 互联网的子集，而是超集。手机是每个人的随身电脑，已经成为身体外不可剥离的器官。这个器官是我们接触外部世界和信息的非常重要的工具。当智能手机普及以后，移动互联网的使用发生了改变。未来所有的设计都可以联网，都可以被手机遥控。未来所有设备和海量用户行为形成一个巨大的数据网络。互联网时代，唱吧发展模式首选 O2O。互联网和最新的科技可以让我们的产品不一样，让我们的商业模式不一样。

张一鸣（今日头条 CEO）：通过数据与个性化推荐算法，能推算出用户感兴趣的内容。平台是越多人用越好用，用得越多越好用，大数据应用的价值之一是让政务信息精准地找到服务人群，促进政务公开和政府透明。

任兴武（摩卡 i 车副总裁）：企业寻找合作伙伴，需要的就是数据。“互联网 +”改变了我们的生活和习惯。首先提高了效率，服务半径不受场地限制，服务时间更加灵活，改变用户预约习惯，配件库存效率优化。其次改变了成本结构，场地租金省了，库存资金大幅降低，收入分配优化。最后优化了服务，价格合理透明，服务透明。

许丹霞（北京汇商融通信息技术有限公司董事长）：中国企业要把自己的产品销售给海外用户，最直接的办法应该是把产品放到海外用户最喜欢最信任的本土化、本土语言的落地平台来销售，而不是让海外买家找到一个他们相对陌生的机构。跨境企业可通过与海外各大电商平台的合作，从技术上实现与海外平台的无缝对接，使整个交易实现全流程的数据互联互通；可通过线下实体的方式，做好产品的线下运营，让线上线下更好地融合；可通过区域大数据，建立大数据实验室，通过区域大数据的应用，精准地找到客户的需要。

宁家骏（国家信息中心专家委员会副主任）：要高度重视大数据云服务在推进政务信息化方面和服务模式转型中的作用，做好政府大数据应用的本质是信息资源的整合，在考核信息惠民时，把服务渠道的延伸和提高作为评价的核心要素之一，从过去机房建设的发展思维，转向信息资源建设和信息公开建设这一政务信息化建设的基础性工作和核心工作中来。实现政务信息化建设中的新模式构建、新阶段发展、新领域覆盖、新水平提升和信息化的新成效发挥。“互联网＋”给政府信息化拓展了空间和机遇，要积极发挥互联网在实现智慧民生、促进行业发展上的作用，以互联网的思维模式改变传统模式和服务架构，通过“互联网＋”营造新业态、提供新的信息服务、提升服务的质量和效率。政府信息化的发展，必须考虑怎样进一步解决数据鸿沟，把线上线下更好地结合起来，满足不同层次群众的需求，发展“互联网＋”政务信息公开化要更加关注公共基础设施的建设，更加重视市场的参与，更加关注数据的开放。

马建（香港城市大学教授）：如果把政府信息公开为大众服务，生活将会变得更加美好。对于开放政府、开放数据，香港政府遵循七个原则：首先是公开性，政府没有权力把信息当成自己的资产，一定要公开出来；第二是原始性，原始数据应当如实公布，从开放政府的角度，哪怕数据显示出了政府工作的失误也应该如实公开出来，不能修改；第三是时间性，获得信息后就应该随时随地发出去；第四是可读性，开放信息应是最方便让别人读取的；第五是非歧视性，任何人都有权利获取信息；第六是非专业性；第七是免费性，不能利用信息公开设置障碍牟利。

文金言（中国信息协会大数据分会专委会副主任）：未来，大数据对人们的挑战表现在法律、技术管理、物理、生产、文化等诸多层面。大数据时代面临着超量数据和缺量分析的问题。到目前为止，能看到的目标还是对过去的数据统计和数据分析。在全球范围内，从风投的角度来看，投资量最大的，都集中在大数据的工具上面。大数据，必须有大视野。在大数据时代来临之际，不管是从技术、工具，还是人才培养上，都需要改变认识方式，尤其是在大数据开放的思路下，如何引入社会各方的参与等都必须引起关注与重视。

关口昌幸（日本横滨市政策局政策部政策课课长）：开放的行政数据与民间企业所拥有的各种数据，实现一定的融合，能使得大数据成为经济发展的另一个原动力。横滨市通过与民间组织和企业合作，推进开放数据和开放创新。政府、企业、民间团体多方合作建立了一个解决社会问题的平台，通过智能手机的APP，市民可以反映他们所面临的问题、需求和想法，通过搜索引擎，市内存在的同类问题可以一目了然，针对这些问题，一些社会企业家会利用他们的商业手法来提出解决方案并立案解决。

潘永花（阿里巴巴研究院高级专家）：在互联网经济、“互联网+”时代，以互联网为核心的业务并不是单纯的线上业务，而是互联网与传统产业进行融合。云、网、端三块是“互联网+”的基础设施，最核心的是云计算和大数据，在云计算和大数据的基础上才有了“互联网+”产业。这一产业涵盖了物流、金融、零售等多种行业，加上“互联网+政府治理”，形成了完善的“互联网 +”经济体。“互联网 + 传统行业”有一个共同特征就是数据驱动，大数据驱动了以新智能为特点的新社会的到来。IT 时代以技术提升为核心，DT 时代以思想提升为核心；IT 时代以自我服务、自我管理为中心，DT 时代以分享、利他主义为核心；IT 时代以服务为主，DT 时代是客户体验至上的时代；IT 时代企业数据是相对封闭的，很难真正实现开放和透明，DT 时代将迎来数据的大开放、大流通；IT 时代以大企业为核心，而 DT 时代小企业将大有可为。

原雷（阿里健康数据运营总监）：只有通过数据共享，才能让大数据发挥价值。那么数据怎样才能共享呢？我们致力于打造一个开放的平台，让数据开放出来，通过和合作伙伴合作，为客户建立各种各样的应用场景，通过这样的方式，让数据有可用之处。开放代表数据要开放、客户要开放。很长时间以来，每个团队都积累了自己行业的大量的有用数据，但是一直没有很好的机会把这些数据整合起来，把它们的价值发挥出来。这需要搭建一个又一个的开放平台，让行业里面各种各样的数据与数据的拥有者和开发者聚集在一起，形成全产业链的联盟，让数据形成合力，发挥更大的作用。

许丽平（尼尔森大中华区 VP）：虽然大数据有着非常重要的作用，但是大数据只是表象，必须充分挖掘才能看到大数据反映的真正规律。尼尔森收录了阿里平台上所有消费者的评价反馈数据，把其中的无用数据和虚假数据剔除，利用有用的数据帮助客户分析企业品牌的健康度如何、企业产品消费者的关注点何在、企业产品的质量好不好、不好的地方要如何改进等。使用大量的调研数据进行研究试验，真实了解消费者的需求和意图，这样才能给商业决策提供很好的帮助。

李昶（北京维艾思气象信息科技有限公司副总经理）：气象数据不仅包括通过各种 APP 或者是网站看到的信息，还有大量很精细、能够图形化的数据。气象数据与其他行业的数据相结合，能够为能源、旅游、物流、金融等行业提供服务。通过气象数据的分析能帮助消费者选择更合适的时间，出现因气候原因造成的损失时，给消费者一定赔付。这种赔付跟传统保险不一样，叫气象指数性保险，这种保险唯一的核保依据就是气象部门监测站的数据，所以它的整个环节都能够通过互联网来实现，而且速度非常快。

胡丹丹（电众数码电商中心群总监）：在有数据和没数据的时代，对于广告营销人来说最大不同就是工作方法上的不同。以前的营销活动可以把它表述为是一种“脉冲式推广”，年底制订第二年的计划，一波一波地进行营销推广，但是这些推广和推广之间是断点式的。而在大数据时代，可以建立一个品牌大数据的发动机，建立整合的运营体系，通过用户数据聚合进行持续沟通管理。现在的数字营销是新的三维立体，就是说 Data、Idea 和 Technology 三个要素一个都不能少，而且是这三个要素的结合。通过数据的洞察，制定出正确引导消费者的策略，再加上好的想法，就能实现很好的企业创新，并充分利用科技手段满足各种消费者体验。

徐言（台湾东森集团执行长）：政府要顺应市场的需求和整个世界局势的发展，给企业制造机会、环境，相关的法令要能够配合。但很多的法令要修改，政府官员可能无能为力。所以我们就通过学会或者协会的名义，来协助政府制定各种法律的草案，然后交给政府。政府好，企业才好。

许正中（国家行政学院教授）：政府和企业过去是管理和被管理的关系，但现在，政府和企业是战略伙伴关系；过去关键点是划清界限，现在关键点是怎么能团结合作。现在大转型了，但领导的思维惯性还没有彻底改变，即使思想转变了，能力也没有转变。

李杰（黔西南州副州长）：“互联网＋”提高了整个社会的运营效率和效果，促进了社会的进步和道德水准的提升。将来可能是企业家社会，企业家在社会成员当中是主角，也许政府就是一个导演或者编剧。

李瑶（贵阳市综合保税区管委会主任）：政府部门要从三个方面来解决和应对大数据时代的职能转变。一是要建立完善的信息化平台。二是要健全机制，对于来询问相关信息的一些企业，必须要有比较规范、高效的相关制度。三是每位工作人员要提高工作效率和质量。当然，这需要一个过程。

宣晓华（荆华院数据董事长）：智慧城市本质上来说是希望运营的效率更好、决策更优。讲智慧，本质上就是一个数据问题。大数据跟智慧城市的关系是云平台提供一个数据和计算的能力，而所有的智慧来源，必须要有数据的加工、分析、运用、优化。现在智慧城市的问题在哪？很多企业对智慧城市什么都提供，但提供的又不是非常好，而且没有与集成商和专业公司有个好的合作和分工。最好的方式是，企业把数据集中，通过比较专业的公司把一个领域做好。同时跟集成商合作，复制到全国，成为智慧城市的样板。

数据安全与发展

—守护大数据时代的信息安全

—『互联网+』时代大数据安全战略为发展保驾护航

—开放与保护：『数据天平』的两端

2015 年 5 月 26—27 日，第十届中国灾难恢复行业高层论坛在贵阳国际生态会议中心召开

2015 年 5 月 26 日，数据开放与隐私保护论坛在贵阳国际生态会议中心召开

2015 年 5 月 26—27 日，中国大数据时代信息安全产业创新发展高峰论坛在贵阳国际生态会议中心召开

安全与隐私保护：大数据发展的时代前提

大数据战略重点实验室

大数据的核心，是关于数据驱动的创新，是以海量数据价值挖掘为核心的创新体系及模式。大数据正替代传统电子信息技术成为全球生产力、竞争和创新的最前沿领域，蕴含着广泛的应用价值和巨大的市场机会，目前全球包括中国在内的许多国家和地区已经开始布局以大数据产业为核心的新一代高科技创新产业集聚区。但是在大数据蓬勃发展的趋势下，我们也要清醒地认识到，大数据是把“双刃剑”，带来巨大机遇的同时，也带来了信息安全、隐私保护等诸多挑战。

美国非营利性组织开放安全基金会和威胁情报咨询公司 RBS 合作发布的报告称，2013 年全球共发生 2164 起数据泄露事件，超过 8.22 亿条记录被曝光。国家信息中心等部门相关报告显示，2013 年中国共有 7.6 万多个网站被境外组织或个人通过植入后门实施控制，其中政府网站 2452 个，境内 1.5 万台主机被 APT 木马控制。全球范围内不断出现的数据泄密现象已经敲响了警钟，我们如何用好大数据这把剑，实现趋利避害，已经成为一个需要世界各个国家和地区共同思考和研究的重要课题。

数据安全的影响空前广泛。大数据时代，线上与线下、虚拟与现实、软件与硬件重叠交错、跨界影响，尤其是核心的大数据不可避免地成为各种利益诉求的集散地、国与国之间进行渗透的重要渠道。数据安全既影响商业、金融等经济安全，也可能涉及文化意识形态等精神领域，甚至可能引起社会动荡、改变战争形态、影响国家安全。因此，如何实现数据安全与隐私保护，成为大数据发展的时代前提。

在此背景下，全球首个以大数据为主题的展会和峰会——2015 贵阳国际大数据产业博览会暨全球大数据时代贵阳峰会，正好搭建了这样一个平台。在第十届中国灾难恢复行业高层论坛、数据开放与隐私保护论坛、中国大数据时代信息安全产业创新发展高峰论坛三大高端论坛上，全球范围的专家学者、政府官员以及企业代表齐聚一堂，围绕大数据安全战略、数据开放与隐私保护、大数据时代信息安全产业创新发展等多个大数据安全话题进行了探讨与交流，凝聚了大数据时代需要高度重视信息安全的共识，也明确了未来大数据安全发展的思路，对于全球范围内大数据的安全、可持续发展具有重要意义。

一、大数据安全战略为发展保驾护航

在“互联网 +”时代，国家信息安全更需顶层设计和统筹发展，国家灾难恢复行业同样需要在网络强国方略指导下进行整体战略布局。在信息化建设中，灾难备份已成为不可或缺的组成部分。然而，随着移动互联、云计算、大数据等新技术的快速发展，引发了灾备模式和服务方式的变革，对灾备产业提出了新的要求和挑战。

5 月 26 日至 27 日，在贵阳国际大数据产业博览会暨全球大数据时代贵阳峰会期间，由中国信息安全测评中心主办的第十届中国灾难恢复行业高层论坛——大数据安全战略在贵阳举行。论坛上，中国工程院院士何德全、全军网络安全和信息化领导小组专家咨询委员会副主任乔利明等专家学者，就如何紧扣大数据时代面临的信息安全问题，从战略、技术、产业、学术、应用等多个视角，全面解读了大数据时代剧变中信息安全的发展变革，探讨应对未来挑战与机遇的新战略和新思维，以减少大数据时代信息安全的系统性风险，为信息安全保驾护航。贵阳市委常委、副市长刘春成致欢迎辞。

“互联网 +”时代，数据资产的挖掘和分析将成为帮助企业快速决策、有效运营、模式创新的核心竞争力。数据的互联互通、有效共享，给个人工作、生活带来了巨大的便利和好处，但也给大数据安全带来了新的挑战。在国家、企业用数据挖掘和分析等技术增强国力、改善民生、服务社会的同时，敌对势力和黑客也在利用这些大数据技术，向企业及国家的重要基础设施和信息系统发起攻击、谋取利益。

中国电子科技网络信息安全有限公司董事长李成刚认为，大数据时代，国家网络空间安全面临重大威胁，企业的信息安全面临巨大风险，个人的隐私安全缺乏保障。大数据已经成为一把“双刃剑”，为信息安全企业和敌对势力都提供了新的手段，且攻防双方的博弈日趋激烈。统筹建设国家云灾备体系非常必要，可以满足未来功能多元化、体量大型化需要，能够实现数据中心集约化建设，高效率运行，夯实信息共享和业务协同的底层基石。

大数据时代到来的同时也带来不少麻烦，那就是安全隐患和威胁。从“棱镜门事件”可以看出，如果没有高水平的数据科学家，很难控制大数据的风险，数据时代正召唤真正的数据科学家和数据工程专家，这也凸显出数据科学家对于大数据安全和发展的重要性。

中科院研究生院信息安全国家重点实验室教授翟起滨表示，据麦肯锡全球研究所报告，美国需要增加 60% 的可处理大规模数据的毕业生，未来五年需要近 50 万名有资质的数据科学家，而缺口达到 19 万；此外，还需要 150 万名了解数据的高管和支持人员。目前，各国都在努力培养数据科学家。面对全新的数据业务挑战，我们必须脚踏实地培养自己的数据科学家。

互联网发展的今天，安全已经超越了技术范畴。我国政府部门、重要行业的服务器和存储设备、操作系统以及数据库主要是国外的专利，网络安全形势不容乐观。国家互联网应急中心报告显示，针对我国互联网站的篡改、后门攻击事件数量呈现逐年上升趋势。

国家信息化专家咨询委员会委员宁家骏认为，信息化模式创新呼唤云计算，云计算的出现和发展正在深刻改变信息化建设模式。目前云计算和大数据时代的大烦恼就是信息安全。构建大数据时代灾备体系显得尤为重要。

宁家骏进一步提出，灾备体系建设亟待科学推进，培育云灾备中心的服务能力，要让机房建设更加经济、降低电力保障要求、培育高素质的专业维护力量；要统筹规划协调推动国家云灾备中心建设，为重要信息大数据、战略性信息资源提供灾难备份服务，应具备抗毁性自然灾害的能力。

目前，大数据在各行各业的应用已经非常深入，大数据的应用带来的最大挑战是信息安全，传统的安全技术已经不能够完全适应大数据时代的这种新型威胁。近些年来，频繁发生的信息安全事故就是最好的说明。如何在大数据时代利用互联网，提供新型的安全防护技术体系变得尤为重要。

奇虎 360 科技有限公司副总裁曲晓东结合企业自身的实践认为，这样一种安全威胁非常严重的局势，是由于攻击手段发生了很多新的变化。要用空间来换时间，通过对互联网海量多维数据的分析、挖掘和关联，真正解决从被监控的流量中快速发现未知威胁的难题。只有从数据、技术、人员等多个方面拥抱大数据技术，构建基于威胁情报与大数据技术的新安全体系，才能真正有效、快速地发现未知威胁。

二、开放与保护："数据天平"的两端

大数据作为产业，实现盈利的关键在于获取海量的数据，并提高对数据的加工能力，通过加工实现数据的增值。数据开放已成了时代发展的必然选择。在大数据时代，移动互联网迅猛发展，无论何时何地，手机等各种网络入口以及无处不在的传感器等都会对个人数据进行采集、存储、使用、分享，而这些大多是在用户无法控制和知晓的情况下发生的。因此，用户个人隐私的安全变得格外重要。

5 月 26 日，贵阳国际大数据产业博览会暨全球大数据时代贵阳峰会数据开放与隐私保护论坛在贵阳国际生态会议中心举行。贵阳市人大常委会副主任胡海燕、奇虎 360 科技有限公司副总裁曲冰、国家信息中心信息化研究部主任张新红等与会嘉宾，围绕数据开放与隐私保护的话题，分别从法律、技术、经济、伦理、政策等角度进行了深入浅出的探讨。与会嘉宾一致认为，只注重大数据开放发展，不注重大数据安全保护，将会给世界带来一场灾难；数据的开放与保护，就像是天平的两端，两者同等重要、缺一不可，必须辩证看待，在开放中保护，在保护中开放。

大数据时代，产生了特殊的人与人之间的关系，随着技术的革新和数据分析的扩大，传统道德伦理有了新的表现形式，涉及数据立法、数据安

全、数据道德、数据隐私、数据伦理等方面。如何界定大数据时代下的伦理道德标准，建立基于数据道德伦理的新公序良俗是大数据发展必须考量的现实。

清华大学数据科学研究院执行副院长韩亦舜提出，大数据时代，要建立基于数据道德伦理的新公序良俗。他认为，大数据时代，法律永远不能解决所有问题，伦理道德教育永远需要；要把伦理道德作为基础教育的一部分，并包含大数据时代人伦关系的新特点；直面利益冲突各方，运用大数据理念，透析各方面利益关注点，达到新的平衡；正确的舆论引导，建立基于数据道德伦理的新公序良俗；建立善与恶、是与非、正义与邪恶、荣誉与耻辱、诚实与虚伪等道德观念。

移动互联网正深刻地改变着我们的工作和生活，在联系更加方便、快捷的同时，也带来一些挑战。数据隐私泄露问题时有发生，已经成为互联网产业发展一大问题。据不完全统计，目前，互联网公开的安全事故已经导致 11.3 亿用户信息的泄露。

对此，奇虎 360 科技有限公司副总裁曲冰表示，在隐私保护方面，不管是奇虎 360，还是政府部门，或者其他互联网公司，都必须遵循三大原则。一是用户拥有数据的所有权，不论是隐私，还是个人信息。二是互联网公司有责任和义务保护用户数据的安全。三是互联网公司在平台使用一些数据的时候，要给用户知情权和选择权，不能随意地使用，特别是过度地使用用户的数据。

企业的核心价值，从品牌化阶段、多元化阶段、全球化阶段，一路走到互联网化阶段。在大数据产业发展的趋势下，将来的企业都会朝着数据化企业方向发展。与过去传统工业经济不同，信息经济的核心是数据驱动。随着时代的发展，大数据思维已成为当下成败之关键。

国家信息中心信息化研究部主任张新红这样强调，现在，数据已经成为企业非常重要的资产。作为一项重要的经济投入，数据正成为新型商业模式的基石。大数据时代需要有大数据思维。让数据流动起来，资源重整，发挥价值，数据驱动才能让信息经济更好地发展。只有具备了大数据思维，企业才能更好地拥抱信息经济、拥抱信息社会。

互联网产业给当下经济社会发展带来了挑战。用传统方法管理互联网产业，会阻碍新业态发展，而对中间平台双边市场等规律认识不足，缺乏有效维护公平竞争环境的能力，缺乏对个人信息的有效保护，会影响该产业的长期发展。在这样的压力和挑战下，如何实现互联网产业发展与规范并重的目标?

中国社会科学院法学研究所研究员周汉华建议，制定个人信息保护法，通过法律来确定信息保护的边界，确定管理权限的边界，并且要避免立法的碎片化，要关注在大数据环境下的不同利益主体，推动梯度立法。通过立法，用技术手段主动实现信息保护，使得信息处理过程更透明，保证用户享有真正的选择权和知情权，同时，还可以考虑采取第三方认证等柔性机制。

三、守护大数据时代的信息安全

当前，我们正迈向一个崭新的大数据时代：数据资源日趋丰富，数据应用层出不穷，大数据技术不断创新，大数据产业体系逐渐成熟。与此同时，网络信息安全形势异常严峻，黑客攻击、网络病毒等威胁着数据资产安全，个人数据隐私侵犯时有发生，网络信息安全成为大数据快速发展的瓶颈。

在此背景下，5 月 26 日至 27 日，聚合、创新、引领——中国大数据时代信息安全产业创新发展高峰论坛在贵阳国际生态会议中心举行。中国工程院院士倪光南、沈昌祥，中国人民公安大学校长程琳，国家信息中心信息安全研究与服务中心主任吴亚非，交通部信息安全中心主任李璐瑶等来自政府、企业、学界的专家和学者，分析了当前国际国内信息安全面临的挑战和威胁，探讨保障大数据安全和隐私保护、发展大数据经济等重大问题，为发展大数据产业建言献策。

在大数据时代，信息安全面临着新挑战。一方面，大数据承载着越来越多的关注度，易成为网络攻击的显著目标；另一方面，由于数据来源涵盖非常广阔，大数据将加大隐私泄露风险。面对严峻的网络信息安全形势，我国应如何做好大数据时代信息安全保护工作?

在中国工程院院士沈昌祥看来，按照我国现有的信息安全等级保护制度，全过程加强大数据信息安全保障能力，是解决大数据安全的唯一出路。沈昌祥建议，要加强大数据资源、环境、系统整体防护，建设多重防护、多级互联体系结构，确保大数据处理环境可信；加强处理流程控制，防止内部攻击，提高计算节点自我免疫能力；加强全局层面安全机制，制定数据控制策略，梳理数据处理流程，建立安全的数据处理新模式；加强技术平台支持下的安全管理，基于安全策略，与业务处理、监控及日常管理制度有机结合。

互联网与传统行业融合形成“互联网 +”，进一步促进了社会进步和经济发展，然而互联网在带来便利、提高效率的同时，也为各种破坏活动提供了可乘之机，网络欺骗、信息窃取、网络谣言、网络暴力等网络犯罪活动屡屡发生。在“互联网 +”大背景下，网络犯罪可能引发更加严重的危害，各种攻击行为将更加灵活、隐蔽，安全已成为“互联网 +”的核心要素。

中国人民公安大学校长程琳表示，当前，要提高互联网安全水平，就需要在技术和管理方面双轮驱动，共同发力。首先要建立互联网信任体系，规范网络用户行为。包括在全国范围内构建互联网实名认证系统，互联网用户上网需与身份证绑定，让不法分子难以在网络中隐匿身份。此外，为打造安全可控互联网环境，还应建设覆盖全国的互联网监测预警系统和安全大数据中心，全面监控互联网异常行为。

移动支付作为互联网技术衍生的支付手段，在中国已经酝酿十年，安全支付产品已经成熟，为各行业移动支付应用提供了坚实的基础。从 2012 年的 1000 多亿，到 2013 年突破万亿，我国的移动支付将在衣食住行多个方面得到充分应用。同时在大数据时代，移动支付市场将爆发更大的发展潜力。

见证了中国移动支付兴起、发展和成熟的银联移动支付顾问专家、联汇通宝董事长黄雷表示，目前在中国移动支付行业大发展的背景下，银联手机支付的发展也在同步推进，对移动安全支付也制定了一系列标准。银联手机安全支付产品有很多，我们最希望达到的状态是 NFC 支付。NFC 手机的普及和 IC 芯片卡的发行，让 NFC 支付成为移动安全支付的新宠儿，NFC 支付使得用户可以直接通过手机、通过跟 IC 芯片卡的非接触对接实现大额支付。

近年来，我国交通运输的发展呈现出高速发展的态势，目前在交通运输层面已成为世界级大国。交通运输作为国民经济和社会发展的基础领域和重要设施，其影响权重事关公众利益、社会稳定和国家安全，它的瘫痪会对一个国家的经济安全和社会福祉产生灾难性影响。交通部信息安全中心主任李璐瑶在演讲中，重点探讨了我国交通运输安全态势和信息安全保障策略。

李璐瑶表示，大数据对交通的作用可以从四个维度去认识，第一，会对整个综合智慧交通的发展提供支撑；第二，由于交通运输行业属于服务性行业，将提高人民群众的整体生活质量；第三，能对国家的宏观调控、对国家产业的发展提供支撑；第四，对国家安全和社会稳定提供支撑和保障。

对于交通运输信息安全保障的策略，李璐瑶认为可以从提升关键基础设施数据保护的理念、加快关键基础设施信息保护的相关政策法规和标准制定、加快自主可控产品技术革新和明确数据开放范围并加强管控四个层面去考虑。

自主可控大数据安全产业发展策略

中国工程院院士　倪光南

大家好！

很高兴有机会来参加这个论坛，我就“自主可控大数据安全产业发展”发表一点意见，供大家参考。

大数据时代信息安全产业怎么发展，这是一个新问题。我认为有很多其他方面也很重要。一方面是信息安全产业要适应大数据时代新的需求，这是过去所没有的新挑战；另一方面是信息安全产业也要充分利用大数据提供的强大手段，改进提升信息安全产业。无论从哪一方面讲都是新问题，都是需要我们在实践中逐步解决、逐步发展的。大数据在中国、在全世界，这几年才发展起来，所以这些问题有待于我们在实践中加以探索和解决，我今天讲一些不成熟的意见。

首先，关于大数据的价值。我们知道大数据在安全方面也是有重大意义的，而且中国的大数据已经发展起来，越来越多的政府机构和企业都认同，大数据就是财富，至少大家在口号中认同了，在实践中也有越来越多的部门和机构认识到了大数据的价值。这对于信息技术和信息安全产业来讲，是一个新的机遇，下面会讲到。在这样的背景下，我们应该抓住机遇，把大数据资源转化为经济发展的动力，也转化为产业发展的重要抓手。

其次，关于大数据带来的问题。这里讲几个方面，不太成熟，还有待完善。大家知道大数据带来的信息量大，涉及方方面面，所以有易被攻击的问题。由于大数据包含大量的数据，包括个人的、机构的、社会的各种信息，所以隐私的泄露也是一个重大的问题。此外，大数据的防范，安全的防范，过去一些传统的做法已经不足以应付当前的形势。我们可以利用大数据，探讨大数据的价值，那么黑客、攻击者也可以利用大数据采用某些前所未有的攻击方法和形式，对我们造成危害。这些方面具体来说，第一，大数据更加容易成为被攻击的目标，道理很简单，数据量大了，防范工作量也就大了；第二，是隐私问题，相应的法规不明确，在法律上有很多地方也是空白的。在这种法规不太明确的情况下，怎么能防止隐私被侵犯、怎么样做符合隐私保护、怎么样做不符合、怎么样做能够利用大数据而又不侵犯隐私权等等，都是一些很大的问题。此外，我们目前的技术还远远达不到在大数据时代数据存储的安全要求，比如说加密，技术上有很大的安全问题。还有就是大数据数据量大，而现在黑客的攻击手段越来越多，伪代码的技术越来越高明，完全有可能隐藏在庞大的数据里面，形成 APT 攻击。同时我刚刚也讲到大数据这个工具谁都可以利用，黑客也可以利用这个工具进行攻击，做出一些更加有效的、威胁性更大的攻击。

第三，关于大数据和自主信息安全产业的关系。我们认为大数据可以成为信息安全产业的助推剂，带来新的动力，或者新的手段。这里讲几个方面，我们逐一来看。

第一点，作为信息安全的助推剂，意味着对信息产业的发展可以起到推动作用，因为用大数据进行安全分析，可以提供更好的手段。第二点，通过对数据的分析，可以发现网络的异常，从而找到一些关键的风险点，及时采取预防措施。第三点，大数据的发展为整个信息行业的发展提供了有效的手段，比如通过大数据可以比以前更容易、更简单、更快地解决安全问题。第四点，大家的机会很多，比如说在电子商务里有一些系统，可以通过人工发现数据的异常，或者是系统自动对比过去的数据，发现可疑情况提交人工分析。在网上购物的时候，我们会刷到一些信息，说网站要更新、网页要更新、时间超时了、网络没有连上，有时候还需要重启、返回，其实事情并不像说的这么简单，而是这笔交易有问题，可能造成坏账，需要转到人工去分析。这个当然对用户体验是有问题的，而且需要花费大量的人工。系统用大数据做实时分析，可以看到用户的行为，还可以通过对照知道有没有问题，如果有问题会及时地做出反应，如果没有问题就通过。通过系统可以将人工干预降低到原来的 1/10，90% 通过系统大数据分析可以肯定不是坏账，还有 10% 判断不了，需要有经验的人判断，这样把人工降到 1/10，这样用户体验不好的情况就能减少 10%。这说明大数据为信息安全提供了一个很有效的手段，比过去传统手段，能更有效地判断是不是有坏账、钓鱼、诈骗，是不是有欺诈行为。此外大数据很多是结构化的数据，如果很好地利用，有助于使我们更高效地解决相应的问题。

第四，关于大数据提供的新服务——信息安全服务。我们知道互联网有强大的基础设施、海量的数据，那它能为信息安全提供什么？其实它可以提供的东西很多，信息技术措施、大数据的处理能力、大数据的产出都可以为信息安全做很多有价值的东西，这里集中讲几个方面。

一是展现网络环境的现状。因为数据多了，可以对当前网络环境的情况做一个很客观的判断，也可以分析网络安全的风险态势。怎么讲？我们看到一些公司能够实时掌握有关客户遭到攻击时的情况，实时地展现在大家面前，通过可视化可以非常直观地看到当时整个网络的攻击态势，而这是过去雷达数据很难做到的。

二是预测安全产业的发展动向。比如通过大数据分析答案、预测答案、预测需求等，为产业的发展提供指导，提供网络风险应对策略。还可以利用大数据减少一些危害，或做一些预防，等等。这些就是我们知道的新服务，基于大数据信息安全的服务可以使企业为客户提供非常有价值的东西，比如一些大型的互联网企业，现在已经考虑把自己掌握的基础设施、大数据、基于大数据分析的方法提供给相关部门，为它们的信息安全提供服务，提升当前信息安全、信息保障的水平，这是很有价值的。

三是对数据信息的自主可控提出了更高的要求。最近我们在做智能终端的研究，感到大数据时代智能终端是非常重要的核心技术，如果这个核心技术没有掌握，那么在大数据时代你说我要给信息技术、给信息产业、给社会提供很好的信息保障，是很难做到的。我们知道目前的信息来源，或者说大数据的源泉是多样的，但很重要的一条来源是个人的信息终端。大家知道商业智能时代的信息来源很简单，就是超市的 POS 机、收款机等，来源很少，但是在大数据时代，每个人用的电脑、每个人用的手机，包括家庭的智能电视机都是信息来源。这些信息来源多样、数量庞大、实时性强，如果核心技术，智能终端的操作系统你不能掌握的话，就不能获得终端用户的敏感性。而如果操作系统的提供商掌握这些数据以后，通过大数据对当前经济社会活动进行分析、表述，应该比统计学的任何数据都要重要、都要及时。假如这种核心技术没有掌握的话，实际上是很难为整个社会、各行各业提供足够的信息安全保障的。所以大数据时代关键核心技术不能受制于人，这点我们有深切的体会。

四是如何应用大数据支撑自主信息安全产业的发展。上面主要讲到大数据带来的机遇，以及提出的新的要求。而另一方面，我们有了大数据，有了这种新的技术，有人说大数据是第四种科学方法，这种科学研究方法为信息安全产业提供了强有力的手段，下面我们从四个方面来讲：

第一个方面，我们如何来开发大数据的价值。大数据数量多，是一个必要条件，但是也要有能力进行挖掘处理和分析，如果没有这个能力，数据多了也没有用。所以我们说数据的价值除了本身量以外，还有一个数据提取、分析、挖掘的问题。

第二个方面，我们认为应该选取一些代表性的企业作为样本数据源，进行大数据的汇聚、挖掘、分析等，以此来解剖整个网络产业的构成，为企业决策提供依据。

第三个方面，要考虑到社会认知、市场变化、社会发展等，如果我们能把这些利用起来，就能为社会的发展提供强大的支撑，所以要和各行各业结合起来，发挥大数据的作用。

第四个方面，要利用大数据来引导安全产业的发展，推动行业升级，使信息安全产业能跟上大数据发展的步伐。大数据有什么作用？这里提到四个作用，早期预警、实时感知、实时反馈、准确定位。比如对网络上的一些风险，在它还没有形成重大威胁的时候，通过大数据给我们提供警告，也可以通过一些异常数据，预测未来的某一种威胁，及早做出预防。其他我就不详细讲了。

第五个方面，关于大数据应用面临的一些需要解决的问题。大数据无疑为信息安全产业提供了强大的工具、强大的新技术手段，可以做很多过去做不到的事情，但也提出了一些新的问题。这些新的问题如果解决好了，大数据的效能就能充分发挥。我们希望在今后着重解决这几个方面的问题，具体来说：

首先，数据本身的安全风险。现在的数据不像过去那么少，在这种情况下更有一种责任，就是要把海量数据保护好。如果这些数据遭到攻击，那么任何的分析都不可靠。所以要加强对海量数据的保护。

其次，隐私的泄露。刚刚已经说了，隐私这个领域是非常重要的，隐私权非常重要。在国外这方面有很多讨论，目前中国政府也越来越重视，大家也在研究，都很关心大数据时代个人的隐私怎么能得到合理的保护。你需要利用这些信息，但是如何去除信息的个性，利用每个人产生的信息的共同价值，这方面会牵涉法律法规的问题、管理的问题以及一些具体的技术问题。此外，我们需要不断提升对大数据的分析技术水平。

最后，要认识到大数据的局限性。尽管很多人认为大数据是一种新的科学发展，我们可以不知道其中的规律，不需要数据的公示，不用知道精确的数学模型，也不需要知道因果关系，只要知道关联性就行。话虽这么说，但我们发现有时候我们很容易被误导，有时候还真需要研究更深入的关系，隐藏在关联性、现象后面的一些规律。因为这是新问题，所以从理论到实践都有很多问题需要大家探讨。

第六个方面，关于大数据的未来发展。大数据的发展有这么几个趋势，涵盖数据的量、数据的特性、来源以及应用领域。大是大数据最明显的特点，而且还以每年 50% 的速度在增长，我们今天一年的数据比过去千年的数据还要多。不仅是量的增长，我们还看到了数据特性上的变化，我们面临的是越来越多的实时数据，包括视频数据、图形数据，而不只是过去纯粹的文本历史数据。再者是数据的来源，很多人感到大数据和过去不同，大数据的数量巨大，但更重要的一点不同是交互性。我刚刚说到智能终端系统，历史上这些数据是没有交互性、实时性的，这又带来了很多新的问题。最后大数据从过去的商业智能，用来做一些经济分析、市场预测，越来越多地转向社会科学领域，特别是转向政府治理、公共安全、交通运输、医疗保障等领域，可谓无处不在。大数据就应该在各行各业无处不在，让政府、企业、社会各界都使用大数据。

最后小结一下，我们认为围绕大数据应用服务，我国信息安全产业界要力争突破一些关键核心技术，提高相关产业技术水平，增强在网络安全领域的攻防能力，努力使中国发展成为一个网络强国，这样才能真正解决我国在大数据时代面临的网络安全问题。正像我刚刚说的在大数据时代信息安全产业是一个全新的问题，我不是这方面的专家，从应用的角度提出了一些观点供大家参考，不当之处请大家批评指正，谢谢！

可信计算与大数据安全

中国工程院院士　沈昌祥

各位来宾，我用20分钟时间简单地讲讲与大数据安全有关的问题。

没有网络安全就没有国家安全。如果大数据没有安全，很可能祸国殃民。所以首先我们要搞清楚什么叫大数据，大数据的安全需求是什么？

大数据一般是指无法用现有的软件工具提取、存储、搜索、共享、分析和处理的海量、复杂的数据集合。这也说明了大数据不是我们常规处理的数据量大的海量数据。维基百科将大数据定义为，无法在一定时间内使用常规数据库管理工具对其内容进行抓取、管理和处理的数据集。美国白宫的“大数据开发计划”认为，大数据开发是从庞大而复杂的数字数据中发掘知识及现象背后本质的过程。现在有一个现象，每一个单位都有大数据了，虽然一个单位处理的信息数据是准确的数据，但严格来说结构化的数据不叫大数据。那么大数据是什么呢？大数据有四个特性，我们称之为四“V”。第一个是数据量大(volume)。第二个是数据类型复杂繁多(variety)，更重要的是破坏了原来数据的结构，呈现出碎结构化、半结构化或无结构化特点。第三个是价值密度低（value），大数据不是各单位的精确数据，精确数据的价值很高，哪怕一个纰漏都会引起很大的损失，而大数据不是，它是各单位已经用过的，几乎不再需要了，因此它的价值不高，价值密度低。第四个是处理速度快（velocity），就是要抓紧处理，处理速度要快。从四个“V”来讲，区别于各单位的精确数据，我把大数据比喻成数据垃圾的综合处理站。

因此我们所面临的挑战是新的，信息安全已经成为大数据发展的瓶颈，大数据的信息安全主要集中在以下几个方面：一是网络安全方面。大数据和网络密不可分，由于越来越多的交易、对话、互动和数据都在网上进行，针对大数据的网络犯罪行为日益猖獗。而系统比如说云计算平台等，又汇集了各方面的数据，所以系统的安全会直接受到影响。再来看处理过程，我们可以想一想垃圾处理过程，首先是垃圾的来源。垃圾来源于方方面面，数据的来源也是，也就是说数据来源的安全性是不确定的，个人也可以利用数据的来源对大数据处理系统进行攻击。而企业文化是复杂的、全球性的和相互依存的，因此相互连接联系的过程中更会产生很多的问题。最后，随着数据的大量产生、存储、分析，数据的安全问题更加突出。

什么是大数据的安全呢？我认为不管怎么复杂、怎么乱，大数据还是一个信息处理系统，还是一个信息基础设施。因此要做好大数据时代的信息安全，就要执行等级保护的制度。大数据是依赖于网络技术，采用数据挖掘、规避风险等技术手段对分布式储存的结构海量数据进行处理。无论是连起来的网络环境，还是连起来的处理平台，抑或是大量的储存载体，都是分属不同性质的信息系统。所以按照我们国家的信息安全等级保护制度，加强数据信息安全保护保障能力是解决大数据安全的唯一出路。将其完全纳入我国信息安全保护制度，这里有几点：

第一点要立足信息安全的等级保护，全过程增强信息安全的保障能力。这是一个技术性的工作，我们要加强管理。其实我们的等级保护相对来说还是有的，我们的规章制度、国家标准都是明确的，尤其是《计算机信息系统安全保护等级划分准则》（GB 17859—1999）规定，国家信息系统实行五级保护。为什么我要提这个等级保护？因为大数据内容多、来源多，但是它信息的来源、信息的实时性以及信息的重要程度是不一样的。比如说一般的，就只对个别人利益有影响，那是低等级的；如果影响到社会秩序，大面积地影响老百姓的公共利益，那级别就高了。我们说垃圾处理，尽管它是低价值，但是经过分离以后，有可能分离出金子来，仍是有价值的。也可能有一些数据来源于比较明确的单位，分离的数据很可能涉及国家安全问题，这个级别就更高了。所以我们不能笼统地说大数据安全就能解决数据安全的问题，我们要按照两个标准处理大数据：一个是处理信息系统出来的内容重要程度怎么样，损害了以后，有多大影响；一个是系统中断了、不能正常工作后，有多大影响。这跟我们等级保护定的两个标准是一样的。等级保护一共分为五级，我就不细讲了，现在五级还没有定出来，至少第二、第三、第四是实质性的。我们大家做大数据系统解决平台，首先要定级，什么级呢？什么级才想什么措施。当然我们等级保护有些标准，比方说《信息安全技术信息系统等级保护安全设计技术要求》（GB/T 25070—2010）。等级保护按照设计要求正在研究，比方说怎么用到大数据、怎么用到云计算、怎么用到互联网，等等。所以我们讲还是要等级保护，制度性的保护。这要求安全产品的研发和系统安全的建设按照标准来进行设备开发，按照产品建设来管理信息系统，明确信息系统相应的安全等级。我们建设完了以后要测评，看有没有达到要求，当然我们的基本要求和其他标准也正在修改，我们修改以后更有可持续性。同时要求建设、管理、评估、监督检查，从信息系统的物理及运行、系统、网络、应用、管理各个层面来把握信息系统的整体安全关；要求监管部门使用等级的标准和测试工具开展检查，对重要领域的信息系统和基础设施安全状况实施监督检查，把好应对高强度的攻击和备灾的关。

第二点坚持积极防范，构建基于等级保护大数据纵深防御的网络体系架构。第一个应该加快构建多层次、高质量的大数据纵深防御体系结构。大数据体系结构要具体化，不能像以前“封堵查杀”老三样。大数据有这几个，第一是要加强大数据资源、环境、系统整体保护，建设多重防护、多级互联的体系结构，确保大数据处理环境可信。第二要针对加强处理流程控制，防止内部的攻击，内部攻击是最要害的，这样来提高计算机的自我免疫能力。第三要加强全局的安全机制，制定数据控制的策略。我们要加强管理，尤其是要创新，建立安全的数据处理新模式。因为现在的问题不是以前关系数据库能解决的，新的模式要用新的办法、新的手段来解决。第四是要加强技术平台支持下的安全管理，将安全策略与业务处理、监管及日常管理制度有机地结合起来。这个我们在等级保护 25070（即《信息安全技术信息系统等级保护安全设计技术要求》）里面已经说得比较明白。保障数据安全要做到以下几点：攻击者进不去，进去以后拿不到东西，拿到了以后也看不懂我们的加密保护。你想篡改我，我把流程改了，把处理模式变了，你搞不成。我们讲等级保护要连续工作保障，这块瘫痪了我们及时发现异常情况，有灾难备份，系统工作瘫痪不了的，最重要的是追踪溯源。怎么做呢？可信免疫、主动防护，这样才能确保大数据三个“可”：可信、可控、可管。因为时间关系，我不可能把东西都详细地介绍。

可信计算是一个免疫的计算新模式，所谓的可信是指计算运算的同时进行安全防护，使计算结果总是与预期的一样，计算全过程可测可控，不被干扰。大数据的处理流程和过程是经过调试、考核，能准确完成任务的。这是一种运算和防护并存的主动免疫的新计算模式。它有三大功能，第一是能主动地识别身份，辨认你允许的用户、允许的主体。第二，大数据处理过程当中是不是原来设计的正确的状态，要度量。第三，大数据对核心的资源，要进行保护存储。大家可以查查《辞海》怎么定义免疫，能够识别是自己的或不是自己的成分，而且能识别这个东西对我有没有害，如果有害就要排斥它、消灭它。对重要的数据要像基因一样，进行保护。这是计算机原理、计算机科学发展的必然结果。开始是可行计算，后来进行事务处理，现在PC结构无所不在，大量的智能终端使得人离不开它们了。因此，数据就变为资产，可信不可信，就成了主要问题。所以从计算科学来说，要解决可信不可信的问题，而不是一个工程性的问题。我们现在遇到的问题是计算机结构出了问题，什么问题？PC 个人计算机出现以后，促进了计算机普及推广，降低了使用要求、成本，这是好事。但是我们假设有问题了，PC 出现没有多久就联网了，联网以后现在向云计算方向走了。因此这已经不是个人计算环境了，是大众计算环境。你的也是我的，我的也是你的。它现在缺乏免疫能力，没有防止别人干扰、抢夺资源、攻击的措施。同时，要面对缺陷，要有以密码为基础的免疫基因、免疫抗体，要构成循环、可信的软件机，对软件要进行保护，对接口要进行管理，这样构成整体的免疫系统。尤其是大数据，不是以前那样的单一系统。如果有新的安全技术问题出现，我们说只有可信计算才能解决各种各样的问题。找漏洞和病毒，是找不完的，我们有漏洞、缺陷，不被攻击者所利用就是安全的。我们的可信架构，不会被冒充篡改。数据配置是可信的，我们数据存储是保密的，是可信的。我们策略管理是完整和可信的。在安全管理中心支持下的三种防御体系中，计算环境和大数据处理的很多服务器，很多数据存储器放到这个地方，要处理，我们叫计算环境，计算环境要可信。第二个数据处理是要有变迁的，进出要有防卫，但不能封堵防护墙。我们要按照策略来可信地进行保护，你是谁，你是什么身份，你能干什么，进去以后干什么，这样来判定。相当于门卫、警卫、中南海的解放军战士，这是从策略上进行考虑。第三层保护是通信，大数据来自各方、各种网络，尤其是移动互联网，源头把握住非常重要，要在安全管理市场下，系统管理相当于保卫部，保证单位的资源、人员是可信的。前面讲了要策略、规则，相当于保密级别，你什么级别的，软件什么级别的，怎么能够访问。监控室会有摄像头，我们的审计平台相当于一个单位的监控平台。以访问控制为核心，实行主体按策略规则访问不同等级数据，保证数据可控。推行最小权限管理，我们日常社会也是公检法要三家人，一家说了不算，没有特权。我们要实行三权分离管理体制，确保数据资源可管，使得管理需求细化，使得管理权限更加齐全！

好，时间到了！谢谢大家！

“互联网 +”时代下的灾难备份工作迎来新常态

中国信息安全测评中心主任　朱胜涛

众所周知，在中国的城市间流行着这样一句美誉：“上有天堂，下有苏杭，气候宜人数贵阳。”能够在这个绿树荫浓爽爽的季节里，同大家一道相聚在林城贵阳，我感到非常高兴。细细数来，中国灾难恢复行业高层论坛已走过了整整十年的发展历程，在这齐心协力、奋发进取的十年中，我们大家共同见证了灾备行业的茁壮成长、共同开创了灾备创新的崭新格局。值此第十届论坛召开之际，我谨代表本次论坛的主办单位，向前来参会的各位领导、专家和来宾表示热烈的欢迎和衷心的感谢。

作为“互联网 +”开局之年的一次盛事峰会，贵阳国际大数据产业博览会为我们灾备领域的同行提供了一个集思广益的高水平交流互动平台。借助这一机会，我想同大家分享我的几点认识和感受。

首先，“互联网 +”时代下的灾难备份工作将迎来新常态。“互联网 +”行业计划是创新 2.0 时代的一项重要革新战略，它的深化和递进将给中国的数据安全、社会发展和经济建设带来革命性与质变性的影响。过去的点数据将发展成块数据，原有的局部数据安全将转变成整体国家安全。牵一网而动全局、牵一发而动全身。面对发展中的新常态，灾难恢复行业亟须承担起守护国家数据安全的挪亚方舟角色，认真履行好“互联网 +”下的安全职责，这既是时代发展的要求，也是历史前进的规律。

其次，“互联网 +”时代下的灾难备份工作将面临新挑战。“互联网 +”将把中国带入到一个行业部门深度融合、信息数据互联互通全新发展的时代。在这一时代中，政府部门所涉及的重要信息情报以及行业领域所涵盖的各项敏感数据将在互联网络上汇集贯通，形成极具战略意义的大数据资源。与此同时，颠覆式新技术与新应用在“互联网 +”时代下的大力推广和普及，将加深数据资源的管控难度、加大敏感信息的泄露风险，极易催生颠覆式的灾难性后果。面对纷至沓来的风险挑战，灾难备份须成为斩断“风险半径”无限扩大的利刃，将安全风险的“半径”截成风险可控的“直径”，最终构筑成“互联网 +”环境下的数据安全长城。

最后，结合“互联网 +”时代的发展特点，我想对今后的灾备建设工作提几项倡议。在安全治理层面，中国自古以来都强调一句古训，即“居安思危、防微杜渐，思则有备、有备无患”。在“互联网 +”全面兴起、发展与挑战双向并存的历史新时期，维护数据安全就如同栽一棵参天大树，灾难恢复与备份就是这棵大树的树根，树根扎得越深，树叶也就越繁茂。因此，面对“互联网 +”时代数据安全的发展趋势和紧迫任务，我想向大家提出如下倡议：

第一，强化统一指挥与统筹协调，构筑灾备治理的优势格局。“能谋全局者，才能谋一域。”在大数据安全时代背景下，我们必须紧密地团结在以习近平总书记为领导核心的中央网络安全和信息化领导小组周围，将数据保护与能力提升作为常态性任务来抓，将灾难备份与行业建设作为“一体两翼”力量来用。切实保障好“互联网 +”时代下的大数据安全，积极履行好创新 2.0 环境下的灾备建设任务。

第二，掌握自主可控的安全技术，打造灾备建设的创新模式。“千磨万击还坚韧，任尔东西南北风。”中国的灾备建设工作必须走自主可控、安全可靠的发展道路，这是“互联网 +”时代所赋予的发展要求，更是建设网络强国所必须坚持的历史规律。通过这么多年的建设经验，我们可以清晰地感受到灾备建设的顶尖技术是买不来的，国外购买的设施装备也是靠不住的，忽视国产的技术研发更是走不远的。因此，维护“互联网 +”时代下的数据安全发展，需要我们齐心协力、众志成城，共同打造自主可控、安全可靠的灾备技术，共同营造技术过硬、创新有为的发展格局。

第三，强化机构人员的队伍建设，培养安全可靠的行业团队。“盖有非常之功，必待非常之人。”服务机构及人员队伍的资质与能力建设是灾难恢复行业的立业之本和安全之源，是缔造灾难恢复事业蓬勃发展的安全根基。在促进中国灾备事业发展前进的道路征程中，我们必须培养一批从事灾难恢复服务的高水平、强实力的国内龙头骨干企业，着重加强对灾备建设行业骨干专才和技术优才的专项业务能力培养，利用人才优势、团队优势来打造创新优势和行业优势，进而形成灾难恢复行业的健康发展，推动“互联网 +”时代下数据安全格局的建设运营。

我深信，凭借“中国智慧”、展现“中国气魄”、运用“中国力量”，我们一定能打造灾备事业的中国优势和中国特色。利用灾难恢复行业高层论坛这一优势平台实现从“互联网 +”到“互联网 ×”的融合式发展，为建设网络强国的中国梦凝聚智慧、汇聚力量。

最后，再次感谢大家对中国灾备建设事业的关爱与支持，预祝本次大会获得圆满成功，谢谢大家。

数据开放与信息经济

国家信息中心信息化研究部主任　张新红

我上台的时候，特意把议程表带了上来，我看了一下，除了我主要讲数据开放之外，其他人更多讲的是隐私保护。前面的发言，我觉得有点沉重。我看了议程表上的题目，脑子在转一个小图形：两个扣在一起的环，拽得那么紧，一个要开放，一个要保护。到现在，到我这个环节，我就把这两个环断开，我重点讲一块：数据开放与经济发展。因为我看到后面的嘉宾要讲另外一块。

如果给我一分钟的时间，我就想和大家交流三个基本观点。一是大数据时代需要大数据思维；二是信息时代呼唤数据开放；三是发展信息经济需要用信息社会的眼光看世界。不过我还有20多分钟，我就跟大家多交流一些。下面围绕这三个基本观点，谈十个基本判断。

第一，大数据已经从盲人摸象发展到了众口铄金。也就是说刚开始的时候，大家对大数据的认识是非常不全面的，从不同的角度可以得出不同的结论。有人说大数据就是海量数据，我们上午看到隔壁广场的数字模型那么大，有人开玩笑："这么大的数字算是大数据了吧！"实际上讲的是量大。也有人说，大数据是现代社会的一种数据处理的新技术和方法。当然了，主导经济发展的人说，大数据是一个大的产业，是一个新的经济增长点。也有人说，大数据是信息社会的一个普遍的基础设施。也有人说，大数据实际上是信息经济的驱动力。当然也有人说，大数据是一种思考问题的方式和方法，所以有了大数据思维的判断。还有人说，现在已经到了一个大数据时代，整个时代的特征都发生了根本性的变化。这些属性或者判断，哪个对呢？我个人认为都对，是从不同的角度得到了不同的结论。就像盲人摸象，大家都知道，在过去，盲人摸象是一种片面思维的代名词，是一个贬义词。但是到了大数据时代，它是一个褒义词，不同的角度得出不同的结论，相当于我们从不同的角度拍的照片，那把照片合起来就是一个完整的了。所以到了大数据时代，盲人摸象实际上是一个好词。从一开始的喧哗到现在一些项目的冷静落地，我觉得大数据的发展已经到了落地生根的阶段，技术的不断成熟，以及应用案例的不断突破，使大家对大数据的作用有了更明确的认识。

第二，信息经济就是数据驱动的经济。也可以更进一步说，信息经济就是数据经济。刚才周汉华研究员也讲到了这样的观点。关于信息经济，有很多种不同的描述，我这里摘取了几个。一种说信息经济是以信息或者信息活动为基础的经济。还有人说信息经济就是以信息和知识的投入产出为主要特征的一种新型经济，与过去的产品经济、工业经济相区别。还有人说，信息经济是充分实现信息化的经济，它基本的标志就是数字化、网络化和制度化。还有人说，信息经济将最终成为信息社会的主要经济形态，这也是我比较认可的一个看法。不管怎么描述信息经济，实际上它的核心只有一个，就是信息经济实际上就是数据驱动的经济。也只有到了大数据时代，这个信息经济才真正变得名副其实。关于信息经济的发展，有八个风向标，它们是新语境、新技术、新规则、新范式、新思维、新影响、新机遇、新机制，也就是说与原来的工业经济确确实实存在很大的不同。

第三，大数据不同于小数据。这也是为什么我们要关注大数据的主要原因。为什么这样说呢？以统计数据来说，小数据是小样本，人工完成，而且数据量有限，无法进行切割，以结构化数据为主，而且统计比较滞后。我们搞人口统计或者经济普查，可能要几年才能完成。大数据基本上是全样本。比如说6亿用户通过瞬间的动作，全部可以统计上，它是智能化，靠机器完成，而不是人工处理。它的数据是无限的，可以进行切分，甚至可以切分到1/10秒，而且要求瞬间完成。它是非结构的，是实时的，而且基本的报告是很快能够完成的。推动大数据发展有几个大的原动力，首先是摩尔定律，摩尔定律是干什么呢？就是使这些技术产品价格降下来降得非常快，而且功能越来越齐全。我们听到手机拍照的声音，但十几二十年前，数码相机没有几个人有，当时像我们这种生活水平的人，能够用得起大哥大的都没有几个。摩尔定律使得功能越来越全，越来越强大的信息技术和产品老百姓都能用得起。再一个，社交网络的兴起，各种智能终端的出现。将来产生大数据的还有一块，就是智能制造这块，可能比前面这些产生的数据还要多。从大数据的种类来看，大数据实际上包括小数据，我们谈大数据的时候，一定不要把它和小数据完全隔离开来，因为它一定包括小数据，也包括过去我们常使用的统计数据，当然现在越来越多地表现为交易的数据和行为的数据，以及传感数据等，具备的基本特点是多、杂、碎、快。此外，它还能做一些小数据不能做的事。大数据分为五个功能，第一个，识别的功能，可以识别人的身份、位置、状态、真假。这和以前的互联网是有区别的。互联网 1993 年刚刚商业化的时候，流传着一句话，就是“在互联网上，没有人知道你是一条狗”，现在不一样了，现在在网上不仅知道你是不是一条狗，他还知道你喜欢谁。第二个，重现功能。我刚才一进这个屋，首先就注意到这个摄像功能，谁要干坏事，可以把它拉过来重新看一遍，非常容易。重现功能还可以实现食品的追溯、药品的追溯等。第三个，关联功能。过去在工业经济时代，我们更加注重因果关系，谁是因，谁是果，现在强调一种相关的关系，它可以产生一些联想和具体分析。像我们搞搜索的时候，搜索出很多的东西，还有广告的推送，就是联想在发挥作用。我们知道，比如啤酒与尿布的关系，比如人们喜欢吃得最多的是草莓，等等，都可以通过分析得出结论。第四个，溢价效应。一组数据一旦被公开，会产生一系列新的数据。这几年我发现北京、上海以及我们贵州这边，都在做数据的这种大数据使用的竞赛活动，大家发现公布一组数据以后，会得到很多种新的创新应用方案，产生新的数据，而且能够得出一些规律，产生一些作用。第五个，预测功能。通过大数据，可以预测经济的变化、天气的变化，可以预测自然灾害，也可以预测一些疾病的流行，更可以预测一些人的基本行为。这些都是大数据可以做一些过去小数据做不了的事。

第四，大数据使人们认识世界的能力空前提高。我提醒大家注意约翰·阿奇博尔德·惠勒的一句名言，他是黑洞的命名者。1973 年，他有一个名言叫“黑洞无毛”，所有东西一进入黑洞，连毛都没有了。他去世前几年，又提出一个名言：“万物源于比特”。一开始我不是很理解他这句话，我们一直以为世界是物质构成的。后来经过查找更多的资料，慢慢理解了它的含义，就是说，万事万物，它的运动、它的发展、它的改变，就是信息在改变。而人类认识和改造世界的过程，就是对这些信息掌握的多寡、运用这些信息能力的大小的一个过程。比如同样是到了一个山上，或者同样看一块石头，一个数学家、一个物理学家、一个化学家、一个地质学家、一个诗人，他们看到的是完全不同的东西，写出来的游记也肯定不是一回事，为什么？因为每个人掌握的信息不一样。如果你的信息掌握多了，改造这个自然界的能力就比较强了。这都是对信息的掌握问题。通过数据，最终了解信息，那信息的作用是什么？就是减少不确定性，减少不对称性，减少不可知性。如果我什么都知道了的话，对未来的信息我什么都知道，那么改造世界的能力就会空前提高，成功的可能性就大大提高。所以大数据使人们认识世界的能力空前提高，也就是说它可以让人最大限度地认识到事物最核心的本质。我们网络上有一句话，我引申过来就变成这样，不管你认没认识到，数据就在那里，不多也不少，有能力就多认识一点，多掌握一点，认识世界和改造世界的能力就提高一点。

第五，企业的时代特征。将来所有的企业都是数字化企业，这里我引用张瑞敏的一句话："没有成功的企业，只有时代的企业。"一个企业是否成功，要看它是否跟上了时代前进的步伐。随着时代的发展，一个成功的企业，它具备的内核核心价值实际上也在产生变化。比如过去要经过品牌化的阶段，多元化、国际化和全球化的阶段，现在大家都知道，都在强调"互联网＋"，就是互联网化的阶段。互联网化的阶段，再往前走一步，就是数据化的阶段，所有企业都是数据化的，所有企业的行为基本由数据驱动。什么叫由数据来驱动？给大家举个最简单的例子，我为什么今天会站在这个讲台上？也可以认为是一种数据驱动。为什么？刘多让她的手下给我打电话，这是不是信息？是不是数据？我说："行。"我就过来了。然后她说："票给你订好了。"我就到了机场，下了飞机，然后又告诉我

括我们百度百科也是这样形成的。还有一些技能的整合，我们智能手机使用的 APP，绝大部分是大家分头开发出来的。还有一些项目，也是可以进行重整的，大家了解到的众筹项目、众包项目，基本上都是。还有，就是可以对资金进行整合，互联网金融的很多概念，都是从这里衍生出来的。另外，有一些实物和产品是通过大数据整合在一起的。大家刚刚提到的，还有比如我们汽车的分享、房屋的分享，等等。这里讲两个简单的小例子，2014 年阿里巴巴举办了天池大数据竞赛，我们贵阳也有参与，贵阳把出租车等待红绿灯的时间公布了出来，总共有 5.7 亿条脱敏数据，而不是把所有的数据提炼出来，是经过脱敏处理的。这样做的目的是测算一下："有没有一种好的算法，能使汽车在红绿灯前停的时间最短。"据说参赛的队伍有 7000 多支，其中有 100 多支是海外的队伍，进行了四轮比赛，最后效果非常好，我们期待将来这方面的研究能用在我们所有的城市。第二个案例，是上海交大的智慧校园开放数据大赛。我昨天正好参加了上海论坛，从那个论坛直接赶到这儿。上海交大的智慧校园开放了 3 万多条学生校园一卡通的消费数据，还有学生使用 Wi-Fi 的流量数据，目的是看谁出的招好，能够使智慧校园取得更好的效果。一共有 150 多支队伍参赛，据说效果非常好。有的提出的招儿，你过去想都想不到，甚至可以计算出学霸和学渣的区别，咱们都想不到那种创新。一旦这些数据公开以后，带来的创新是想不尽的。大赛才给了两万块钱，如果给两百万，说不定可以搜集到两百万个方案。

第九，不要迷信大数据，不要阻挠信息经济。过去我们说数据会说谎，统计数据会说谎，大数据更会。一是大数据不等于事实本身，它可以无限地接近数据，但是它并不是数据；二是再大的数据都是有限的；三是有用的数据都是历史的、静止的；四是大数据是死的，人是活的。当然大数据也可能被滥用。

第十，我还想提醒大家，新经济往往会遭遇老规矩，这一点是很可怕的。我们很多经济业态，经济模式出来以后，被贴上了很多标签，有直接拍死的，有一棒打下去的，拒之门外的也有，各种问号都能提出来。比如说它破坏秩序，它违背了公平竞争，它偷税漏税，它不接受监督，它侵权违法，它甚至危害个人安全、消费者安全，乃至危害国家安全。如果按着一整套老规矩，新经济有几个是能活得下去的？所以遇到这种情况的时候，我还是希望大家能够看得远一点，认清大形势，认清大趋势，别跟趋势为敌。一个建议就是用信息社会的眼光看世界。那么问题就来了，怎么样用信息社会的眼光看世界？我提出来就是要拥抱信息经济，为信息社会做好准备。5 月 16 日，为了迎接第十个信息日的到来，我们发布了两份报告，一份是《全球信息社会发展报告 2015》，一份是《中国信息社会发展报告 2015》。这两份报告的测评结果是，2015 年的时候，全球测评的指数是 0.5494，相当于信息社会是 100 分的话，我们现在是 55 分了，到 2018 年能达到及格就已经不错了。但是已经有 51 个国家进入信息社会，对于中国来讲，目前是 0.4351，离全球的信息水平还有一定的距离。但是我们不要丧失希望，到 2020 年，中国信息社会指数将达到 0.6，也就是说到那个时候，中国可以整体上进入信息社会。所以我们现在面临的很多问题，很多解不开的扣，我希望到 2020 年，都能得到一个很好的解决。所以未来很值得期待。

谢谢大家！

数据开放与隐私保护立法

中国社会科学院法学研究所研究员　周汉华

我觉得这次峰会把数据开放和隐私保护列为专门的分论坛的议题，是非常有意义的，也是非常有远见的。我想根据自己对这两个问题的看法，来谈一些不成熟的认识。

我今天主要想从互联网产业的角度来谈，其实这和数据开放应该是一个问题。我们怎么认识互联网产业的本质属性？我们国家这些年的一个基本经验就是各行各业先快速发展，发展到后来就会出现各种矛盾，各种利益冲突浮上台面，这个时候就需要我们从制度上、从法律上对事物的本质进行更深入的认识。尤其是中国互联网产业发展到今天，面临着大发展的新契机，对此，克强总理提出“互联网 +”。但是另一方面，我们在制度上、法律上对很多问题的准备是不足的，导致我们对很多问题众说纷纭，甚至我们有些政策、有些决断未必有助于数据开放，或是“互联网 +”的发展。我们怎么认识它呢？怎么认识互联网产业的特点呢？其实这个问题国内在讨论，只是讨论得不太多，但是国外的讨论应该说是相对比较深入、比较成熟。讲到互联网产业，或者讲到“互联网 +”，其实我们首先想到的是中间平台。我们想到互联网，就是谷歌，就是中国的“BAT”，就是Facebook，就是YouTube。如果没有这些中间平台，谈互联网是没有意义的。所以谈“互联网 +”，其实就是这些中间平台加上相关的其他行业。可以说中间平台的产生，是推动互联网产业发展的引擎。现在线上线下高度融合，社会经济发展进入到一个新的阶段，其实都和这些中间平台的出现相关，所以它们是引擎。对于这些中间平台来说，它最大的变革意义在什么地方？现在大家讲得很多的，其实是共享经济。因为这种中间平台的出现，打破了传统的生产与消费两分的生产结构，就是通过中间平台，使供给方和需求方都成为中间平台的用户，形成了一个典型的双边市场。而且供给方就不再是传统的生产企业，就有可能是每一个互联网的用户，既是用户，又是供给者。中间平台的作用，就是把两方联结在一起。正是这种中间平台，它有助于实现大众创业、万众创新。这种双边的市场，其实在互联网出现之前也有。但是由于信息不对称，在网络时代之前，这种中间性的行业——双边经济受到规模经济和范围经济的限制，它不可能扩大，所以只能在本单位做一个“红娘”，很难像世纪佳缘或者国外的互联网网站那样，做全球性的“红娘”。互联网的出现，打破了规模经济和范围经济的限制，使得众创的格局成为可能，最后实现了整个社会资源的相互共享。如果你的房子很大，在你出去旅游时，你可以把房子分时段出租；如果你的车可以顺便带一个人，你可以在路上带一个人或者两个人，把你的油钱都解决了。这种共享型经济的发展，只会越来越快。比如说原来老人在家里只是看自己家的孩子，以后可以不光看自己家的孩子，也可以把别家的孩子一起看了，效果还更好，还解决了独生子女所面临的孤独问题。所以共享经济，它是整个互联网产业的最基本特征，它能够盘活整个社会的资源。

这种生产方式，打破了传统生产和消费的两分。第一个层面上，生产者和消费者都变成平台的用户，最典型的就是淘宝，其实谷歌和百度也是这样的，写词条的和读词条的，大家都在为百度和谷歌打工，但它们也没付给我们什么工资，我们都是它们的用户。我们到百度、维基百科查，查的都不是维基百科写的。所以 Uber 没有一台出租车，没有一间客房，但是它租价 200 亿美金。像其他的互联网平台也是一样的，阿里巴巴、淘宝自己也不生产一件产品。这种经济上的特征，产生了一种新的现象，就是凯文·凯利所说的，“不管现在做的什么行业，做的生意都是数据生意”，就是通过这种中间平台，实现信息的共享，打破了传统中介行业里规模经济和范围经济的限制。它的信息成本是零，所以我们现在是零成本社会，零边际成本社会，不需要成本的。在这个行业里面，最重要的是什么呢？没有客房、没有车，甚至没有员工。大家知道，Facebook 花了 220 亿美金把 WhatsApp 买下来，但是 WhatsApp 只有 50 个人。我们互联网公司人比较多，是因为我们的国情比较特殊。我们的 VIP 都很多，达到两万人到三万人。Facebook 花了 19 亿美金买下虚拟现实厂商 Oculus，结果只有 13 个员工。其实这样的公司它什么都不需要，不需要厂房，也不需要产品，它所有的就是信息，连员工都不需要。那国外最担心的是什么？互联网产业带来的最大挑战不是别的公司，是就业的问题解决不了，是人的非价值化，因为人的价值全部集中在平台上。50 个人可以身价 220 亿美金，你想其他人还值什么啊？其他人什么都不是了。所以对互联网产业的发展，最重要的就是信息，就是数据。这就是它的价值所在。我们说 BAT，腾讯的价值所在就是你微信里的朋友圈，阿里巴巴就是你的信用体系，百度就是大家贡献的这些信息。所以说未来做的都是数据生意，其实所有的互联网企业，做的都是数据生意。这就是数据对产业的重要性。没有数据，做不了什么。我们说传统的，像微软，还算传统企业，好歹弄一个光盘；现在的企业，像 360，什么都不给我们提供了，连光盘都不提供，而且都是免费的。

网络数据的基本特点，很多书里面都写到了。大数据几年前在国外有专门讨论，当时国外专家有不同的观点，有专家说就是造出来的一个概念，说这话的还是很权威的专家，而不是一般的专家。现在大家其实能认识到，数据的第一特点就是，数据都是由用户产生的，其实都是用户信息。我们说结构性的数据和非结构性的数据，最后都是用户产生的。我们现在不管上哪一个新闻网站，马上推送给你的都是你曾经想买、买过的东西和你现在心里想买的东西，都是你的个人信息。所以谷歌的目标并不是你在谷歌上能找到比如来贵阳会展中心的路怎么走，它的目标是“我明天应该去哪儿？我应该选择干什么工作？”它的目标是要知道你在想什么，要知道你几年之后想做什么，而这些都基于对个人数据的分析。所以我们说数据，真正有价值的数据，都是个人数据。而且这个数据的量很大，无所不及。我们在座的公司肯定能理解这一点。有时候有些企业跟政府机关还可以较真，没准还可以打个官司，但是数据公司你却越来越不敢跟它打官司，因为它知道得太多了，它知道你的钱存在哪儿，经常去哪儿，经常吃什么，经常在想什么，到底跟谁是好朋友。数据的量是越来越大。

传统上，掌握个人信息的是政府机关，因为政府机关依靠执法权力，靠法律赋予它的权力来掌握你的信息。但是我们知道其实掌握信息最多的比如公安数据库，也就 160 多项信息。我们现在随便找一个，不用找顶尖的企业，对每个人的数据分解为多少项？几万项，十几万项，把每个人分解得基本上体无完肤了。所以政府和这些企业相比，根本没有办法比。你到底在什么位置？你生活的所有方面，这些信息其实都掌握在企业手里。这就是为什么那么强大的美国国家安全局，有 3.8 万人在搞数据监听，每年有 108 亿美金的预算，这比美国一般的联邦政府部门都强得多，但是它还得依靠“八大金刚”，因为它的数据不够。这几天美国真的特别厉害，因为 6 月 1 日《爱国者法案》第 815 条要过期了，到底是延展，还是稍微做点修改呢？现在斗得非常厉害，众议院的一个新增版本是说把这些数据先留在这些企业，需要的时候再来查。但现在建了超级数据库，不只是“八大金刚”，主要几个大公司的全部数据存在一个大楼里。而且数据有互联的要求，因为所有的数据要进行数据分析，如果是孤立的信息，就没有任何意义，只有把它连起来，才能变成真正智慧型的数据。当然，最后一个特点，安全风险巨大，一点被突破，就是全线被突破，因为现在是高速的互联互通。

我们这么认识互联网的特点，就可以从法律上，或者从政府规章政策来看，我们现在面临的主要挑战是什么？就是互联网的发展给我们带来的挑战，我个人认为主要是三大挑战。第一，我们经常会用传统的方法管理互联网产业，这样会阻碍新业态的发展，丧失创新的机会。刚才说过，我们传统的社会管理、经济管理、市场监管，其实都建立在生产者与消费者两分，以及管理者与被管理者两分的基础上。但是网络时代实现了融合，不只实现了生产者与消费者之间的融合，也实现了管理者与被管理者之间的融合。如果我们还是习惯于用传统的管理方式，会发现有些新业态是违法的。比如淘宝出现以后，很多个人商户在淘宝上卖东西，有些地方工商管理机关就受不了了：“那哪行啊？那得先拿工商营业执照啊！没有工商营业执照怎么能卖东西呢？”他没有认识到这种共享型一个很重要的特征，是它并不需要一个专门的生产者这样的传统职业。就像以后，我不开餐馆，我就做一桌菜，请我小区的朋友来进行一些社交活动。至于请朋友吃饭和开餐馆之间的转变，这是个人成就感的一种实现方式。这是我们面临的第一个挑战。第二，我们对双边市场的规律认识不足，缺乏有效竞争维护公平环境的能力。因为双边市场中，一定杀得你死我活。今年的诺贝尔奖得主就是研究传统双边市场的大家，他所提到的双边市场的竞争方法，在我们现在的产业里也存在，就像他设计的一样，在一些行业里就是这样的结果。所以这个竞争最后的结果，就是形成一个寡头垄断或者独家垄断市场的格局。在这种情况下，政府怎么有效规制垄断环节，维持公平竞争的市场秩序，这是一个很大的挑战，这不是今天要说的。今天要说的其实是第三个，在新的产业生产方式和社会结构之下，信息安全问题。以前我们上了餐馆、打了出租车，不会在乎信息安全的问题，和朋友吃饭，到公园玩耍，不会担心信息安全问题。但是现在去吃饭，存在信息安全问题，因为一旦结算，就存在这个问题。打车，用的是软件打车，就存在信息安全。我们刚才说了，这些信息是整个互联网产业最核心的资产，是数据，但是这些信息对于公民个人来说，就是他的尊严，就是他的生命，就是他的荣誉。因为现在，这些信息都是由中间平台所掌握、所知悉，这就带来了风险。而且这种风险和整个互联网的发展是一个问题的两面，乍看起来，几乎是无解的。如果滥用个人信息的话，造成的危害是非常大的，我就不具体说了。最后一点，如果人家国际社会都在保护，你不保护，人家就不带你玩了。所以危害就不多说了。

谈后面几个问题，我想谈一下个人的看法。我们的目标是什么？互联网产业的发展或者数据开放与个人隐私保护之间是什么关系？大家知道，在我们这些年的经验当中，有一条主要的经验是先发展后规范。先发展起来再说，尤其对我们落后国家，如果没有发展起来，就谈规范，什么机会都没有。我们说这个规律，放在互联网产业里可不可以？我个人认为可能不合适，可能还得规范和发展并重。大家知道，Facebook 的墙上有很多标语，其中有一条，就是“Move fast and break things”，就是赶紧发展，用户就是上帝，只要你有了用户你就活下去了。在我觉得，另外一个公司——谷歌的理念是非常有远见的。布里和佩奇在很早的时候就定下“不做恶”理念，这对互联网公司来说真的是太有远见了，尤其对谷歌这样的公司，它掌握的信息太多了。所以我觉得先发展后规范，对于发展来说，可能还可以，但互联网产业可能不行。在快速发展用户这一点上，就是新的商业模式和新业态推出之后，尽快有更多的用户，获得用户的支持，这就是你的声誉。但是在这个过程当中，肯定是不能以牺牲消费者的个人信息为代价来追求发展。所以这个发展可能要分两个层面，你的底线是永远不能突破的，因为底线就是用户的信息，就是个人的隐私，隐私一旦被泄露了，可能一时半会儿发现不了，但是一旦隐私泄露为公众所知，你不可能欺骗所有人，也不能欺骗时间，对公司来说，就毁了自己发展的基础。互联网产业最后就没有生命资源了，没有人给你提供信息，大家也不敢用，这个产业的发展最后就无声无息了，你就完了。所以用户的信息这一点上，用户对一个企业的信任，可能是一个企业发展的基石。我们现在在这些方面，披露出来的不如发达国家多，如果看一下发达国家就会知道，每当出现一次数据泄露，大公司的数据泄露，不只是物理成本上要通知每一个人，现在越来越多的国家要求通知到每个人，这就是最大的一笔开支，而且最重要的是客户的流失：只要数据泄露一次，流失 15% 的客户，再泄露，再流失，最后客户就没有了。

所以我们的目标一定是规范和发展并重。途径呢？途径就应该是制定个人信息保护法。其实在国家推动信息化的过程中，对制定个人信息保护法的认识是非常早的。在 2003 年，原国务院信息办就启动了这个立法的进程，当时是委托我们一些专家起草了初稿。现在新的立法规范里，这个法也是放在非常基础、非常重要的位置。我想这个法的作用，当然今天不是讨论这个法，所以我只是过一下。第一个是要通过这个法确定边界，确定权利与义务边界，权利与责任的边界，个人权利、市场权利和政府管理权利的边界。第二个是要避免我们说的立法碎片化，要由现在部门规章的立法方式提升立法位阶，真正实现产业发展和个人信息保护共同推进这么一种格局。第三个是要推动梯度立法，根据个人信息被泄露的危险程度以及在大数据环境下大数据所涉及的不同利益，来确立法律调整的方法、手段，界定不同法律调整的边界。而且要通过这个法使互联网产业处理信息更加透明，采用一种主动保护的方式，同时也要保证用户享有真正的选择权和知情权，还要通过这种技术手段，实现信息的保护，把行业自律和第三方机制等柔性自律结合进来。所以这个法的制定有很多需要讨论的问题。我想每个问题都很难，但是都特别值得探讨。尤其在我们开放数据的过程当中，我们的重点是要关注一些新问题。我们的建议稿其实十年前就弄完了，但是我们现在发现，这十年间发展变化非常快。2003 年的时候还没有大数据这个概念，现在大数据、云计算出来了。美国现在也在推消费者的权利保护法案，来保护消费者的权益；欧盟正在推动制定一般数据保护的规章，来代替 1995 年制定的数据保护指令。现在有很多新的东西发展非常快，第一是大数据，大数据在传统信息保护框架下，会面临很多新的问题。因为大数据是通过数据的整合来利用和开发数据，所以很多原来不是个人信息的东西，在大数据下，就很有可能重新变为一个可以识别个人的信息。比如美国 NSA 讨论的很多元数据，其实元数据并不是通话的内容，NSA 认为它没有听过一个人的电话，除非按照美国宪法第四修正案，认为你有犯罪的嫌疑，通过法官的授权，它才会监听你的通话内容。但是美国通过元数据就可以把犯罪分子抓起来。大数据也是一样的，原来的数据分散来看跟个人没有关系，但是把这些数据集合在一起，就会发生化学反应，包括原来经过匿名处理的数据，最后重新浮出水面，大数据就这样带来了挑战。第二是云计算，云计算更复杂，很难判定这个云计算究竟在什么地方发生的？以及云计算当中，它在哪个层面上？是在云端，还是雾端？传统的个人信息保护的同意和授权规则，究竟同意授权给谁？云计算的提供方和云计算的使用方，究竟谁是义务方？在传统的个人信息保护法律框架下，这些是解决不了的。第三，数据开放。现在各地都在推行，数据开放中涉及的法律问题也非常多，既涉及政府向企业开放数据时该怎么遵守公平竞争的规则，以及开放当中怎么有效保护个人的信息；也涉及承担某些关键基础设施义务的企业，这是网络安全法要解决的问题，也要向政府开放一些数据。第四，个人数据可携带。这个大家可能没有太注意，但是带来的影响可能是革命性的，刘院长他们通讯研究院最熟悉。我们认为通信号码可携，可以给电信市场带来翻天覆地的变化。当然后来经过试点并没有发生，这有特殊原因。现在欧洲正在推个人数据可携带，也就是说个人不光可以从数据处理者那儿获得自己个人的数据，而且还可以把自己的数据用电子方式带走。公司应该关注这一问题。一旦这一点可以实现，我们基本的商业模式都会受到挑战，市场格局会重新洗牌，那些非在位的企业，那些进行众创的企业就有机会。就跟当年联通一说数据号码可携带，就高兴得一塌糊涂，认为可以把 139 这些移动号码带出来。这些问题非常值得研究，也是非常值得关注的新问题。第五，被遗忘权。这是发展很快的，这可能是个人信息保护 2.0 版的主要内容，个人控制信息的传统方法，如果个人数据被记载错误，你可以要求更正，但是对于那些客观的信息，你是没有权利要求别人遗忘的。但是欧盟 2014 年 5 月在西班牙判的谷歌案子中明确个人有被遗忘的权利：我们可以要求这些互联网平台，把我们的数据，尤其是搜索引擎把我们的数据给屏蔽掉。因为只有这样的方法，我们才能保护自己，把我们年轻时不懂事做的那些非常荒诞的行为从网络上屏蔽掉。但这个带来的又是具有深远影响的连锁反应。

所以我想，数据开放和个人信息保护有很多值得探讨的很重要的法律问题，以后有机会愿意跟大家一起探讨。

谢谢大家。

观点再现

何德全（中国工程院院士）： 安全是过程，不是产品。一是不要把安全当作具体的东西，如防火墙、数据库等，具体的东西本身很重要，但并不能保证安全。安全是一个过程，从起源、发展，到后果，必须全程来考虑问题。二是大数据需要加工才能真正提到价值层面。大数据和云代表了一个新的时代，这个时代的基础设施就是云，资源就是大数据，必须靠人进行数据挖掘、数据融合、数据激活等一系列的开发加工工作才能把资源变成价值。

云和大数据时代的灾难恢复是基于过程。在新的云计算和大数据的攻防大背景下，“灾难”和“恢复”需要重新定义。在新的情况下，要把网络攻击放在灾难里面来考虑，才能进一步地解决灾难恢复的问题。灾难用“恢复”更加全面，但在新的情况下其含义是否需要再扩充和深化，需要大家考虑。我们现在碰到的网络攻防形式，实际上是过程与过程的对抗。APT（高级持续性威胁）是基于过程，灾难恢复是业务连续性工作，也是基于过程。

乔利明（全军网络安全和信息化领导小组专家咨询委员会副主任）： 大数据应用、灾难恢复技术事关军地信息化科学发展和安全发展，具有军民通用特征，是军民融合大有可为的新兴领域。希望按照军民融合指导意见的总体部署，军地有关部门、科研机构和企事业单位加强协调沟通，共同研究目标，提出一批大数据建设应用和灾难恢复领域的军民融合专项，适时启动立项和建设，促进军地相关领域技术能力和应用水平共同提高，早日实现技术互动、资源共享、大事会商、合作双赢。

胡啸（中央网信办网络安全协调局处长）：随着信息技术的推广应用，数据越来越集中，网络和信息系统已成为关键信息技术设施，乃至整个经济社会的神经中枢。网络攻击、网络恐怖和一些自然灾害都可能导致网络和系统瘫痪、关键数据丢失等网络事件，进而导致大范围停电、交通瘫痪、通信中断、金融紊乱等灾难事故，严重影响人民的生活，严重影响国家经济安全和国家公共安全。

灾难恢复是确保数据安全、确保系统正常运行、确保网络安全的关键环节，在云计算、大数据、物联网和“互联网+”等新技术发展应用的过程中，应该落实好习近平总书记关于要处理好安全与发展的关系，要做到协调一致、齐头并进的指示要求，杜绝重发展轻安全、重应用轻管理。

王娜（国家发改委高技术产业司处长）：大数据安全有四个新看法。第一，数据主权已成为国家主权的新要素。第二，数据安全已经成为国家安全的新重点。第三，个人隐私成为国家治理的新难题。第四，加快立法已成为保护数据的新要求。围绕用好数据、管好数据，以实践用数据决策、用数据管理、用数据说话、用数据创新的目标，重点推动六个方面的工作。第一，要抓好统筹规划，就是做好大数据统筹设计。第二，着力推动数据的共享和开放。第三，深化领域和区域的应用工作。第四，强化数据开放的机制。

第五，提升产业支撑能力。第六，加强法律法规的建设。

李守鹏（中国信息安全测评中心副主任）: 我们国家面临的五个主要的安全威胁：第一，政治渗透是最大威胁。第二，窃密和泄密是突出的威胁。第三，恐怖破坏是现实的威胁。第四，网络犯罪是高发的威胁。第五，技术隐患是长期的威胁。

我国现在应该高度关注三个新的动向：一是与政权安全相关联的动向，二是与社会稳定相关联的动向，三是与恐怖组织相关联的动向。

李成刚（中国电子科技网络信息安全有限公司董事长）: 对大数据信息的共享和安全提出四点建议：第一，实施安全大数据体系工程，推动大数据信息安全的提升。第二，加强信息安全与大数据的融合设计，推动大数据的开放共享。第三，加强安全大数据的相关研究，应对日益复杂的网络空间威胁。第四，加强信息安全与行业横向联合，促进安全大数据商业模式的创新。

刘林霖（中南大学信息安全大数据研究院）: 关于健康医疗大数据的思路主要包括三个方面，第一是数据采集，第二是数据应用，第三是数据的生态圈。首先，从数据采集上来讲，采集数据应该包括医院的数据、家庭的数据、急救的数据、社区公共卫生的数据，然后应用于医疗服务、医学研究、医学教育和医疗评价，最终实现便利（优化医疗流程）、节约（降低医疗费用）、智能（改变医疗模式）的目的。其次，具体应用从医学科学研究来讲，能够通过大数据的分析来探索新的病因，优化诊疗流程，促进医学成果转化，最终实现个性化医疗，同时能够在国际医学领域取得更高的成就。最后，通过医学教育和数据共享整合，提高整个社会各层级的诊疗水平，通过对各医疗机构各指标进行评价，将评价结果以图形化的动态展现形成医疗大数据系统生态圈。

翟起滨（中科院研究生院信息安全国家重点实验室教授）：光有研究大数据的热情是不行的，必须还要冷静地面对我国所处的现状。我国需要真正的数据专家，但这些专家很难产生。一个真正的数据科学家，要懂计算机科学的知识、数理统计的知识、数据挖掘的知识，还有图形设计、人机互动的知识。所以，我们需要脚踏实地地做事，脚踏实地地培养自己的数据科学家。在大数据时代，数据增长的速度加快，数据来源日趋复杂，数据容量迅速扩大，数据类型变得丰富多样，用户对数据处理的速度要求越来越高，面对全新的数据业务挑战，我国需要一大批真正的数据科学家。

刘勇（中国石油大庆油田信息技术公司副总经理）：大数据时代，随着数据化、网络化运用日益深入，企业对信息网络的依赖程度越来越高，数据资产成了企业的主体。面对中国石油庞大的数据，如何保障信息安全，成为信息化健康发展的关键。“十二五”期间，中国石油制订了大数据安全的整体解决方案，从管理、控制、技术三个方面进行信息安全建设，形成全面稳定的三角安全保障体系。另外，在内容的管理方面，建立整体的信息内容审计和保护体系，保障用户在做了以后，可查询、可追溯、可处理。

林为民（国家电网公司智能电网研究院信息通信研究所副所长）：国家电网发展所面临的新形势和新挑战。一是国家电网自身的重要性及其作为基础设施行业关系到国家安全，巨大的商业价值使其成为很多组织关注的焦点。二是国家电网内部层级多、链条长，各个单位在日常事务中也有一些习惯性的违章、越权访问，存在内部风险。三是国家电网属于典型的工控领域，随着电网智能化程度提升，各种工业控制设备带来新的风险挑战。四是随着电网智能化程度的不断提高，新技术不断地引入动摇原有的安全极限，带来新的安全风险。

毛宇星（中国工商银行信息科技部副总经理）：工商银行在持续开展业务连续性方面发生了几个转变。一是基本完成了从原来分散的模式、小规模数据中心的处理模式，向集中式、企业级的大中型模式的转变，原来传统的灾难备份恢复模式向业务连续的模式实现了转变。二是在业务效果上，工商银行的核心系统已经完成了 60 秒到 90 秒的灾难恢复等级。三是在数据丢失上，工商银行采用业务连续性方案，数据丢失接近零。四是业务连续性两地三中心的架构所应对的场景是非常广泛的，除计划外的如灾备的场景外，更多的是解决计划内的。

宁家骏（国家信息化专家咨询委员会委员）：政府的业务非常复杂，分成了不同的领域，安全需求不一样，采用云的方式做灾备是大势所趋。采用云灾备有很多的优势，基础设施建设可以采用能力更强的公用设施；在数据和系统备份方面要更加可靠，同时能够支撑可持续运转。我国要借鉴发达国家构建云灾备的三个趋势：一是加强统筹管理；二是在技术趋向上采用云计算的数据中心模式；三是要构建节能环保绿色可持续的灾备模式。

曲晓东（奇虎 360 科技有限公司副总裁）：信息安全事故频发，是由于攻击手段发生了很多先进的变化，新型攻击手段在颠覆传统的防护思路，传统的基于已知特征检测和防御的安全手段不能防御新型的攻击方式。未知威胁的防护，实际上是完成一张拼图，首先是发现，其次是回溯，最后是响应。

新型的攻击方式中，最主要对企业和政府用户带来的威胁叫未知威胁，可以绕过现有部署的各类安全设备，并能够成功入侵的行为和结果都可以称为未知威胁。未知威胁的威胁性大，是因为发生攻击、威胁、损失的时间是短的，检测、防御、解决问题的时间是长的。在这两者的时间差当中，攻防最根本的问题是速度问题。

李斌（中国信息安全测评中心总工）：大数据通过云可以方便地把数据的存储快速部署上线，而且在运营方面可以降低成本，同时根据数据量的增长可以动态扩展。在公共服务中，有三个最关键的安全关切点。第一是责任问题，第二是数据安全，第三是服务安全。提供安全可控的灾备服务是云计算服务的一个关切点，包括数据的安全可控、信息流的安全可控，还包括服务商的服务行为是否安全可控。

灾备服务本身是一个过程，未来可能将测评与监控结合起来，从事前、事中、事后的过程来保障灾备服务商，能够合规尽责地把用户的数据安全利益放在首位，并且在过程当中能够区分各方的责任。

刘东红（万国数据服务有限公司副总裁）：灾备分为五个阶段，包括分析、规划、实施、启动、持续的维护运行，灾备是一个可持续性、循环的过程。灾备建设包括很多内容，一是针对具体情况来进行灾备策略的制定；二是灾备组织机构、预案体系、资源的建设；三是建设灾难恢复的管理技术平台；四是定期对平台进行有效性检测。

现在较为常见的灾备架构有双中心互连架构、两地三中心的架构、一地三中心的架构。灾备中心的基础设施建设是非常容易的，而灾备中心的运行管理是难点。

刘恒（中国电子长城网际公司副总经理）：以前政府是买产品，现在政府已经开始点菜单买服务了，将来整个政府采购服务的模式会成为主流。在服务的模式中，传统的安全服务产生了巨大的变化，只靠一家企业是做不好的，必须聚集国内最优秀企业的力量做好服务。商业模式也发生了变化，原来是单一企业服务，现在变成了平台服务商。

唐荣喜（上海俊悦科技集团有限公司董事长）：在云计算、大数据等新技术背景下，作为计算资源以及储备资源的重要载体，数据中心如果不能在基础结构上得到有效保障，信息安全就会成为一个建筑在沙滩上的大厦。建议把作战指挥中心和防战争、防灾难的数据中心结合起来，减少重复建设。

周涛（启明星辰核心研究院资深研究员）：新威胁形式下需要新的检测对抗手段，大数据安全分析是对抗 APT 攻击的有效途径。但是，大数据安全分析需要借助新的平台实现对多源、异构、巨量数据的深度分析和挖掘。全范式检测实现了检测技术的优势互补，有助于对未知威胁的检测。APT 攻防双方是人与人之间的对抗，需要发挥平台的有效价值和有效的安全运维，需要懂安全的数据科学家。

唐宁（北京天融信软件有限公司总裁助理）：从安全厂商或者防御的角度看，安全检测与防护体系是非常完美的，但比照对手的情况看却是条条大路通罗马。安全防护仅是一个单点而已，单点之间有很多小路可以进去。单点之间没有相关联系，岗哨与岗哨之间没有互通，或者更高一个层次上说没有一个协调的地方把情报进行互通。从安全检测与防护的产品看，规则库、防护工具和防护边界都是相对固定的，但从网络工具的角度来说，边界不是固定的，技术、攻击的方式和目标都不是固定的，可以时时刻刻变化。

熊九玲（中国国际贸易促进委员会北京市分会会长）：数据开放已经成为顺应时代发展潮流的必然选择，数据的共享、共融、共治成为现代社会发展的必然趋势。隐私保护与数据开放共生共处、不可分割，同等重要。数据开放的可持续性和长期效果，在很大程度上取决于隐私保护工作的好与坏，良好的数据开放环境必须建立在尊重和保护个人隐私的前提和基础上。这是大数据时代需要认真思考的重要课题。

曲冰（奇虎360科技有限公司副总裁）： 在隐私保护方面，不管是企业还是政府部门，都必须遵循三大原则：一是用户拥有数据的所有权，不论是隐私，还是个人信息；二是互联网公司有责任和义务保护用户数据的安全；三是互联网公司在平台使用一些数据的时候，要给用户知情权和选择权，不能随意地使用，特别是过度地使用用户的数据。政府、企业、第三方机构要联合起来，在法律、标准等方面，共同把整个环境建设得更好，随着互联网的进一步发展，以后就没有互联网公司了，都成了互相连接的公司，由此，企业的责任跟义务将会更加重大。

韩亦舜（清华大学数据科学研究院执行副院长）： 探讨数据跟人的关

系时，最根本的原则是“已所不欲，勿施于人”。目前，隐私问题存在着利己主义的悖论，一方面希望得到个性化服务，一方面希望保护自己的隐私；一方面希望别人把数据公开出来，一方面找种种借口不开放自己的数据。这里面涉及很多问题，我们价值观会重塑，有些东西将不再成为隐私，安全问题同样如此。

法律永远不能解决所有问题，伦理道德教育永远需要。要把伦理道德作为基础教育的一部分，这包含大数据时代人伦关系的新特点。需要我们直面利益冲突各方，运用大数据理念，透析各方面利益关注点，达到新的平衡；正确的舆论引导，建立基于数据道德伦理的新公序良俗；建立善与恶、是与非、正义与邪恶、荣誉与耻辱、诚实与虚伪等道德观念。

刘高峰（中国信息通信研究院规划所副所长）：保护规则指引性不强是制约企业正当数据应用需求的重要原因。企业不清楚哪些信息是可以收集使用的、哪些信息是可以共享开放的，这实际上也增加了企业的数据应用风险。对于个人来讲，同样也存在悖论。权利保障不到位是制约个人授权意愿的重要原因。

我们需要对企业在正当的数据应用方面有一个明确的指引，要通过政府引导制定一些行为指南，建立一些机制，搭建起多方参与合作共赢的生态系统，实现个人信息保护目标的二元化：一方面要促进个人信息更深入更安全地挖掘和使用，同时要防止个人信息的发掘和使用偏离法律道德的底线；另一方面，也要保护企业正当应用个人信息，从而推动数据应用创新，最终实现技术、经济、社会的可持续发展和人类生活水平的提高。

冯晔（德勤中国合伙人）：企业拥有很多个人的隐私数据，这些数据都含在企业的各个业务流程当中。企业的个人隐私数据和企业的其他数据是一样的，是不断流动的。整个数据一共有六个周期：生存、存储、使用、共享、归档和销毁，都要有一定的流程去规范。然而，企业在隐私保护方面遭遇的一些困境：一是目前整个企业隐私保护的意识还是比较弱，且非常被动；二是以往大家都认为安全的问题（包括隐私的问题）是一个 IT 的问题，但现在少了很多；三是企业到底应该遵循什么样的法律法规；四是大数据时代隐私数据的界定范围不明确；五是岗位职责和访问的权责不明；六是企业数据防护的优先级问题；七是难以了解的潜在影响；八是企业在被提出诉讼的情况下，应该提取什么样的合理的数据或者证据，来证明企业已经做了很多安全防护。

程琳（中国人民公安大学校长）：要从技术安全方面保障网络信息安全。一是要规划设计具有中国特色的自主可控的下一代互联网，注重移动网络和有线网络技术的有机结合。二是对网络信息应用管理和安全统筹规划，同步做好顶层设计。三是将互联网相关核心技术的研发作为国家重大工程来抓，要依靠自主创新才能取得主动权。四是以密码技术为核心，做好网络信息安全的系统性研究。大力推动信息安全密码算法、高速密码算法、数据加密、密钥安全管理等技术在重要信息系统保密中的应用。五是加强网络信息安全系统性、综合技术研发，构建安全保障天网，加强网络信息安全预防、预警、控制、处置和电子数据鉴定的关键研发。

还要从加强管理方面保障网络信息安全。要做好以下几方面的工作：一是加强国家法律保障。应加速确定网络信息安全法制的总体架构，建成统领我国网络信息安全的综合性法律。二是国家有关部门法规保障。明确网络信息安全管理责任，逐步实现网络社会管理有法可依、有章可循、依法治理、依法处罚、权责明晰的目标。三是国家重点系统部门的特殊保障。对于国家重点系统、重要部门的网络信息系统和基础设施要严格执行等级保护的有关规定。四是运营商、电商、网站等网络社会主体责任保障。五是网络社会主体部门内部管理制度保障。在国家机关涉及国计民生的行业以及数据信息大量集中的互联网企业的范围内，确定网络信息安全保护的重点岗位和人员，明确重点岗位的人员保密义务和责任、管理权限。六是网民的自律保障。加强全民网络信息安全的法制和意识教育及养成。七是特殊人才的保障。要把造就世界水平的科学家、网络科技领军人才、卓越工程师、高水平创新团队作为国家的战略任务来抓，切实把人才资源汇聚起来，建设一支政治强、业务精、作风硬的强大队伍。

祝国邦（公安部网络安全保卫局副处长）：针对当前的安全威胁，一是要加快推动网络安全立法。二是要加强大数据的顶层设计。三是要贯彻落实国家信息安全等级保护制度。四是要开展大数据安全检测和通报预警工作。五是要加强大数据保护的关键技术研发和推广。六是要加强大数据的安全监管。七是要严厉打击危害大数据系统安全的违法犯罪行为。八是要加强大数据的安全审查和评估。九是要加强大数据安全相关标准的制定。十是要加强大数据安全方面和人才方面的培养。

Steve Mushero（云络网络科技首席执行官、首席技术官）：保护数据就跟保护黄金一样，现在的黄金就是数据，特别是大数据。黄金可以放进保险箱、保险库和地堡，也可以存进银行。过去，黄金被盗的风险是物理的，但是现在数据的风险都是电子化的，任何人只需要一根网线，他就可以从任何地方来偷你的钱。当今信息安全涉及几种类型：第一种是偷你的数据，比如信用卡、银行卡号码和密码，以及手机号码、邮箱地址等。第二种类型是侵犯隐私，我不要你的数据，而是要你的隐私信息，比如你的名字、你孩子的学校、你的行程信息等。

饶志宏（中国电子科技集团公司首席专家）：大数据能有效驱动预警信息的时效性。时效性是攻防胜负的关键。现在网络攻防进入2.0时代，攻击手段是灵活多变的。攻击被发现得越晚，所受到的危害程度就越大；被发现得越早，越能把有效的攻击减弱。时效是攻防的关键。影响威胁预警时效性的关键因素，主要包括数据并发处理速度、多元数据的融合能力、对已知威胁的研判能力、未知威胁预警能力、全域情报共享能力，以及管理机构。

李璐瑶（交通部运输信息安全中心主任）：大数据对交通的作用可以从四个维度去认识。一是跨域数据资源调度提高交通运输效率，提升行业服务质量、创新业务运营模式、支撑行业发展决策。二是大数据可以提高出行效率，加速货物商品流通，提高交通舒适性，降低交通成本，从而提高人们的生活质量。三是大数据为国家的宏观调控、国家产业的发展提供支撑。四是大数据可以提高社会公共秩序安全水平、社会活动风险预测及防控水平。

关于交通运输信息安全保障的策略，可以从四个层面去考虑。一是提升关键基础设施数据保护的理念。二是加快关键基础设施信息保护的相关政策法规和标准制定。三是研发和推广自主可控的国产化装备和软硬件核心技术。四是研究大数据应用共享保护的机制。

阎平（电力规划设计总院信息中心副主任）： 国家能源局建设能源预警和规划管理系统，主要的目的有五个方面。第一个方面是掌握国内外的能源资讯，为保证国内外的能源安全提供决策支持；第二个是建立全国的能源基础数据中心，摸清我国能源基础的家底，持续积累数据；第三个是及时掌握我国能源运行情况，加强能源监测预警，判断能源的形势；第四个是对能源项目进行有效的监管；第五个是满足各个层面应用信息的需要。因为在大数据时代，政府、企业、公众既是数据的生产者，也是数据的消费者，所以想通过这种方式来构建一个信息联盟，提升政府的信息服务能力。

王颖凯（工业和信息化部电子第五研究所信息安全与科研管理室主任）： 大数据安全有五大趋势：一是大数据的发展加速了 IT 架构的演进和变革。二是改变了传统的信息安全领域，人们可以通过海量的数据分析，并结合黑客攻击的步骤、方式来判断某次网络攻击所能采取的预防手段，可以利用大数据来事前预判黑客的攻击行为。三是加剧了隐私安全问题，大数据时代最重要的挑战是对用户隐私的挑战，不仅限于个人隐私，还有对大数据行为状态的预测。四是促进了非关系型数据库的发展，面对 5% 的结构化数据和 95% 的非结构化数据，关系型数据库已经显得无力。五是预测将成为大数据的核心应用。大数据用来干什么？主要是预测分析，通过数据的记录、整理、分析、预测带给未来更多的价值。

胡军（RSA 大中华区总经理）： 人们需要尽可能地利用各种技术、从各个角度收集数据，将数据放在统一的平台上进行利用、分析、预测，从而建立起对环境详尽的可视性和洞察力，这是大数据安全的基础。

人们在拥有多维度、多层次的可信数据后，可将数据分为正常数据和异常数据。其中，80% 以上的数据都是正常数据，通常情况下大部分潜在的威胁会隐藏在异常数据里。要通过大数据技术的分析，找出潜在的风险并及时采取响应和行动，将取得的成果和价值应用到工作、生活、社会等各领域，由此才能创造出真正的价值。

陈恺（微软公司信息安全技术总监）：从微软运营云计算的平台角度，我们可以提炼出四个方面：第一个是网络安全。微软有几十年的运营开发经验和相当的技术实力来保证云计算平台在技术上、运营上的安全。第二个是隐私保护。一方面我们承诺严格保护数据安全，另一方面是建立数据存储中心。第三个是合规。一方面通过合规向用户证明满足各种各样的标准，包括国际标准、国内标准；另一方面是通过各种各样的测试认证。第四个是透明。包括在云平台上建立一个透明中心，把做过的所有合规性的文件报告进行公布，通过技术支持协助执法，提供透明性的措施，向政府的客户提供产品以及服务平台的源代码，由政府机构去查看。

陈春莹（亿赞普科技集团公司高级总监）：端到端整体的解决方案涉及跨境贸易的各个环节，具体如下：第一个环节是信息流。我们要通过什么方式来感知目标市场？这种市场感知是需要通过快递和网站来呈现的，这网站不是单一网站，其背后有海量的大数据支撑。第二个环节是物流。跨境物流涉及面比较复杂，根据统计，销往拉美、非洲的产品销量比较大，但中国产品要运到非洲、拉美的国家需要花费 30—45 天，如果当地海关不够完善还要耽搁 15 天。第三个环节是资金流。中国的很多企业在海外面临两个问题，一个问题是企业回收的外币因受到当地管制，大量的小额外币无法及时换成人民币返回国内。另一个问题是外币收回国内以后，如何将外币及时地兑现成人民币。第四个环节是关于降低中国产品出境的税率问题。中国企业生产的鞋子、衣服等在拉美很多国家的关税是在 15% 以上。

蔡一兵（浪潮集团有限公司信息安全事业部总经理）：和传统的防护措施相比，可信计算在硬件比如家电启动的时候就能提供相应的保护。在启动的过程中，让安全控制先于恶意代码启动，这是可信计算的开始。接着逐步过渡到操作系统的启动，再到操作系统的安全，再到网络对等信任等。可信计算发展了将近 20 年，已经走过了技术和标准体系建设以及产业生态链形成的阶段，目前正处于规模化应用推广的阶段。

技术与产业

——服务外包与呼叫中心：产业新引擎澎湃启动

——移动智能终端：『智』造引发头脑风暴

——民航＋大数据：航空公司与乘客实现双赢

2015 年 5 月 25 日，2015 中国（贵阳）服务外包与呼叫中心发展论坛在贵阳国际生态会议中心召开

2015 年 5 月 25 日，在 2015 中国（贵阳）服务外包与呼叫中心发展论坛上，专家学者围绕“新常态下服务外包与呼叫中心的创新和升级”议题展开圆桌讨论

2015 年 5 月 25 日，贵州贵安智能终端与移动应用高峰论坛在贵安新区北斗湾开元酒店召开

2015 年 5 月 26 日，新常态下大数据产业发展论坛在贵阳国际生态会议中心召开

2015 年 5 月 27 日，数据中心总经理俱乐部贵阳论坛在贵阳国际生态会议中心召开

2015 年 5 月 27 日，2015 年 IDC 中国 ICT 市场趋势论坛——贵阳站分论坛在贵阳国际生态会议中心召开

2015 年 5 月 28 日，2015 第七届数字民航趋势发展峰会在贵阳国际生态会议中心召开

大数据推动新一代技术与产业的发展

大数据战略重点实验室

随着“互联网 +”时代的到来，发展大数据面临两大趋势。一个是以中国为核心代表的新兴市场的崛起，“互联网 +”的发展颠覆了传统产业的发展，也推动了各个产业的互联网化。一个是以云计算、大数据、物联网技术为代表的新技术革命，正以裂变的速度影响着各行各业。大数据已经逐渐发展成为一个极具潜力的新兴产业，将成为解决中国经济、政治问题的重要手段，发展中国大数据产业必须首先掌握大数据的关键技术，为大数据的行业化应用奠定基础。

针对技术与产业领域的热点议题和高端技术，2015 贵阳国际大数据产业博览会暨全球大数据时代贵阳峰会期间，先后举办了 2015 中国（贵阳）服务外包与呼叫中心发展论坛、贵州贵安智能终端与移动应用高峰论坛、新常态下大数据产业发展论坛、2015 年 IDC 中国 ICT 市场趋势论坛、数据中心总经理俱乐部贵阳论坛、2015 第七届数字民航趋势发展峰会等论坛，众多大数据领军人物、专家学者就大数据在技术变革、转型升级、产业前景等方面的应用深度分享了其独到的见解和思考，为合理运用大数据推动产业变革指明了方向。

一、大数据下的经济发展新引擎

随着大数据时代的到来，与之紧密相关的服务外包及呼叫中心产业迎来了快速发展的黄金时期，并逐渐成为经济发展的重要引擎和新的增长点。服务外包及呼叫中心产业作为环境友好型绿色产业，对促进社会就业、拉动经济增长、保护生态环境具有积极的现实意义。2015 年 1 月 16 日，国务院正式下发《国务院关于促进服务外包产业加快发展的意见》（国发〔2014〕67 号）。在“十三五”即将到来之际，服务外包产业作为我国经济结构调整以及产业升级的一个重要支撑点，正式上升为国家级战略，各地迎来了新一轮产业发展与升级的机遇。

5 月 25 日，由工业和信息化部承办的 2015 中国（贵阳）服务外包与呼叫中心发展论坛在贵阳国际生态会议中心召开，工业和信息化部工业文化发展中心主任罗民、中国电子商务协会理事长张会生等领军人物、专家学者齐聚贵阳，从人才培养、服务经验、转型发展等方面进行了探讨。目前，服务外包及呼叫中心已经覆盖了多个行业，成为现代服务业中最具规模、成长最好、应用最广的重要产业。对于现阶段服务外包与呼叫中心的产业发展，与会嘉宾提到，日新月异的技术发展给整个服务外包行业带来很大的变化。

“贵州正在打造大数据的‘金矿’，未来要不断用技术手段提升产业价值，加强大数据产业和呼叫中心的联系，将呼叫中心看作一种渠道，打造一种综合解决方案，企业根据呼叫中心数据进行大数据实时挖掘，为用户提供主动服务。要进一步强化制度创新和机制创新，不断向行业广度、深度拓展，下大力培育领军企业，提高领军企业的国际竞争力，让这些企业成为贵阳乃至全国服务外包龙头企业，实现贵阳以服务外包为龙头，为全国提供服务外包的产业发展目标。”中国服务外包研究中心副主任梁杰结合贵州发展服务外包产业做了总结。

目前，服务外包产业已经发生了巨大的变革，关于下一步的发展，Infosys China总监廖信认为，服务外包产业已经从传统外包向生态系统外包转型，自动化的发展将彻底改变服务外包行业低成本、人力密集的现状，直接获取结果的即服务模式正在流行。服务外包企业要认清产业链，只有了解产业链，融入客户的价值链条，从客户的角度着想，才能为客户创造最大的价值。

二、知行合一，面向未来的智能终端

智能化、网络化是当前移动终端产业发展的大趋势。移动智能终端的出现改变了人们的工作学习和交流方式，不仅推动了智能终端的快速发展和转型升级，同时围绕移动互联网和移动智能终端催生出丰富多彩的产业化市场。随着市场的发展，更多的行业将进入智能化升级阶段，将不断产生新的终端形态。智能制造、“互联网+”等都离不开智能终端，移动智能终端已经成为移动互联网的引擎、信息消费的载体、大数据汇聚的源泉、产业发展的机遇。智能终端是大数据产业的来源，移动应用是每个人都能享受到的。贵安新区是国家级新区，也是中国西部开发的战略所在，把以大数据产业为引领的信息技术产业作为战略重点，大力发展移动智能终端，在国家工信部电子司的大力支持下，贵安新区将抓住此次机遇快速发展，为贵州经济插上腾飞的翅膀。

5月25日，在贵安新区北斗湾开元酒店，以“知行合一：面向未来的移动智能终端”为主题的贵安智能终端与移动应用高峰论坛，引发了一场头脑风暴。论坛汇集了该产业链的众多一线品牌企业，包括中兴、华为、小米、联想、乐视等手机整机厂商，国内外具有影响力的富士康、展讯等芯片产品供应商和生产制造型企业，以及阿里巴巴、百度、天乐联线等移动应用平台或服务提供商，一起为贵安智能终端与移动应用产业未来的发展出谋划策。170多位业界精英和企业家对移动智能终端设计、制造以及未来移动应用的发展趋势进行了诠释和解读，分享了相关领域的经验，并就贵安新区智能终端与移动应用的发展给出了参考意见。

“工信部将结合宽带中国战略、《国家集成电路产业发展推进纲要》政策，继续推动移动智能终端产业发展。一是继续加强移动智能终端的研发和支持力度，努力创新，提升企业核心竞争力。二是加强产业链建设，构建完善的移动智能终端产业生态体系。三是推动产业发展，培育骨干企业发挥带动作用，带动产业链共同进步。四是引导智能终端与信息服务紧密结合，与智能制造紧密结合，与云计算、大数据紧密结合，相互依托，紧密发展。”工业和信息化部电子信息司司长刁石京在贺信中表示，为推进贵州贵安智能终端的发展，工信部将一如既往地给予大力支持。

谈及智能终端的未来，贵安新区管委会副主任欧阳武表示，互联网、服务应用与智能终端设备正在实现相互融合，这有利于推动产业快速发展。未来，产业价值链体系将逐渐改变，服务应用占比将进一步提升。移动智能终端设备作为入口，可以引导服务应用开展，逐渐凸显专业化、服务化的终端态势。未来移动智能终端的形态、功能和性能都具有无限的可能性，互联网厂商、家电厂商、手机厂商、运营商都有可能加入智能硬件市场的竞争中来。

三、信息技术驱动新一轮的工业化

未来的发展趋势，一方面是以中国为代表的新兴市场的崛起，另一方面是以 IT 技术为代表的，包括云计算、大数据、互联网、物联网等在内的新技术革命。这两大趋势的共同点是都要重新制定规则，而交汇点在于中国的信息产业。在新常态下，中国经济要顶住经济下行压力，保持中高速增长，迈向中高端水平，实现经济提质增效，必须依靠创新驱动。在中国经济“爬坡过坎”的关键时期，以大数据为代表的新兴技术蓬勃兴起，对中国来说，抓住大数据时代的机遇迫在眉睫、刻不容缓，而这也是全球政产学研各界的共识。

5 月 26 日，以“走进大数据时代”为主题的新常态下大数据产业发展论坛在贵阳国际生态会议中心举行。论坛邀请政、产、学、研、资界六位专家，就新常态下大数据产业的发展现状和方向进行交流。论坛聚焦新常态下大数据产业发展现状，多方共话行业热点；主管部门深度解读，内容权威；业内专家预测趋势，指引产业发展方向；行业企业积极汇聚，全面呈现应用成果。工业和信息化部国际经济技术合作中心主任龚晓峰认为，新常态下，大数据产业前景广阔，大有可为。中国工程院院士倪光南、IDC 高级副总裁特纳、中国惠普有限公司中国区副总裁李时等专家学者、企业家就大数据如何改变世界、如何引领产业升级进行了精彩的主旨演讲。

未来，信息技术驱动的新一轮工业化、城镇化和农业现代化，将会是新常态的最重要表现形式。沈寓实认为，在这样的背景下，中国在新一轮的竞争和合作之中与发达国家的差距不是很大，在某些领域甚至还有领先优势。如何进一步接受国外先进经验，应该成为政府部门、行业领袖关注的话题，其中促进信息产业的融合与变革是关键，“在云计算和移动互联网的驱动之下，整个信息产业已经面临一个大的融合”。围绕融合与变革，沈寓实强调信息融合必然导致变革，但变革并不是技术的简单叠加，因而需要深刻理解云计算的现实概念。

谈及信息，必然涉及安全。“没有网络安全就没有国家安全，而做到网络安全的前提是，信息安全必须自主可控。”中国工程院院士、中国智能终端操作系统产业联盟技术委员会主任倪光南在就信息化时代的网络安全问题发表演讲时这样说。“自主可控是安全可靠的前提，只有做到了自主可控才有可能达到安全可靠。当今技术复杂度越来越高，一个软件可能包含千万行原代码，一个芯片可能包含几亿个晶体管。对于这种复杂度的软硬件，如果不是自主可控的，要想通过测试分析来找出后门，基本上是不可行的。”

四、数据中心——大数据产业发展的基石

数据中心是全球协作的特定设备网络，利用 Internet 网络基础设施，传递、计算、存储数据信息。随着互联网、云计算和大数据产业的加速发展，我国数据中心产业进入了大规模规划建设阶段，并呈现出规模化、集中化、绿色化、布局合理化的发展趋势。

数据中心总经理俱乐部在中国信息协会的指导下，由中国数据中心产业发展联盟发起成立，是汇集了业内诸多领军人物和行业专家的高端交流

平台，旨在发挥桥梁和纽带作用，为数据中心行业构建和谐的生态发展环境，引导数据中心行业可持续、健康发展，以提高我国数据中心行业在国民经济中的整体地位。2015 年 1 月 10 日，数据中心总经理俱乐部 2015 年年会在北京举行，发布了《中国数据中心行业自律公约》，这是我国首部数据中心行业公约。3 月又发布了运营管理标准，以提升基础设施的管理水平。

5 月 27 日，数据中心总经理俱乐部贵阳论坛在贵阳国际生态会议中心举行，论坛上，来自中国信息协会、贵阳市政府、中国电信、戴尔、联通等学术机构、政府部门、企事业单位的嘉宾，就大数据时代数据中心行业的机遇和挑战、数据中心建设、大数据产业模式创新等内容进行了交流和探讨。中国电信云计算公司副总经理徐守峰认为，数据发展速度的加快，对于其发展的基石——数据中心发展提出了新要求，而数据中心发展出现的高密度化、模块化和定制化服务特征也正在契合和推动大数据不断向前发展。

戴尔中国企业解决方案总经理曹志平从大数据中看到了发展的又一个春天，认为在“互联网 +”概念越来越热的背景下，传统业务和互联网相结合，迎来了新的机遇。这两者的结合不仅能覆盖更多的市场和客户，还能提供更优质的服务。以前，在传统业务与互联网结合还没有达到一定阶段的时候，大家发现很多管理难以实现，但在“互联网 +”这样的大前提下，只要把传统业务跟互联网做好结合，就可以更好地帮助每一个企业，更好地利用数据，使整个管理更加智能化。如果要总结一句话，就是可以让生活的方方面面都变得更加智能化。

五、把握大数据发展机遇，迎接民航业变革创新

世界已全面进入大数据时代，大数据正深刻改变着现在乃至未来。随着宽带中国战略、信息消费战略的部署和实施，以及绿色节能等新技术的不断创新和应用，大数据、移动互联、物联网、云计算等新技术不断融合，民航业面临新的挑战和机遇，亟须新的变革和创新。民航大数据蕴含了旅客信息、支付记录、乘机过程、高频航线、购买偏好、受让关系、关联效应等海量数据，如何利用数据信息，提升管理水平，改善航旅服务质量；如何运用移动互联，打造智能终端，开展精准营销；如何应用智能终端，提升产品个性与创新；如何利用物联网技术，构建安全高效的货运安全体系，成为民航信息化新一轮发展的重要课题。

5 月 28 日上午，第七届数字民航趋势发展峰会在贵阳国际生态会议中心举行。论坛以“科技与创新，构建灵活与安全的发展环境”为主题，汇聚了中国南航、世纪互联、浪潮集团等知名企业的专家，就中国的航空业如何找到深层次转型路径、如何用互联网新思维实现突围发展的创新实践等问题进行了探讨，吸引了国内外民航业数百位嘉宾热情参与。在大数据时代背景下，如何利用互联网思维实现快速发展成为民航业的共同话题。

“一个物体要往前移动，第一要有动力，第二要克服摩擦力。大数据在民航业的应用也是一样的。今天的大数据不缺动力，因为数据的价值已经人尽皆知。所以，大数据在民航业中的应用，需要研究的是怎样降低大数据应用的摩擦力。这个摩擦力就是应用门槛，需要让客户把大数据跑起来并且跑出效果。”李忠旭如是说。基于对大数据发展趋势的认知，浪潮也希望在大数据与贵州双龙航空港经济区的融合发展中尽一份力。

六、大数据成为对 ICT 产业具有深远影响的技术变革

大数据是一场革命，将改变我们的生活、工作和思维方式。大数据技术的发展应用，将对社会的组织结构、国家治理模式的决策架构、商业的业务策略以及个人的生活方式产生深刻影响。继移动互联网、云计算后，大数据逐渐成为对 ICT 产业具有深远影响的技术变革。

从全球范围看，随着市场环境的改变以及新技术的发展，传统行业正面临颠覆与变革，以第三平台和以云计算、移动互联网、物联网等六项新技术为依托的新的数字化转型时代已经来临，如何加速创新成为行业用户和 ICT 厂商优先考虑的问题。2015 年是中国全面深化改革的关键之年、“十二五”规划的收官之年，也是“十三五”规划的调研启动之年，中国政府制定的目标、任务和政策等将对中国未来经济和 ICT 市场产生巨大影响，“一带一路”“互联网 +”“大众创业、万众创新”“中国制造 2025”“智慧城市”“信息惠民”“自贸区”“自主可控”等成为中国 ICT 市场的关键词。

5 月 27 日，2015 年 IDC 中国 ICT 市场趋势论坛——贵阳站分论坛在贵阳国际生态会议中心召开。论坛由 IDC 中国 ICT 市场部经理乔政主持，IDC 全球高级副总裁 Vernon Turner 和贵阳市副市长毛友碧出席论坛并致辞，来自 IDC 国际数据公司的四位嘉宾与现场的大数据产业专家、学者和实践者一起交流，探索、挖掘大数据新的知识和价值，为促进大数据产业健康、快速发展，打造贵阳发展升级版建言献策，凝聚共识与智慧。贵阳市乌当区相关领导和现场近两百位各行各业人士参与了论坛。

IDC 中国行业研究与咨询服务部助理副总裁武连峰认为：“数字经济已经到来，这是一个最好的时代，经济结构调整、改革进程在加快、新兴

产业发展迅猛、IT 第三平台市场保持高速增长、企业在进行新的数字化转型，中国政府的相关政策也与之遥相呼应：10 万亿工程、‘一带一路’、中国制造 2025、‘互联网 +’、智慧城市、安全可控。企业围绕实现业绩增长、降低成本、全面管理风险的目标，纷纷制定新的数字化转型战略。”

对于服务外包市场在未来几年的发展趋势如何这一问题，IDC 中国服务研究部研究经理赵潇认为，整个服务外包市场将有四大明显趋势：第一，服务外包国际化；第二，信息服务向智慧服务转型；第三，制造业向服务方向转变；第四，服务对象多元化。

服务引领未来

Infosys China 总监　廖　信

大家好！设计思维现在是很火的话题，Design Thinking 是我们 Infosys 和斯坦福设计学院在全球推的一个事情。

简单介绍一下，Infosys 是一家印度的 IT 咨询公司，业务内容和今天的会议主题比较接近，比如在菲律宾我们也做呼叫中心及业务流程外包这一块，目前全球有 176000 人，是一个比较大的全球领军企业，业务范畴涵盖信息技术、咨询、服务外包。我本人在 Infosys 负责市场和战略合作，以及互联网转型或者叫数字体验这一块业务。Infosys 最近在全球提的一个口号是“Renew & New”。今天中国很多人在讲互联网转型或者颠覆、重构，但是我们认为特别大的企业，或者城市的转型，一定是由两个部分组成。一个是重续，不能把所有的东西都颠覆，如道路的建设、供水系统，毕竟有历史的原因存在，不能像互联网公司那样重建，重续很重要。另一个是在重续的基础上再创新，这是全球范围内所有客户在推动的一件事。2014年 Infosys 换了首席执行官，是原来 SAP 的首席技术官，SAP 有个核心产品叫“HANA”，也称他为“HANA 之父”。他来了大概一年，Infosys 也在转型，目前我们做了很有趣的事情，如成立了风险投资公司，收购了一些公司，比如 Startups，投资了一家专门做空气净化的公司和一些给企业智能意见的公司，在软件自动化领域并购了一些企业，另外，在全世界范围内成立了很多联合实验室，与斯坦福大学、人民大学、华东师范大学等建立联合实验室。

简单地介绍一下设计思维。其实我们搞了那么多项目，对公司实际有很大帮助，中国股市里面搞 P2P，对市值是有帮助的，我们市值增加了100 亿美金。我们是做服务外包的，看全世界 GDP10 强国家服务外包的占比，中国外包服务的占比比较低，约 40%，别的国家大概在 60%—70%。毫无疑问，随着中国改革的继续深化、经济的发展，未来服务外包的占比会升高。中国服务产业的方向，或者说服务外包的占比升高的动因，应该来讲，来自一些新兴的服务行业，也来自传统行业的服务化。我们引入一下产品服务化的概念，举一个简单的例子：这家企业叫劳斯莱斯，做引擎的，引擎怎么挣钱，不是卖给飞机公司，而是租给它们。2012 年这家企业举行了“按小时租用引擎”的 50 周年庆。大家说互联网思维，互联网思维的核心是服务思维，把以前不可能做服务的做成服务，劳斯莱斯做引擎就是如此，它已经庆祝 50 周年了，不是把引擎卖给客户，而是租给它们，按小时收费。这样做有什么好处？第一与客户的联系增强，如果我是乙方，也就是供货商，把产品卖出去以后，和我就没有太多的联系了，如果是租用，与客户的联系会非常强。第二个变成服务之后，财务的可预测性变强。对一家航空公司来讲，是很担心引擎事故、引擎更换，以及空难的，因为一旦发生，财务报表上更换引擎要花很多的钱，对于一个上市公司来讲非常不愿意这样，它希望自己的财务是可预测的，每个月给你固定的钱，一旦引擎坏了，是免费换的，这个时候财务可以预测。对于乙方来讲，财务也可以预测，以前卖引擎的话，每年不断打单，今年多打单收入就很高，明年少打几个单子财务就下降。如果变成服务，财务很好预测，而且是稳健的。就如同中国的地产——万达，它就是靠租用的方法，卖和租这两种模式的竞争，目前看来是万达的模式赢了，万达其实也是一种服务的模式。最后把产品变成服务，或者变为租用服务的话，是很环保的。当劳斯莱斯把引擎租给客户的时候，它希望引擎做得非常好，可靠性强，希望客户用一辈子，不用更换。如果是产品模式的话，我不希望我的产品能用一辈子，我希望卖给你一个冰箱，最好两年换一个冰箱。这里有一个关系的变化。如果变成服务的话，一定程度上降低产品更换的频率，是更加环保的做法。

在产品变成服务的时候，我们发现新兴技术毫无疑问地促进了所有行业的服务化，我们认为很多产品都会慢慢变成服务。其中一个原因就是信息技术，这里涉及移动、大数据、社交等。第二个原因是动力，为什么变成服务。我们看诺基亚在手机行业的竞争，还有柯达的竞争，如果是完全靠产品的创新取胜，其实创新力是很难持续的，所以柯达和诺基亚原来做得很好，但最后都被别的公司取代了。反过来看很多服务性的公司生命力就很强，在服务里面可以形成差异化的竞争。

中国是制造业大国，很容易把一个东西分成两块，一块是产品，一块是服务。在把产品变成服务的时候有几个方向，一个方向是有产品作为导向，我们服务了很多大的公司，比如白色家电企业海尔，海尔提了一个口号：“产品卖出去不是终点是起点。”产品卖出去的那一刻才是起点，所有的产品将来都是服务性的产品，产品卖出去以后，靠售后服务来赚钱。第二是使用，比如滴滴打车，产品的拥有权是放在滴滴，或者出租车公司，对于打车用户来讲只是使用，汽车公司可以通过这个方法实现服务化的转型。最后是产品的导向，有个有趣的例子就是飞利浦，它的照明系统以前是卖给大的会议中心，如国际会展中心，后来一个企业跟它讲，我不买你的电灯泡，我需要的是亮度，黑夜的时候有很好的亮度，白天的时候亮度可以降低，我希望购买亮度，不需要购买电灯泡。飞利浦出了一个解决方案，就是客户购买飞利浦的服务，不需要买灯泡，而是每个月支付固定的钱，飞利浦保证你这栋楼正常的照明，员工能正常工作。这是飞利浦正在做的事情，在服务外包里面按结果收费。

信息服务产业这个行业的特点和其他行业不同之处在于“两脑”，一个是电脑，一个是人脑。最近 Infosys 和贵州也有很大的合作项目，前几天是贵州的王江平副省长和我们签的约。贵州有什么东西可以留住信息服务产业的企业？在这个行业里面固定资产的占比非常低，这是和其他的行业不同的，以人为本及以人为核心的行业，发展之道到底是什么？以前做服务外包时有个比喻，一个高层管两个中层管十几个初级员工，这是传统的模式。我们父辈的工作差不多是这种模式。我记得 20 世纪 90 年代的时候，有很多初级的工作，比如开电梯，北京的小区里面专门有人开电梯，现在这个工作越来越少了。我父亲那个时候是公务员，第一年什么工作都没有干，每天一大早就给领导倒好清茶，每人送一份报纸，擦擦桌子，活儿也没有什么技术含量，但是你得干，从初级员工往上爬。在今天这个时代，这种事情越来越难持续。在信息技术服务公司来讲，“80 后”“90 后”进来做低端的工作是非常不情愿的。

随着时代的发展，企业的架构、人才的架构由原来的金字塔变成了钻石的架构，钻石的架构就是不需要那么多底层员工，需要更多的中层员工，原来是 1—2—12，现在是 1—5—3 的架构。我现在在公司负责互联网转型及数字体验，昨天我跟 ITC 的吴总聊天，很多人认为我们的企业非常缺项目，其实我们缺的是人，我们有很多项目，很多企业来找我们做事情。我们不是找不到初级员工，而是初级员工没有办法跟客户做业务上的沟通。中国传统企业的架构，有一些高层的人非常好，初级员工做得也很好，就是缺少中层员工。而钻石的架构恰恰对传统的人才培养模式提出了很大的挑战，钻石架构不需要太多的高层，不需要太多的初级，需要大量的中层，这些中层能够同客户在业务上沟通。这是 Infosys 在中国所面临的短板。为什么初级员工要得越来越少，原因在于：一个是智能化，一个是 IT 技术。今天的关于 Call Center 的发展论坛，很多 Call Center 都慢慢变成自动语音服务了，不需要人工了，这个时候初级岗位就会慢慢消失。

在说服务外包企业所关注的三个方向之前，先说一下我们的客户天天在关注什么。我们所有的客户，无论什么样的企业，主要关注三件事情：第一件是运营的高效，换句话说就是把现在做的事情做得更高效一点，成本更低一点。第二件是业务的增长，说穿了就是怎么能够赚更多的钱。第三件是创新，今天这个社会一定要有差异化的竞争、模式的创新、技术的创新。

服务外包企业有很多东西可以去做，主要讲三点：

第一个是自动化，我们可以看一下印度 IT 产业每增加 10 亿美金所需要人数的变化，在 2013 年增加 10 亿美金需要 4 万人。到了 2015 年，增加 10 亿美金只需要 1.3 万人。收入增加相同，需要的人却少了，实现了非线性的增长，主要原因是自动化。我们收购了以色列一家做自动化的公司，能够实现完全自动化，可以用来做测试，甚至自动化做编程。美国的一家自动化公司，能够用机器去写论文，前几天爆了一个丑闻，有些学生把软件写好以后，软件自动产生论文，把论文提交到期刊，结果编辑看不出来是机器写的还是人写的，发表了。后来被一个法国教授揭穿了，发现是机器写的。这就说明自动化在很大程度上改变了许多行业的运作方式。

第二个是设计思维，我简单讲讲。设计思维是斯坦福设计学院成立的最重要原因，整个设计学院就在讲这一个事情。大家了解的创新公司IDEO，整个的运作就是围绕设计思维展开的。先是定义问题，定义完问题后就是解决问题，做一些头脑风暴，做一些模型，然后选择方案。发现问题后，有几个可选方案，我选择方案A，就来实施，实施完了以后反思学习，然后回到定义。在这个过程中，设计思维最关注的是定义问题。但实际上是今天我们没有在做定义、研究、头脑风暴，甚至没有做模型，很多IT企业、服务外包企业，所做的是，甲方有一个需求，我们就想方案，出了几个方案，选其中一个，觉得这个方案好，然后就开始实施。我们只做了中间七个环节中的两个环节，这是很多中国企业的做法。在这里有一个前提，就是假定客户已经很清楚设计需求了，而这个假定在设计思维来看其实是完全错误的。举个简单的例子，《庄子》里有一个故事，说魏王发现了一个葫芦，葫芦能装600斤大米，但因为太大了，反而没什么用，如果切开来舀水也太大了，一舀水，葫芦就会断掉。庄子就讲，装米、舀水没有用，但骑在葫芦上能周游世界就有用了。意思就是怎么去看待问题，也许可以换一个思路看待问题，这是定义里面最重要的。现在Infosys我们中国有3500名员工，1800名员工已经接受了设计思维的培训，由斯坦福的教授给我们做的培训，Infosys在全球的17万员工，现在7万—8万员工接受了培训。我们帮客户重新定义问题，不会把客户认为的问题当作问题。举个简单的例子，什么是没有按照设计思维来做的？用户体验最差的一类信息系统，往往就是政府的信息系统，我很少看到政府的系统是非常好的。上海总体来讲做得不错，但上海的政府网信息量太大了。如果看香港做的，香港的政府网站分两块，一块针对香港的居民想要找什么，一块针对香港的居民想要什么，服务的内容一模一样，但是重新整合了一下，以一个香港居民的角度看网站怎么建、怎么使用。这就是设计思维应该考虑的，一个排列组合，一个东西怎么去做。目前我们和清华联合，要推出一个数字资产性可行性评估。我们想帮助客户去发现问题，因为客户来找我们提出需求的时候，他们未必知道自己的真正需求是什么。我们从内容、结构到可用性方面，整个做了一系列的评估，根据评估结果告诉客户问题出在什么地方，然后再给出方案。

最后一个是结果导向。以前是我们做一个项目，做完后你给我钱。现在不是，比如我们给电信公司做一个手机端支付系统，做完以后，跟他们说系统不要你太多的钱，做完支付系统以后每个人通过系统转账，每转一笔如果你们收一毛钱，那你给我们两分钱，我们按你的结果来分成，这样你不用为系统的维护操心，这是我的事。这就是按结果导向的一个案例。

我们认为现在整个服务外包企业要做的就是提升服务的附加值，增强与客户的联系。企业和行业的发展刚开始是靠成本，非常低的成本，在招商的时候，贵州往往打的大旗也是成本低、人员流动率低。但是第二步就会成规模，纽约，或者说北京工程师不够了，我们贵州这边有很多人可以去培训，最后慢慢就变成客户的长期合作伙伴。

谢谢大家！

变革互联网的边界

高通公司全球副总裁　钱　堃

高通公司已经有30年了，在这个过程中发展了很多技术，对移动技术做出了很多贡献。在过去15年，高通公司在中国投入很大，和移动通信各个行业的伙伴们，包括供应商、设备制造商、系统设备制造商和终端厂家，都有很紧密的合作。

移动互联网在生活中的地位已经相当高，现在有86%的中国互联网用户通过无线上网，移动无线上网已经进入绝大部分人的生活之中。在大量使用移动互联网的过程中，人们对于所用移动终端的要求和网络的要求也越来越高，用户的体验要求，包括下载速度、上网速度等也越来越高。

回顾一下互联网的发展历程。从20世纪90年代到2009年，互联网的实现是通过有线的方法把相对固定的PC连接起来，这个时期互联网的用户大概有10亿。从2009年到现在，互联网接入的方式转向了无线，采用无线介入方式以后，用户规模扩大到了30亿。未来的目标是能在任何时候、任何地方把人和物连接起来，包括我们现在谈到的汽车、具有无线功能的飞行器、智能家庭设备等在内。

这样的未来有很多挑战，也带来了巨大的商业机会，现在中国有很多厂家想方设法进行创新就是想赢得这个时代的机会。这些挑战包括对无线移动网络速率的要求越来越高，2014年全球4G网络流量是非4G网络流量的10倍，并且这个数据还会增长，2020年预计支付连接的终端数量将达到250亿—500亿部。这些对网络带宽会有更高的要求，对安全性也有更高的要求，还要求系统支持各种各样的终端。

把刚才讲到的这些要求概括起来，就是变革互联网的边界。互联网的边界是指各种各样的连接终端以及接入的接点。在将来的变革过程之中，我们会对互联网的边界有很多的改变、变革，同时也会带来很多的机会。

在这个变革过程中，中国会有很多的机会和收益，高通在所有这些变革的挑战当中也会做一些准备。比如在连接方面，刚才讲到连接终端是互联网边界的重要组成部分，高通在先进人机这一块有载荷聚集方案、LTE和无线融合解决方案、利用公共频道使用LTE的解决方案等，可以用在商务运营之中。在计算性能方面，高通也有很多的研究成果，因为智能手机的局部计算能力已经非常强，所以下一步智能手机会更加智能，也就是说它会引入一些高级算法来模拟人的大脑思维方式，再结合一些感知的解决方案，使得终端更加具体、更具人的认知能力。因此安全性也就更加重要，高通在安全性方面也做了很多准备。

还有就是互联网与其他行业的融合，连接的终端各种各样，包括飞行器、汽车、可穿戴设备等，所以在各个智能领域高通也在不断地投入。这些给中国厂家带来很多的机会，整个移动行业领域都有很多的机会。就智能终端本身的发展来说，3G、4G给中国的产业带来的收益可以从下面的数据中看出来：2004—2014年年均复合增长约为50%，3G、4G手机在中国手机出货量中所占份额超过70%。

从介入方式稍微讲一下LTE载波聚合，就是把多个载波结合在一起做上传和下载。大家知道现在因为大量传输数据的需要，我们可以把多个不同的载波进行捆绑，捆绑以后能使上行和下行速度提高5倍。这在一些国家已经实现商业化，中国在2015年也一定会实现，我们现在正在和运营商、终端厂家紧密合作，在2015年内把这件事情商业化。

高通在不断推进和其他行业的互联，所以在不同的方面都有一些投入和成就，比如说医疗保险、汽车。在机器人合作方面，我们推出了一个平台，这个平台是硬件和软件相结合的平台，前面提到由于手机目前已经有很多的传感器，比如用照相机代表视觉，然后通过振动或者各种各样的传感带来了很多的信息，再经过局部的运算，使用高级的运算方法，使得终端具有人的思维方式、感知能力。这样就可以把这种智能平台运用到各个领域中去，比如运用到交通运输方面，使汽车具有更好的功能，使汽车能够规避风险。

高通公司在中国的投入是持续的，我们对中国市场的承诺、我们的口号就是，我们会把自己的创新、自己的智慧分享给我们的合作伙伴，大家一起来创造新的成就。

谢谢大家！

大数据能够帮助各个行业获得更强的创造力

IDC 高级副总裁　特　纳

各位朋友下午好!

我们每年都会给 CEO 和企业高管提供咨询服务，我本人的工作与未来有关，接下来的 20 分钟我会给大家简单介绍一下行业发展的前景。

我们今天早上非常有幸听到了 Uber 总裁的分享，他提到了一点，车和车的分享，比如拼车。我们可以想象一下在未来，比如说三四年以后会发生什么，很有可能现在由中小企业生产的商品中有 75% 都可以在网上进行交付了。假如未来你有一辆车，是全自动的，有非常强大的网络，不论是 4G 还是 5G，你都不需要再买新车了，那这对汽车维护产业有什么样的意义呢？如果你和我一样，家里有两个十多岁的孩子的话，这些都会给我们的生活带来变化。我们把这些整合在一起，就会形成一种全渠道的体验。我们认为未来新商品上市的成功率会比今天高 70%，商品的搜索、研发和上市都会以不一样的方式进行。我们现在生活在一个不断地得到反馈，特别是消费者反馈的世界。这些都涉及数字化的转型，我们认为整个行业将会有剧烈的颠覆，因为随着转型，企业在创造价值、组织供应链和运营的过程中，都会出现一些颠覆性的改变，也会带来一些新的运营方式，我们和消费者互动的方式、我们研发新产品的方式、我们对供应链的管理和交付基地的管理都会出现变化。那转型之路怎么走呢？我们需要做到五点才能保证数字化的转型：

第一，我们要有数字化转型的愿景。第二，这不是一个人能完成的，我们需要一个生态系统，需要所有的合作伙伴都整齐划一地劲往一处使。第三，我们需要考虑如何有效谨慎地管理信息，尤其要注意在大数据方面的一些新趋势。第四，就是教育成本，或者叫人才成本的适当投入，没有人才就不能实现这样的成功转型。怎样打造我们的信息基础设施？需要人才的支持。第五，我们为什么要这样做呢？是为了提高效率，改善业务流程。那么它会给我们带来什么回报呢？我们能获得更大的价值分享、更大的市场份额，能更有效地管理数据、赢得人才、实现增长、提升利润率。

有意思的是，我们今天早上也提到了这一点，就是现在这个世界必须要互联互通。而一旦实现了互联互通，有多少事物会被连接起来呢？我们认为，今天每一分钟都有4500个传感器被连接到各个设备。假设我们是CIO或者IT部门，我们可能对内部的IT系统很清楚，但对外部世界出现的新的传感器和新的连接我们清楚吗？我们现在坐在这里每一分钟都有非常多的传感器，在20年以后每分钟将会有2万传感器被连接到各个设备。这会带来很多机遇，会有很多管理和数据基础设施设备的建设。过去7年我们做了一个研究，研究了所有可以创造内容的事物。我们认为到2020年将有44.4ZB的数据，这个数字是非常务实的，这些数据并不会全部在网上，其中可能会有照片，比如我的孩子非常喜欢照片，其中一些内容可能不是那么有价值，但是它们会构成一个数据宇宙。

当考虑到数字化宇宙的时候，我们需要谈到所谓的第三平台，需要把四个主要的支柱——云、社交、大数据以及移动终端连接起来，其中的云基础设施和大数据尤为关键，为什么这两点尤其重要呢？我们可以想一下连接到互联网的终端的数量，在传统的基础设施之上可以这样做吗？此外，还要有效率地、上规模地把这件事情做好，而且非常高效地处理数据。当然我之前也说到要把大概 300 亿个终端都相互联系起来，它们必须联系起来，因为如果它们没有实现互联的话，哪怕我们有 2000 亿个终端，也起不到相关作用。

在这个过程中还有智能维护，而且要利用分析和云计算服务带来最终的商业成果。我们要知道数据的来源，并对市场进行划分。首先考虑数据来源是个人，还是行业或者产业的？是公共部门的，还是私有部门的？提出这样的基础性问题之后，我们要分析这些数据的功用是什么？如果是私有的、和企业有关的数据，那么它们主要来自消费者，可以帮助我们了解整个的工业量和产品的研发，它们还是属于消费者私人的。如果是公共数据的话，我们就要以不同的方式处理这些数据，比如说智慧城市、智慧医院、智慧政府，我们要具体情况具体分析，因为在这个过程中我们接触的是公民的数据，所以要更加小心。

有趣的是这些数据从何而来，我们 2014 年做了一个研究，研究了一些国家，包括亚洲的中国、日本、韩国和新加坡，还有英国、德国、巴西，研究这些国家的宽带发展情况以及它们的大数据基础设施。我想问如果你有如此海量的数据，你会怎样处理？在创造数据的时候，你有可能想去处理，也可能并不想去处理，但这些数据可能会在任何物理空间，所以在这个过程中一定要进行审慎的分析。我们必须要考虑自己的大数据架构，而且应该通过软件来建立数据基础设施，这将是所有 CIO 面临的重要课题，就是如何处理各端的数据。

我之前说到我们所面临的挑战，特别是最近我们研究了大数据的人才雇用，发现我们整个行业基础架构最难找的是人才，特别是商业智能和分析的人才，所以我们必须要设计一些项目来培养这样的专业人员。这些都是新兴技术，我觉得很感兴趣的一点，就是关于物联网麦特卡福定律，它认为互联的网络越多就越有价值。比如说我们戴手环测心跳、测睡眠，这些数据对我们本人很重要，如果把它们提供给医疗供应商它们的价值就得到了提升，如果提到更高级别的医疗研究中心它们的价值就会得到更高的提升。

我们认为到 2019 年在座的各位都会研究从外而来的数据，到 2018 年我们都会使用物联网来应用和获得这些数据。大家可能在研究数据的时候会关注数据的量，比如说每秒 60GB，其实这算不上是大数据，关键是看到有意义的数据量。这个过程中我们要创造增值内容，要研究原始数据，对其进行研究，提炼出增值的内容。我们可以把原始数据分为两个部分，比如说它的类型和它的数据源。类型包括行为和交互，数据源有很多，但都必须开放、透明。我们要获得不同的原始数据，然后把这些数据进行混合。要进行这样的混合，我们需要进行提取，要让数据之间的关系进一步明晰，要了解相关数据的地理定位等因素，在这个过程中还要进行清洗和纠错，最后进行增值内容的创造。因为我们研究大数据的目的还是为了创造增值的内容，要为我们的客户，比如医院，以及各个行业的参与者提供更多的建议，而且可以把这些信息分享给整个世界，它们就可以帮助各个行业获得更强的创造力。我们需要考虑的主要问题包括数据市场价值，它的价格以及相关竞争情况。我们要在数据方面做好功课，要了解相关的背景、现状和趋势。

对各位来讲我们需要考虑的不是量，而是数据的价值。我非常高兴与大家分享，谢谢各位的关注！

戴尔未来就绪的IT解决方案

戴尔中国企业解决方案总经理　曹志平

很高兴有这个机会和大家交流。戴尔大家都听说过吧，我们在1995年通过代销模式进入中国，一直到现在。在中国的这么多年来，戴尔经历了不同阶段的发展。简单总结，分为四大阶段，从当时所谓的1.0到2.0，我们的工厂在厦门落地，到3.0，我们从专注直销模式转向加强渠道的覆盖和区域的覆盖。2013年的时候，戴尔在股票市场退市，希望能够避开资本市场每个季度财务指标的严格考核，希望有更长远的发展。在中国从2014年到现在，应该说是进入到了所谓的4.0阶段。简单说一下这个4.0阶段，它有几个特点，一个是我们更加融入本地的商业生态圈，产品和解决方案也更加本土化，向本地客户靠拢。此外我们也调整了一些市场策略，从原来的区域覆盖转向“区域+”，再到垂直的覆盖。和伙伴的合作方面，我们有两个举措，一个是跟贵阳市政府展开合作，和贵阳的翼云公司打造云计算的平台，一个是跟中国电视集团签订了备忘录。

大数据时代、云计算时代，每天在发生什么呢？发生很多事情，每分每秒都在产生数据，数据越来越集中化了，包括我们传统行业的 CEO 在内，需要在这样飞速发展的过程当中，更好地去利用这些技术，利用这些不断产生的数据做好更多的管理、更多的挖掘，使得 CEO 们能够利用这些数据，能够更灵活地采用相应的技术和商业的策略，能够支持并推动自己主营业务的发展。

最近在中国很热门的一个词“互联网＋”，我们今天的主题就是它。在“互联网＋”的主题之下，我们可以看到很多传统的行业，或者传统的业务，由于可以跟互联网更好地结合能够做更多客户的覆盖，做更好的服务。比如说以前，在传统业务跟互联网结合并没有达到一定阶段的时候，我们发现很多管理难以实现，但在“互联网＋”这样大的前提下，只要把传统业务跟互联网做好结合，就可以更好地帮助每一个企业，更好地利用数据，使整个管理更加智能化。如果要总结一句话，就是可以让生活的方方面面都变得更加智能化。

如何推动“互联网＋”的演进？戴尔向客户提供的是云演进的三个阶段。第一个是疑惑，很多客户在“互联网＋”这样的口号、方向，或者云计算、大数据这种新词出现的时候会困惑，感觉云里雾里的，到处都是云，我们怎样转向云平台呢？现在的很多应用和业务能否迁移到云的平台上呢？在云平台上面会不会碰到安全的挑战呢？第二个，很多人都说采用云计算的技术了，如果不做是不是有点落后的感觉呢？第三个，市场上太多的云，每家云本身的特点和应用的价值也是不一样的，怎么样在市场上有那么多选择的前提下，去做出针对自己业务的最好的选择呢？从戴尔的理念来讲，我们所推出的概念就是任意云，不是戴尔可以凭空提供云，并不是像孙悟空那样，而是说戴尔的任意云概念是以客户为中心，在任意云的应用中，客户可以任意地选择当前以及今后对自身来讲最有价值的一种云的解决方案。

在任意云的应用中，我们为客户提供三个方案的转型：第一个就是云就绪。在云就绪的过程当中，我们帮助客户检查现有运行的软件和硬件。第二个就是云部署。一旦确认了客户的某种可能性之后，我们会帮助他们推动云部署。第三个就是帮助客户做好各种各样的管理，利用统一的工具，帮助他们实现云管理。

对于云计算转型的过程，我们公司的创始人曾经说过，云计算是一种转型，它把 IT 带到企业的中心位置，是价值创造的领导者和推动者。他讲到了云计算是一个转型，并不是革命性的技术，任何一个用户要用好云计算的技术，必须要经过云就绪、云部署和云管理这样的阶段。

今后，也希望各位业界的朋友和商业伙伴，有机会加入我们，让我们早日把这个平台打造好，使得这个平台不仅仅是一个云计算的平台，也能推动贵州经济的发展，让中小企业能够充分利用好这个云平台发展自身业务。我们希望戴尔的任意云与贵阳大数据产业平等互惠，优势互补，双方能够有长期的合作和发展。

谢谢大家！

民航行业信息化发展的思考

中国民航大学计算机学院院长　徐　涛

大家上午好！

非常荣幸有机会在这里跟各位同仁一起探讨新型信息化建设的有关工作。今天我向各位汇报的内容主要是民航信息化发展的现状与对策，包括最近我们承担民航局“十三五”信息化规划前期研究的部分内容，在这里与各位一起分享和探讨。内容主要有三个部分：民航信息化发展的形势、现状、重点任务。

民航的发展离不开信息技术做支撑，随着近 20 年民航业的高速发展，无论是机场航空公司、空管部门，还是服务于民航的 IT 企业都可以感受到，民航大市场的形成，航空大趋势向航空运输绿色、低碳化的转变。因此，对民航信息技术的要求也越来越高。欧美已进行相应的变革，以加快信息化建设作为民航发展的战略。与此同时，民航的快速发展也对信息提出了更高的要求。民航局提出到2030年，要把中国建设成全球的民航强国。要实现民航强国的目标，信息技术将起到至关重要的作用，可以说，没有民航的信息化，绝对不可能有民航强国。

国务院2012年发布了《关于促进民航业若干意见》，这个文件只有19个自然段，其中有2/3的篇幅提到了或间接提到了信息化的内容。信息技术在民航领域的地位和作用不言而喻。“十三五”时期信息化的应用作为一个新的常态，已经提到国家的层面，信息化已经成为新四化之一。同时，要特别注意信息空间的安全建设，前天马凯副总理在数博会开幕式上说既要推动数据的开放又要保障数据的安全。信息化发展的重点就在于民航信息的安全和各种IT设备的自主可控。

新技术的发展对民航的促进，包括云、大、物、智、移等信息技术。这两天数博会的氛围非常热烈，实际上都是围绕信息新技术在研究和学习，在形成新的IT世界观。

企业架构的理论会在未来得到普遍的认可。组织机构流程技术的整合和企业战略先进技术的融合、业务的优化、信息化方案的设计，都将是企业未来竞争的重要手段，形成新的管理、新的中心，数据的应用会变得越来越广泛。大家都知道，从信息技术向DT技术的转化，前天马云在贵阳开幕式上也强调了IT技术和DT技术在未来30年的核心地位和作用。我相信这种信息技术应用新常态也必将影响民航的建设和信息化的建设与发展。

民航信息化的建设概括来说，这些年取得的主要成就在于基础设施方面的普及、电子政务方面的应用、企业信息化服务体系的建立和新业务的发展、电子商务的发展以及信息安全日益受到重视等。但是信息化建设中心的薄弱环节和建设的问题依然很多，包含了网络技术应用的统筹方面、信息技术和民航业务的融合方面，以及信息资源的开发利用、支持课题体验、信息文化、IT 设备的国产化率、自主创新率、数据垄断的现象、信息化标准、信息的壁垒等方面，依然需要努力建设。

民航信息化发展的现状和水平。我们参照了国内外对信息化发展的研究体系、信息化水平评价的指数等，结合民航发展的要求，专门提出了对民航的信息化发展的指数评价。评估的想法涉及六个维度的一级指标：规模指数、成熟度、安全度、贡献度、基础设施、政策环境指数。这里面包含了很多指标，涉及指标体系，通过这些指标体系希望对民航信息化建设的现代化水平进行评价和定性定量分析。

我们在做这个项目的时候，特别选取了 13 家机场，涉及大、中、小各型机场，也包括北、上、广、深等机场；以及四大航的航空公司，也有对中小型航空公司数据的调研；同时，我们在机场的航站楼区对旅客信息化体验做了问卷调查。从调研数据的分析评估来看，整个民航信息化从管理机构角度来说，信息化发展指数整体上是优于全国指数的，航空公司比机场相对做得好一些，这是平均量。从信息化组织机构的管理者，管理的程度、制度及管理的规章、体系等方面建设来看，民航的信息化发展指数要比全国的指数略高一些。但是我们不足的是，整个行业里面 IT 从业人员，像机场航空公司一样，只有上百人，还没有过半，这是比较薄弱的。

截至 2014 年底，我们对全行业的信息系统从信息安全的角度做了全面的普查，民航行业的信息系统共有 2146 个，其中空管航空公司系统相对比较多一些。再一个对国产化的设备分布做了调查，在服务器、路由器、交换器、防火墙等方面，目前国外的品牌占多数，这对我们的信息安全留下大的隐患。

在民航电子单位政务系统的分布方面，民航电子政务的开放度不是很高。主要是行业管理层面、与信息流程相关的跟踪检测，以及面向外部的电子公文数字的交换比较少、比较薄弱。

通过调查，我们发现近三年信息化建设的年平均投资，不含运行维护的费用，是比较高的，超过了 50% 的单位投资都超过了 1000 万。投资超过 1000 万的单位，在网络信息安全投资方面，呈现两种情况，一是投资超过 1000 万的单位占 1/3，一是投资在 500 万以下的单位占一半。这说明民航行业发展不平衡，大、中、小型公司发展不平衡。

再一个是民航行业企业信息化规章制度的建设，其中标准制定和关键数据加密，是两个短板。从旅客来说，通过调查，70% 的旅客每年的飞行次数都少于 5 次，但是接近 60% 的人都会使用网上自主值机。此外，乘客对无线网的满意度低。这些都说明航空公司对旅客的服务有很大的提升空间。

民航信息化发展的重要任务。民航在“十三五”信息化规划期间发展的目标，一方面是要致力于用信息化改善民航传统业务的运营模式，实现资源的高效提升和优化配置。同时改善民航安全、高效、绿色、服务。这是未来“十三五”的重中之重。2020 年要在电子政务安全、决策知识领域进行提升，使整个航空业发展水平的指数达到世界先进水平。主要的任务和发展的重点，包括 11 个方面：一是促进民航核心业务与信息化的深度应用。包含核心业务和信息技术的深度应用、协同、创新，把信息化和业务融合，建立符合民航特征的服务体系；二是培育新航空信息业态，大力促进民航的货运建设，提升旅客航空无缝体验；三是完善中小型航空公司的信息建设，实行中小型航空公司信息化的推进工程；四是全面实现航空公司的政务应用；五是推进通用航空信息化建设；六是推进民航数据共享，加强民航信息资源利用；七是构建新一代的民航综合信息基础设施；八是提高民航从业人员的专业素养；九是推动信息新技术在民航领域的应用；十是加强民航信息标准体系建设；十一是加强民航网络与信息安全保障体系建设。由于时间关系，我就简单汇报到此。

谢谢大家！

数字化转型市场的IDC中国之路

IDC 中国行业研究与咨询服务部助理副总裁　武连峰

大家上午好!

非常高兴、非常荣幸能够代表IDC参加贵阳数博会。我周日晚上就已经到了贵阳，周一在做另外的演讲，昨天一天，包括峰会、展馆，以及我参观的很多厂商，给我的印象非常深刻。刚才Vernon Turner提到了3D打印，其实我看到在四号馆就有一家公司专门做3D打印。我们每个人都想把自己的瞬间留下来，经过三维的扫描技术与现在这个形象输入输出之后,3D模型就可以打印出来现在的形象。它大概的价格是660块钱,需要5—10天。我觉得这是非常好的实验。我在跟贵阳很多朋友聊的时候，大家对IDC还不是特别了解,刚才Vernon Turner已经讲过IDC的一些简单情况。大家可能知道IDGBC风险投资,IDC是IDG下面一个子公司。IDG下面有IDC做研究和咨询，IDGBC做风险投资，还有媒体，包括《计算机世界》

《网络世界》，都是 IDG 电子公司所合作的媒体，在 20 世纪 80 年代就已经进入中国了。第四块是 IDG 下边有一个展览。实际上在 IDG 的四块业务中，IDC 是核心之一。

我今天跟大家分享的内容，首先，我要分析一下现在总的经济和 IT 的形势，然后看究竟有哪些机会，整个数字化转型时代 ICT 大的趋势在哪里，对于我们来讲，有哪些商机可以开挖。

最近我跟很多 IT 厂商、很多 CIO 聊的时候，大家都在说，目前是最坏的一个阶段，感觉大家压力都很大。那么我想在“最坏的阶段”拿一些数字跟大家做下验证。首先，我们说经济增长的乏力。从 2009 年第一季度到 2015 年第一季度整个中国 GDP 的总增长率可以看出，2008 年、2009 年金融危机的时候 Q1 最低，应该是 6.1。接下来，其实一直都很高。2015 年第一季度是 7%，基本上是过去几个季度的新低。工业增加值的话，2015 年 Q1 大概是 6.4，也是创历史新低。经济总量上，总体经济压力大。第二大的方面，GDP 增长是不是到了谷底？这个可能现在没有谁给出确切的答案。现在看 Q2、Q3，压力还是相当大的。第三个大的方面实体经济受到了很大的挑战，包括很多媒体报道的中国制造业倒闭，东莞、深圳、广州已经失去原有的一些特色。也有人说中国制造熬过了 2008 年，2015 年能不能熬过去？这也是大的问题。第四个大的方面，传统行业在颠覆和重构，究竟如何实现转型？张瑞敏说过一句话，我觉得非常好，“被外界颠覆是淘汰，被内部淘汰就是重生”。乐视在 2009 年新产品发布的时候，提出了颠覆日，它想颠覆一些传统的电视行业。除了电视之外，它有自己的 APP，有自己的语音服务，包括现在又开始进入汽车领域。所以，颠覆与重构对于传统行业的压力非常大。刚才 Vernon Turner 先生讲过一张图，有很多公司，图上的公司全部是新公司，但是全部会进入传统行业跟传统行业竞争，它们现在已经取得了非常好的业绩。

接下来，我们来看总体 IT。在座的很多是 ICT 厂商，我们把 2011 年到 2015 年 GDP 和 IT 的增长做一个简单的对比。IT 现在已经进入个位数增长，从总体 IT 角度来讲的话。从具体的产品上看，PC 市场 2015 年 4 月份在中国下降 14%，智能手机在前几年 100% 到 200% 的增长，现在一季度也已经下降 4.3%。这是不是说我们的 IT 市场快不行了？IT 市场的下滑是不是跟经济一样也下滑到谷底了？可能大家都会有这样的疑问，并且很多人在跟我们探讨。从厂商来讲，我们把 IT 厂商分四大类，第一类是第二平台厂商，就是 PC 时代，1980 年到 2009 年这个阶段。第二类是第三平台厂商。第三类是行业解决方案提供商。第四类是一些大的行业用户，包括政府机构等。目前来讲，这四类厂商，第二平台厂商普遍遇到非常大的挑战。从昨天上午的峰会看到，基本上引领市场的绝大多数属于第三平台的厂商。我们看到 BAT 的老板上去演讲的时候，下面的掌声很热烈，但是传统厂商现在相对来讲就比较寂寞。前面讲的感觉非常负面，厂商、CIO 甚至一些政府机构跟我们讲：IT 究竟要不要发展？从另外一个角度，我们发现现在又是一个最好的时代，包括总体上经济虽然一季度是 7%，但是整个经济在调整而且调整得非常好，我们知道中国现在第三产业大概只有 50% 多一点，但是看到增长率将近 8%，应该是非常好。而发达国家第三产业占到 70%—80%，所以整个中国经济结构的调整应该说是往非常好的一个方向发展。服务业发展好第一会解决就业，第二会有一个可持续的发展。第二个大的层面，改革的进程在加快，这是未来一个非常好的保障。十八大做出全面深化改革的决定，目前已经有很多的改革举措，至少已经有 60%—70% 开始实施。这对目前的整体经济来说是一个非常好的消息。同时我们说新型产业发展迅猛，这也是未来经济发展的支柱。几年前我们说战略新兴产业七个，而现在中国制造 2025 会有十个重点的领域，这十个重点领域其实跟很多战略新兴产业有重合，未来中国在战略新兴产业方面会走得非常靠前。包括德国工业 4.0 相对应的中国制造 2025，它的很多理念都给中国未来发展奠定了一个基础。

另外我们转过头来看，IT 第三平台、云计算、大数据和社交，这四个领域增长非常迅速，在中国每一个领域增长都超过 20%。并且在 2020 年，我们预计跟第三平台的硬件、软件和服务整体占的比例超过 70%，达到 70.3%。所以大家如果在 IT 市场里面，我们更希望大家结合第三平台找自己的商机，如果你是完全传统的 IT，增长率现在已经趋零了。我们刚才为什么说 2015 年总体 IT 是 5%？在这里，第三平台是 20% 以上，但传统的很多产品，包括我刚才提到的 PC 等其实已经是负增长，所以大家一定要找到最高的增长领域。

同时我们也看到新兴厂商在不断涌现。前一段时间我们接触了很多厂商，我相信这里面很多厂商，在座的各位可能都没有听说过。在跟第二平台的很多厂商做沟通的时候，我拿了一张图见人就问："这些厂商有几个你听说过？"很多时候大概只听说过一两个，很少有听说过五个的。图中厂商里面有一家是做知识管理协投的，在上海大概也就 100 多人，销售额已经两三千万。九次方大数据其实是把全国 1360 万家企业数据纳入进来；钉钉是阿里收购的，专门发布的产品 2.0 是给中小企业做 E-mail 协同知识管理的厂商，它为金融、保险等企业和政府提供一种征信的支持；企名岛做知识通信的；爱数是做整个数据备份的存储一体机；纷享销客是帮助做销售管理；DJI 大疆是无人机的一个厂商，这个可能很多人都没听说过；学习宝是针对从小学到高中的学生，装上 APP 后，遇到难题用手机拍，大概七八秒钟答案就出来了，出来之后会告诉你这个题考试会考哪些点，如果你还不知道，点个按钮可以直接联系老师帮你讲这个题目究竟是怎么一回事，目前得到了第一份融资。其他厂商其实也类似。昨天我参观展览的时候，我把整个一号馆、二号馆和三号馆的名单照了下来，一号馆基本都是很大的厂商，二号馆和三号馆，如果大家看了的话，很多都是中小厂商，老实讲它们未来增长都会非常有潜力。所以对整个市场来讲，它们是行业的颠覆者，它们让这个市场变得非常有生机，非常有活力。所以，未来中小厂商的发展方向可能会决定整个 IT 市场发展的大势。

刚才我已经把坏的方面和好的方面都讲了，我个人是非常乐观的，从公司数量和公司潜力上讲，应该是非常有潜力的，这里有一个基础：新的数字化转型是大势所趋。所有厂商的所有转型都是数字化转型，传统行业多多少少都会利用大数据进行转型，因而它们也能看到一些商机。

我们知道，德国工业 4.0 是典型的数字化转型。它的出发点其实有三个大的方面，第一个方面，欧洲人工费很贵，如何减少对人的需求和依赖，同时提高产品质量。欧洲和德国非常希望降低人的干预，除了人工成本之外，其实人的干预越少，理论上产品质量会越高。所以我们讲德国制造，包括德国汽车，大家的普遍印象都很好。第二个方面，整个制造业现在越来越复杂，降低制造的复杂性和提升制造的灵活性非常重要，所以把网络和物理的制造过程融合了起来。第三个方面，未来一定要满足消费者大规模定制的需求，不是大规模制造而是大规模定制。这个时候，IT 就可以做一个很好的整合。

对美国工业互联网来说，也是典型的数字化的转型，最早是由通用电器提出来的，从底层的一些机器，到设备，到集群，到网络，到智能的设备系统，一直到智慧决策。它跟德国工业 4.0 有很大区别，它更多是利用机器上的传感器采集大量的数据，进而对设备做很好的维护和决策支持。

我经常举例子，我说发动机通过采集数据支持能够降低它的数据成本，一年节省的金额对于发动机来讲超过 60 亿美金。所以美国工业互联网更加强调大数据在工业中的应用，在德国公司来讲是减少人力的使用，提高工作实效。刚才我们讲中国的制造业，讲了十个领域，这十个领域跟 IT、跟数字化绝对有关系。

另外，我们看“互联网 +”也是一样的。“互联网 +”涉及传统行业，本质上是为大众创业、万众创新提供了一个巨大的发展空间。还有 400 亿的创新，新型产业创建引导资金来支持产业联盟的发展。其实我们知道“互联网 +”跟更多行业结合的时候，理念差异很大。4 月 25 日著名财经评论人吴晓波在深圳参加一个会，他当时提到三点给我印象很深。他说，“互联网 +”不是一次传统的营销变革。很多公司在谈互联网的时候，更多的是讲营销的变革，互联网是应该做好营销或者销售，但互联网跟传统行业结合更多是生态的变革。这种变革主要看能不能从三个方面做好：一是产品的定价是否比预算成本更多；二是与用户的关系是否已经实现了互动；三是能否从大规模生产到大规模定制。如果这三个方面缺了一个方面，那就很难把互联网跟传统行业很好地结合起来。所以这个理念是非常重要的。

接下来，我们认为整个数字化转型会分成四大方面：一是全方位用户体验。我举一个 4S 店的例子，我们在 4S 店修车的时候，过去大家都觉得很多 4S 店可能有点黑，特别是有高价车的用户，生怕 4S 店给你修车的时候，会把好的零件换掉。现在 4S 店可以用微信把修的整个过程给你发过来，有很多 4S 店已经直接在用微信视频来记录修车的整个过程，这样会使数字体验大大提高。二是高效灵活的业务流程。我们说现在中国企业的很多业务流程需要大幅度提升，这是直接意义。比如微信自费医疗可以帮助中国 300 万人就医，为每人至少节约两个小时。这样算下来，也就是说从挂号到分诊排队，再到取药，直接节约600万个小时。我们想想挂号再到分诊到取药至少需要两个小时左右，所以通过微信我们直接可以挂号了，挂号到分诊不用排队了，医生开完药，我们把微信支付完成后，这时候支付的资金已经传到药房了，药房可以为我们提前做准备，这个时候药已经准备好了，可以直接拿走。因此，这可以大大提升传统行业业务流程的效率。三是智慧产品与服务。未来我们所有的产品都会智慧化。四是颠覆与创新的商业模式。昨天周鸿祎在演讲，我们知道他前一段时间在发布手机品牌，这里边又提出了一个“股权众筹”，大家可以直接以入股的方式参与他未来的手机战略，如果发展比较好的话，你也可以和他一直合作，这种方式也是未来的一个大的发展方向。所以数字化转型也有四个大的方面，从这四个大的方面，我们可以看到，中国ICT市场未来有哪些大的趋势和商机。

我们来简单梳理一下中国IT市场五个大的趋势。

第一个趋势是中国整体IT市场低速增长将成为新常态。但是在新兴的领域，包括行业、区域、技术等，应该还是有非常高的成长。在技术领域，我们刚才谈到第三平台、云计算、大数据、移动和社交这四个增长非常快。从行业和区域来说，中国整个宏观经济政策的导向也是很好的增长领域。我们把整个“十三五”规划六大关键词进行一下梳理，包括：七个基础设施项目，智慧城市，“中国制造2025”“互联网+”“一带一路”，安全可控。这些都是中国具有巨大成长空间的领域。我们知道七个基础设施项目总投资额超过10万亿，项目将于2016年底完成。我们做了一下测算，这个投资的0.5%到1%跟IT市场会直接相关。智慧城市走到2020年，APP相关投资会有1万亿左右，“中国制造2025”也有四个领域，刚才我们提到，“互联网+”总共有400个亿，“一带一路”总的消费不超过50万亿。这里跟IT相关的，我们查查有0.5%，也是一个比较大的消费所在。

很多国际厂商也在对话，是非常利好的。

第二个大的趋势是“互联网＋”概念的普及将大幅提高企业效率、营销能力、产品与服务质量，并促进创新。“互联网＋”是在李克强总理提出之后，全国各行各业都很认可的一个概念。尤其是在中国政府重申了这个概念之后，这个理念产生了积极的影响。过去两三年，关于互联网思维有很多书，包括阿里最近推出的《“互联网＋”：从 IT 到 DT》，这些书从不同角度对“互联网＋”做了非常好的阐释，也希望大家有机会读一读。同时，很多人在问我们，为什么中国提互联网思维和“互联网＋”，而发达国家或地区很少提？我们去德国去美国，大家不会提互联网思维和“互联网＋”。我认为最重要的原因有几个。首先，从中国本身来讲，传统行业劳动力的效率很低，产品和服务质量总体不高，同时 IT 应用总体水平有待提升，包括区域、行业、企业差别很大。所以我打了一个比方，在美国、德国这种发达国家，如果传统行业的信息化水平是 10 分满分的话，传统行业大概是 8 分，互联网公司大概是 9 分左右，传统行业和互联网行业差别很小。但是在中国，互联网公司可能到了 9 分或者到了 8 分，但是传统行业大概只有 2 分至 3 分，差距非常明显。所以如果传统行业利用互联网思维和“互联网＋”的话，马上就可以得到很大的提升，而且行业转变会非常大，这就是为什么现在中国互联网思维和“互联网＋”会这么热。其次，从“互联网＋”的商机角度来讲，对于 IT 厂商，也可以从政府招商角度来讲，更多的应该是从长尾上切入。大家都知道长尾理论，可能 80% 的总量实际上是在尾部，我们很多企业在很多时候看到的是头部，往往都已经是红海，竞争已经非常激烈。我们对这个问题的总结：帮助传统行业做好数字化营销，提供个性化服务，提供立体化的协同，同时帮助传统行业变得智慧化，生产也变得智能化，这里非常有潜力。我再举一个例子：麦当劳是一个传统行业，对吧？麦当劳在2014年10月推出一个叫“樱花双旋”的冰淇淋新品，在推出新品时就想：我怎么样能够让绝大多数的人很快知道？如果用传统的广告可能会非常难，但它跟百度地图合作就取得了很好的效果：在这个麦当劳店三公里以内，如果你打开百度地图的话，百度地图会马上弹出“樱花双旋”的广告，如果你能在15分钟之内跑到这个店，你就会免费得到一个。这是一个很简单的事情。当然这里需要有一个很好的IT后台，然后再加上百度地图这个工具，基本用10天的时间，135家门店参与，惠及2000万用户，社交媒体大概有7000万阅读，400万人为了这件事情从室内走到室外，100万人顺利地领到了这份冰淇淋。那么对于麦当劳来讲，百度的广告可能给100万，甜筒成本可能也是100万，花了200万只用了10天的时间就可以做到这么大的影响。这是数字化营销起到的非常好的作用。所以说，IT厂商，或者传统行业，要想到在中国如何应用数字化的营销帮助自己接触大量的用户来产生很好的业绩。第二个例子是做APP的，它是把传统的现象整合起来。爱大厨是一个应用，其实我们都知道一个工薪阶层或者一个上班族，自己没有更多时间做饭，但是反过来呢，外边的餐馆环境又不好。现在你装APP之后，可以直接点击喜欢的熟食，包括湘菜、粤菜、贵州菜等，你都可以来点，完成之后，这个大约是69块钱的服务费，如果你有食材可以用你的食材，如果没有食材你可以跟它说：“我没有食材，能不能帮上门，把酸汤鱼的材料都带好，最后帮我做。”如果你第一次注册，可能还优惠50块钱。如果你用微信支付，可能又给你优惠10块钱。这样的话，你第一次大概只花9块钱，就可以实现真正的大厨师来你家为你做饭。我觉得这是把现有资源做了很好的一个整合，其实它也是想通过这个来聚集大量的客户。同时，未来在食材这个领域，在后台可能也有潜在的市场，比如为用户提供个性化服务。第三，是立体化的协同。明道是在上海做知识管理协同的一家软件公司,它有一个合作伙伴在成都叫工合科技，这家公司本来是从事机械设计、制造及销售的工贸一体化企业，它用了明道软件之后，从一家传统的机械公司已经变成明道知识管理协同软件的代理。这得益于整套知识系统的大力协同功能，能够帮助用户、帮助上下游的合作伙伴，更好地支持企业的发展。我觉得这是非常好的案例来支持立体化协同。那对于智慧化的产品来讲，美的 2015 年 30 个品类 229 个型号的产品都会变得智能化，都会上市销售，而到 2016 年，美的智能产品销售占比将达到 80%。这里所谓的智慧化产品其实有三个点：第一，产品上应该有传感器，应该有 Wi-Fi 和块，可以直接产生数据和收到数据控制；第二，它会开发基于手机的 APP；第三，它应该有个平台的支持。所以有这个产品之后，我们有这三样东西，就可以通过远端用手机来控制监测所有的加点产品。我们说云计算、大数据、移动甚至社交，应该有一个非常大的应用潮流。以后大家要是再听到一个词叫“瓦器”，可能就不再奇怪了。比如家用电器、未来的家用“瓦器”、所有的电瓶都可以用来上网。下面我要讲的一个案例其实更多的是智能化生产，报喜鸟是整个中国男装比较好的品牌，它现在开始做 C2B，做大规模的定制，已经把德国工业 4.0 技术跟它的智能化工厂结合起来。现在有 300 多名量体师随时待命，如果大家想定制西服，关注它的微信账号和网站，在 72 小时内他们会来给你测算，你的西服瞬间就可以实现定制，360 小时就可以交付成衣。未来这一块结合 C2B，结合个性化的特点，再结合它整个后台的生产，能够帮你做一个很好的规划服务。这是中国一个很好的案例。前面我们通过 5 个案例，来说明“互联网 +”在未来还有非常非常大的成长空间。

第三个大的趋势是大企业面临的挑战越来越大，平台、服务、整合、国际化、创业是发展方向，也是 IT 厂商的商机。这里的大企业其实有两类，一类是传统行业的大企业，另外一类是一些大的 IT 厂商。对于大企业来说，平台化、服务整合国际化，甚至内部的创业都是大的发展方向。包括我们刚才讲的海尔，海尔已经是全球 500 强的企业，它以前确实面临的挑战非常大，所以它从内部颠覆自己，把所有的中层打通，形成内部的一个创业空间。整个海尔就是一个大的平台，既是资源平台，又是营销平台，还是资金平台。在海尔，每个人都可以有自己的想法，你可以来创业，甚至外国的风险投资者替你来把整个平台打通。它的很多个性化的产品已经开始大量上市，这种产品上市的火爆程度已经赶上了一些互联网公司做的产品。所以未来很多企业会望着方向走，如果往这个方向走的话，如何提供服务就会变得非常重要。KAESER 是一家德国做空气压缩机的传统企业，它 50% 的收入已经来自于服务。在国内像三国集团、三一重工、中联重科等大企业，以前我卖我的大型设备，那现在有很多企业说："我一次购买的钱很紧，所以我可能采用租赁的方式。"所以它们已经开始采用把机械设备给你，然后直接收服务费，对它们来讲，收服务费最大的一个好处是：可以通过大数据对这些设施进行监测，从而大大降低维修维护成本。大数据在这里有非常广泛的应用。昨天有一个嘉宾说，整个英国的飞机发动机其实早已实现这个模式。在未来传统大型企业里面，大型资产类设备企业里面，大数据有非常广泛的应用空间。

第四个大的趋势是跨界融合，新的生态系统将不断涌现。比如泰康是一家包鞋公司，它现在已经在全国布局养老，布局地产。这些养老的社区非常高端，收费非常贵，需要每年一次性交两三百万的保险费。入住之后，这些社区里面各种智慧化，包括房屋基本可以建成类似的。应该说非常非常好，它已经把保险跟传统的继承组合起来。泰康以前提供的方案是保险解决方案，那它现在进行转型跨界，我们如何跟得上它？这个是我们需要思考的问题。乐视大家知道，它的智能手机已开始进入汽车领域，它也开始在跨界，它跨界的一个核心其实是寻找各个入口，把这一社区、把每一个户口都整合起来。阿里巴巴已经进入足球领域，联想早已进入农业、地产、金融、服务等领域，再不是一家单纯的建造公司。这些公司都在跨界，跨界给 IT 厂商提出了一些挑战，同时也有很大的商机在里面。

第五个趋势是基于巨大人口红利的大数据物联网潜力巨大。确实，这次贵阳数博会的核心是集中于大数据，我们预测，到 2025 年中国互联网的人数达到 11 个亿，普及率会达到 78%，11 亿人基本上是美国和印度的总和。IT 行业好的创新还是美国，至少在短时间内，很多国家达不到这一点。但反过来，基于大数据的应用，包括物联网，由于中国有巨大的人口和巨大的可连接设备，这一块我们的机会非常大。我们从物联网的角度讲，在全球互联中，到 2020 年 IDC 将会超过 300 亿，有 20% 就是 60 亿应该是在中国。一会儿我们的分析师会详细讲互联网的一些应用。2015 年互联网的商机中国至少有 2000 亿美金，所以这个商机是极其大的。同时智慧城市在中国也是一样，中国人口众多，来源于城市的压力，不管交通、医疗，还是社保都与人口相关。所以，中国每个城市都需要智慧，IT 在每个城市中的应用会更多，我们简单地看信息惠民的九个领域，在 2020 年 IT 商机就会超过 900 亿。

接下来，昨天在座的很多人可能听到了马云的演讲，我这里引用他的一些词：我们已经从 IT 时代进入 DT 时代，DT 时代是创造未来，IT 时代可能要 20% 的企业越来越强大，而 DT 时代是释放 80% 的企业的活力，IT 时代是把人变成机器，而 DT 时代是把机器变成智能化的人。所以我们正进入一个崭新的时代，这里边有巨大的商机。

昨天陈敏尔省长说得非常好，他说：“我们的理念是以大数据引领产业升级，促进新一代信息技术与三次产业融合发展，实现百姓富、生态美的有机统一。以大数据助推政府转型。通过数据的集聚、融通、应用，用好政府的有形之手和市场的无形之手，实现人在干、云在算、天在看，提升政府服务治理能力。”我觉得总结得非常棒，这也使我们看到了贵阳未来会有一个非常好的前景。我今天跟大家讲了这么多内容，总结起来无非这么几个方面：当前是最好的时代，基于大数据的转型是未来的大势所趋。我刚才跟大家分享了五个核心趋势，由于时间关系我就不再一一详读。IDC 希望未来跟大家一起拥抱数字化转型时代，在 DT 时代处好别人，成就自己。我们也祝贵阳的大数据产业能够引领全球，也祝在座的各位 IT 厂商能够寻找到更多的机会。

谢谢大家！

观点再现

李作勋（贵阳市委常委、副市长，观山湖区区委书记）：贵阳为什么要全力发展服务外包与呼叫中心的产业？一是服务外包与呼叫中心产业已经成为现在服务业中最具规模、成长最好、运用最广的重要产业。二是响应国家对贵州发展的指示。三是服务外包与呼叫中心产业作为环境友好型的绿色产业，对促进社会就业、拉动经济增长、保护生态环境具有积极的现实意义，完全符合贵阳加快建设全国生态文明城市建设的战略目标，完全符合守住两条底线的产业定位。

罗民（工业和信息化部工业文化发展中心主任）：服务外包作为新兴产业的重要发展方向，将成为未来全球经济发展的重要推动力量和服务贸易的重要组成部分。“一带一路”的深化发展，推动世界范围内的服务外包产业技术融合、服务融合、资本融合乃至文化融合，促进共同繁荣，将成为中国服务外包产业的新挑战。“一带一路”战略的落实，为我国服务外包产业，特别是呼叫中心产业提供了广阔市场空间，呼叫中心服务的出口及跨界将有助于加深“一带一路”沿线国家的经贸合作，也有助于整合优化沿线国家资源配置，打造完整的产业链、供应链、价值链，形成分工协作、互利共赢的发展新格局。同时也要求我国的呼叫中心企业能够有足够强的品牌影响力以及服务外包文化，在世界服务外包领域占有一席之地。

张会生（中国电子商务协会理事长）： 贵阳的服务外包和呼叫中心发展有三个重点：一是抓住机遇，大力推进服务外包产业的发展；二是电子商务与服务外包融合发展；三是敢于改革创新，积极推动，将我国服务外包产业提高到新水平。

倪春洋（中国呼叫中心与电子商务发展研究院常务副院长）： 近年来随着各地区深入发展贯彻落实科学发展观，积极探索服务业发展新思路，呼叫中心、服务外包、云计算、大数据等产业得到各级政府的高度重视，一批专业园区蓬勃兴起，初具规模，一系列的扶持政策相继出台实施，并逐步发挥效应。有志者事竟成，抓住机遇乘势而上，后发赶超的贵州必将迈上云端。

梁杰（中国服务外包研究中心副主任）： 新技术条件下贵州的发展机遇：一是政策红利。主要有67号文件、“一带一路”战略机遇、良好的顶层设计、自贸区扩容优化产业发展环境、智慧城市建设提升产业发展新能级。二是发展基础。优厚的政策支持、高端开放的各类平台、大数据提升呼叫中心能级及呼叫中心促进大数据产业发展、占领大数据与呼叫中心产业、较为成熟的配套设备、基础人才供给较充足。三是路径选择。主要从服务外包的特点出发发展大数据和呼叫中心。四是发展建议。加快向价值链的上游提升，提升领军企业的国际竞争力。

坂西健治（U-CAN 中国董事长）： 中国的通信教育服务可以在服务外包领域的人才培养中做出积极贡献。通信教育服务作为一种远程教育，不同于传统的网上视频模式，通信教育服务是现在讲的 O2O 模式，既有线上的短视频以及线上考试，也有线下的课本，并且辅之以教师的答疑。任何人都可以随时随地地便捷学习，学费相对于普通培训班也便宜，能结合每个人不同的速度更加有效地学习。此外，还有着完善的支持体制。

武连峰（IDC 中国助理副总裁）： 决定未来服务外包市场的五个力量：一是总体经济水平，决定了中国 ICT 市场的总量及未来增长。二是政府政策方向，影响了中国 ICT 市场的山峰、高原和峡谷。三是技术发展变革，决定了中国 ICT 市场技术的未来方向和增长领域。四是行业颠覆重构，决定了中国 ICT 市场商机的驱动力量。五是消费代际转换，决定了中国 ICT 市场的驱动力量。

钟明博（浙大网新科技股份有限公司执行总裁）： IT 服务的发展趋势，主要是由原来的根据用户要求定制业务系统和管理系统（苦力）发展到为用户提供全套 IT 产品及系统解决方案（技术），再发展到融入客户业务流程，以 IT 技术为工具，提供业务解决方案（服务），最后发展到持有和分析用户数据，洞察未来变化趋势，提供大数据服务，帮助客户创造新价值（流程再造对价值重定义）。

赵溪（CC-CMM 国际标准组织主席）： 客户中心业务运营的新常态，也带来了新机遇：云计算和大数据的广泛应用让作为 CTI 应用小领域的“呼叫中心”快速消亡；Customer Engagement 泛化成为企业客户管理的新核心；电子商务和服务外包成为客户中心行业新的增长动力和方向；对专业化服务（产业环境／技术支撑／专业运营）的依赖程度不降反升，外包成为必然趋势。

张雯（赛科斯中国区总经理）：呼叫中心的发展优势在于高效、标准化、技术平台先进、人力资源丰厚。弱势在于业务流程简单、重复率高、劳动强度大、人员流失严重、服务成本高。机会在于“互联网＋”时代，给呼叫中心带来了很多的机会，由于新技术的运用使得市场上出现了很多新的需求；各级政府大力支持和鼓励呼叫中心行业的发展；人力资源结构多集中在“90后”，具有较强的学习和创造力。面临的挑战是：第一，在投入方面，投入量一般都较大，很难把控后期发生的各种变化。第二，在服务方面，自动化的程度越来越高，会替代人工服务。第三，个人的信息安全问题。

颜晓滨（中国呼叫中心与BPO产业联盟主席）：再先进的技术，也只能够把相对标准化的那部分通过技术流程化、自主化。而只要社会在发展、经济在发展、消费行为在发展、科技在变化，差异化就会出现。但只要经过一段时间去了解它、熟悉它，仍然可以标准化，然后交给自助及语音，通过发展最后还是会出现新的差异化。

纪慧森（惠普全球业务服务亚太区运营执行官）：服务外包市场的发展趋势主要体现在：附加价值的体现不再只是输出，而是成果；客户的体验不再是通用型的，而是富有个性化的；对未来趋势的推断不再是判断和应急反应的，而是主动预测的；解决方案也从依托实体型转变到云端来进行。在数字化飞速发展的业界趋势下，流程服务外包主要有三个方面的核心价值，即客户的关爱、市场营销和技术支援。

倪光南（中国工程院院士）：发展中国智能终端操作系统是为了解决在这一关键核心技术上受制于人的问题，应着眼国家安全和长远发展，召集有关部门和单位，积极制定信息核心技术设备的战略规划。目前中国单个企业还无力承担发展智能终端操作系统的任务，应吸取“北斗”和“ID”等产业联盟的经验，进行产业创新，发挥市场在资源配置中的决定性作用，组建“中国智能终端操作系统产业联盟”，采用先进的商业模式。

简仁贤（微软亚洲互联网工程研究院副院长）：人工智能可以是跨平台的。不管机器是大屏幕、中屏幕，还是小屏幕，甚至现在所谓的智能手表，其实都能够用得到人工智能。任何和人类有某种交互的方式都可以使用人工智能，比如说语音交互方式可以通过语音，也可以通过文字，都可以达到效果，所以人工智能可以是跨平台的。人工智能做到现在其实还在学习阶段，目的就是希望找出一种方式能够和人类做更接地气的结合、更自然的结合，在情感上、在工作上，或者在任何场景中都能够获得使用者、用户的信任。就是说以这个信任为基础，希望以后能够提供更多高智能、有用功能的帮助，让用户在不同平台上，让他们的使用能够更方便、更有效率。

柴洪峰（中国银联执行副总裁）：银联在大数据、智能终端、云计算、移动互联领域归纳了宏观技术发展的方向，就是“大智云移”，在移动终端领域归纳了四个字“伸手钥钱”，都是着眼于手机的。首先，银联秉持开放、合作、共赢的发展理念，以标准先行、产品研发、应用驱动、商圈建设推动生态环境的确立，以产业合作、服务体系建设促进移动化金融和合作的共赢。其次，银联一贯坚持服务民生，以普惠大众的服务理念开展工作，在手机端有三种技术，第一个是 SD 卡，第二个是 SIM 卡，第三个是和手机厂商 e-SE 的安全模块相结合，把银行卡的内容下载到 SE 里面。银联现在正在这个领域发力，这方面的技术主要有 HCE、Tokenization、TEE。HCE 用软件方式模拟了卡的内容，通过云端把卡的信息分享给大家；Tokenization 就是当卡号在整个支付链条进行传输的时候被硬盘替代，使卡的信息更安全、更快捷；TEE 使相对安全的环境变得更安全，在原来操作系统当中打开一块安全空间。

顾涛（联想移动集团高级副总裁）： 在智能手机的个性化发展中，应该把选择权交给用户。不同的用户需求是不一样的，用户都希望自己的手机是个性化的，不希望所有人的手机拿出来都是千篇一律，而现在恰恰是千篇一律。

谢伟（中兴通讯手机部副总裁）： 在 M-ICT 时代，科技重新定义了人的一些本性需求，包括马斯洛的需求理论，也包括信息、隐私、无处不在的连接，以及存在感。在移动互联网时代，第一代摩托罗拉做了大家觉得可靠的手机，第二代诺基亚大家觉得很好用，第三代苹果吸引了大家去用，第四代就是移动智能终端产品。移动智能终端应该是分发领域的，以前每个品牌拼价值、拼硬件、拼配置，现在已经没有办法拼了，未来应该走向细分的特色市场。

王迅（上海青橙实业有限公司董事长）： 从传统互联网到移动互联网，

再到未来的物联网，每个人所拥有的智能硬件可能会有一二十个甚至更多，这是非常大的机会，所以在智能硬件上可能有更大的生态产生。我们现在做的就是硬件平台、品牌价值、软件生态这三件事，在上海青浦区和贵州贵安新区我们会打造硬件的创客空间，打造未来智能硬件的生态，这也是品牌赖以成长的基础。

王成伟（展讯通信有限公司副总经理）：为了解决手机芯片安全问题，我们有个全新的方案叫作“椒图”。这个方案里面有很多关于安全的功能，比如北斗定位系统，有生物识别系统，指纹识别会用到安全通信伙伴，会进行加密，也会在手机操作系统里用到双 OS，在安全方式里还做了设备管理工作。在语音通信方面我们也做了很多工作，主要是支持两种语音加密模式。一种从声学角度为语音做了加密工作，当数据从一个端口传到另一个端口的时候往往会出现数据被丢弃的应用场景，3G 网络可以很好地解决这个问题，而对于一些还要通过 2G 或者跨运营商的操作可以通过声学加密的方式。通过这两种方式可以非常好地解决语音通信过程中的加密问题。

赵春雷（北京元心科技有限公司研发中心总经理）：提到安全一定要看到系统安全，一定不能割裂来看。对于移动安全技术，我们比较缺乏移动政务服务及业务防护针对性安全措施，如果不把业务层和终端层紧密结合起来，我们在网络层没有办法做到网络安全监控措施，更别提现在移动终端安全的问题。综合来看，国家的信息系统目前缺乏全生命周期系统安全管理。

李浩（医指通总裁）：移动医疗是一个爆炸性的产业，随着行业规模的不断扩大、资本的不断积聚，这个行业正好站在了风口上。行业格局在目前有三个细分领域，第一个主要是解决患者的刚需，涌现了一些平台。第二个是满足医生需求。第三个是“智能硬件＋软件＋云”的平台。对于整个行业的商业模式我们做了汇总，一是“智能穿戴＋管理”，二是自诊问诊，三是医联平台，四是医疗产品电商。

郭正（香港航空咨询服务有限公司执行总裁）： 20世纪20年代电子化航图从美国开始兴起，如今已经非常普及，全世界的航空运输航班是用NAVTECH和JEPPESEN这两家公司的电子化航图。今天的飞行飞机设计和制造，都实现了自动化，飞行员不需要再进行手动飞行，我们叫驾驶舱资源管理，实际上飞行员在驾驶舱里面做的是资源管理而不是飞行，做的是监控自动驾驶的所有信息。HUD最早是用在战斗机驾驶舱里面的，它为飞行员提供全面的飞机武器装备、航路信息。这个设备从2006年开始进入民用化后，提供的更多是导航服务及起降服务。

吴亚非（国家信息中心信息安全研究与服务中心主任）： 移动政务一般面临几个问题：第一，政务应用缺乏保护机制，无内部应用发布平台，应用安装更新慢，不清楚应用使用情况，无法针对业务的开展进行实时调整。第二，缺乏安全保护，无法保护设备防御病毒、木马攻击，设备丢失后造成国家机密泄露，公私数据无法进行有效分离，设备利用率低下，数据传输、保存无安全保障。

李时（中国惠普有限公司中国区副总裁、软件集团总经理）： 大数据正在改变着我们的生活以及商业的方方面面，实施大数据应用项目，可以提高国家运行效率、透明度、民众福利和公共事务参与度，确保经济增长和国家安全。数据的报表系统表明的是过去发生了什么，随着数据规模的增加、数据种类的多样，大数据通过对未来的预测能促进决策科学合理化、提高企业市场竞争力。在优化生产和服务的同时，大数据将会改变现有商业的运营模式，尤其是在医疗保健、金融、制造等方面会有非常显著的应用。

胡善勇（华为技术有限公司企业 BG 中国区总工程师）：大数据思维与人工智能方面的实践还存在着技术上的桎梏。在针对结构、半结构、非结构海量数据的分析处理上，当代的 IT 技术无法有效进行基于语义、上下文关联等智能分析以及完全基于非结构数据的有机分析和进一步的人工智能。这是大数据下一步技术努力的方向，大数据技术的目标就是对以上三类目标的处理实现快、准、广。

沈寓实（微软云计算中国区总监）：如何抓住云计算发展机遇，应注重顶层设计和基层创新的结合，在立足国内发展基础上加强国际合作。此外，大量的云服务、云方案和云应用是云时代新模式的价值所在，应从政务、商务等各方面积极引导云计算应用的发展和创新。

商永超（太极计算机股份有限公司智慧城市与云服务战略业务本部市场渠道总监）：政务大数据面临数据的整合、数据的采集和分析、数据的获取、数据安全等方面的挑战。数据增值的关键在于整合，自由整合的前提是数据开放。开放是推动数据自由流动、催生创新、发挥数据价值的关键，也是我国政府在大数据时代必须适应的转变。对于政务大数据的发展，要积极推进电子政务大数据应用示范，以政府数据开放推进数据深度应用，以产业发展推动技术应用。

徐守峰（中国电信云计算公司副总经理）：存储技术的成熟，使得我们存储数据的能力得到了极大的提高，而数据的产生，增强了存储数据的能力。人类在使用和处理数据方面的一些能力得到了极大的提升，这些能力包括数据挖掘的技术、技能分析的技术、智能分析的技术。制造、存储和使用，都得到了极大的发展，数据中心迎来了发展的黄金时期。

曹志平（戴尔中国企业解决方案总经理）：在如何推动“互联网＋”的过程中，戴尔向客户提供的是云演进的三个阶段。第一个是疑惑；第二个，对于很多人说的云计算技术，不做是否会导致落后；第三个，怎么样在市场上有多种选择的前提下，针对自己的业务，做出自己最好的选择。从戴尔的理念出发，我们推出的概念就是任意云。在任意云的方案下面，为客户提供三个方案的转型：第一个是云就绪；第二个是云部署；第三个是帮助做好各种各样的管理，实现云管理。

康楠（联通云计算有限公司运维部总经理）：新一代数据中心的主要特征包括：第一个是高密度，第二个是模块化，第三个是来自新的网络，第四个是设计，第五个是绿色节能。具备以上特征的数据中心，才能成为新一代云计算数据中心。联通在数据中心方面有以下优势：在布局方面，是以客户需求为导向，以国家发展云计算为依托，以地方土地在电价、税收、交通等方面的支持政策为契机，加大投资力度，整合优质资源，规划布局。在技术设施方面，以高标准、多层次的建设模式，创建集约化、专业化、模块化的大型数据中心。在网络方面，致力于实现高速互联，建立骨干的网络层级优势，联通的基地是核心网，推动基地区域性覆盖周边省份，最大限度地覆盖用户群。在运营维护方面，采用全球统一标准，与国际接轨。按照国际通行规则进行标准作业，在质量管理、配置管理、容量管理、能效管理等方面，打造体系，建立技术保障。在沃云方面也形成了与同行相区别的特征，坚持 KVM 和 OPENSTANK，坚持 SDN 加 NFV 实现跨域 DC 网络优化，此外还有混合云部署、灵活交付等。

王景峰（蓝汛首鸣数据中心副总经理）：传统数据和大数据的差别在于，传统数据的数据类型不像现在大数据这么多；传统的互联网发展是以 PC 机为单位，是以小时为单位，现在手机普及以后，个人的时间可以以分钟为单位，而未来穿戴设备可能会以秒为单位传递信息；移动互联网成为消费的主体，物联网会越来越多地进入我们的生活。这些决定了未来互联网发展的新趋势，数据量大且发展速度快。

徐建平（太平洋电信［深圳］有限公司总经理）：互联网时代的 IDC 网络配置，应该从固定的带宽应用变成弹性的带宽应用，从固定的合同期到灵活的合同期。一些物理的硬件完全可以由虚拟的路由器和防火墙来替代。可以看到，所有的计算都是分布式的计算，但是需要不同类型的网络来满足不同带宽的需求。

郁珉（华云数据集团首席战略官）：世界经济已经进入了第四次产业革命，这次产业革命的支柱是信息技术革命。在这样的大背景下，数据中心会重新定位自己的角色，包括云计算中心在内的所有数据中心都要和网点连接，而且要考虑和各种端、各种网连接。云和大数据的结合，关键是应用。当应用直接在云上形成的时候，或者应用在云上大量形成和聚集的时候，大数据就在云上快速地增长了。云数据中心，将来会成为联通的世界里面服务的聚合地，会成为一个站点，使很多的云服务在这里汇合。将来云数据中心会在各个层面实现与云、端的结合，而不仅仅是RS的活动中，业务部门也有可能。我们要不断开放平台，引入更多可接入未来云服务的平台。其中比较重要的是开放服务平台，帮助ICD商直接在云上面生成应用。

吕海潮（贵州高新翼云技术总监）：发展大数据有三个非常关键的因素，第一个是人才，第二个是技术，第三个是市场。虽然贵州现在非常重视大数据产业的发展，但是相对来说贵州这三个非常关键的要素是比较落后的。我们要打造一个三位一体的产业创新平台，来改变这些相对比较薄弱的地方。这个三位一体的产业创新平台主要包括三个要素：一个是大数据公共开发平台，跟戴尔共同成立联合实验室；一个是大数据职业培训中心，跟大数据联盟里的11家全球顶尖企业合作，引进全球的技术和培训经验，为本地培养一些大数据的专业人才；一个是创新型企业的孵化器，用这个作为职业培训中心的依托，为创新发展提供一整套的条件，这些条件不仅包括传统孵化器里面的如办公环境、相应的资金支持，还有更重要的，即利用实验中心提供技术支持、人才支持。

高卫东（贵阳市副市长、贵州双龙航空港经济区党工委副书记、管委会主任）：发展大数据是贵州省发挥后发优势、实现后发赶超的创新路径；是贵阳市坚持两条底线，探索双赢之路的重要选择。贵阳应紧紧把握大数据产业发展的重大机遇，加快构建以数据为核心的相关产业链，使民航业与大数据产业更加紧密地融合，共促发展。借助大数据产业发展之势，通过贵州双龙航空港经济区与贵阳龙洞堡国际机场的融合发展，贵州航空运输产业将迎来广阔的蓝天。

黄敏（中国南方航空股份有限公司信息管理部副总经理）：随着移动互联网的普及以及相关服务的推广，航空公司面临更大的竞争。在硬件相同的条件下，只有通过提高用户的航空体验，才能提升上座率。而要提高用户体验，利用大数据进行精准营销是关键。

李忠旭（浪潮集团大数据产品部技术总监）：云计算不是技术而是一种手段，它侧重于资源的储存和管理，只有基于海量的数据储存和快而准的管理，才能使数据商品化。企业和个人每时每刻都在产生数据，随着数据数量和类型的不断增加，很多数据难以录入传统的数据库中。因此，未来民航业需要云计算的资源管理，才能实现资源、数据资源、网络资源的底层共享，以支撑数据分析和数据应用。

王大明（中国东方航空股份有限公司副总经理）：航空公司是交通运输企业，也是服务行业，最关键是要服务好旅客。东航以“指尖上的东航”为信息化战略，以“互联网化东航”为发展目标，坚持安全发展、转型发展、内涵发展、借力发展、创新发展、协同发展、和谐发展的理念，辅以枢纽网络、成本控制、品牌经营、精细管理战略，打造出全球首个“空地互联云支付平台”和“掌上东航”等产品，为旅客提供更好更便捷的服务，从而达到对内“两效双高”、对外“便捷、尊享”的目的。

杜江（华为技术有限公司交换机与企业通信产品线解决方案技术总

监）：目前，大数据技术的运用存在困难，主要体现在大数据挖掘的四个方面。第一，数据收集。要对来自网络，包括物联网和机构信息系统的数据附上时空标志，去伪存真，尽可能收集异源甚至异构的数据。第二，数据存储。要实现低成本、低能耗、高可靠性目标，存储时对数据进行分类，通过过滤和去重，减少存储量，并加入便于检索的标签。第三，数据处理。大数据的复杂性使得用传统的方法难以描述和度量，需要将高维图像等多媒体数据降维后度量与处理，利用上下文关联进行语义分析，从大量动态及可能模棱两可的数据中综合信息，并导出可理解的内容。第四，结果的可视化呈现。目前，尽管计算机智能化有了很大进步，但只能针对小规模、有结构或类结构的数据进行分析，谈不上深层次的数据挖掘，而现有的数据挖掘算法在不同行业中难以通用，要利用技术更新使结果更直观易于观察。

石嵘（广东机场管理集团信息科技有限公司系统支持部经理）：国际与国内民航业对大数据技术的需求呈现一种爆炸式增长的状态，充分挖掘旅客的数据价值，可用三种方式。首先，提高对旅客行为的洞察力，包括从旅客的行为习惯出发来改变产品，掌握产品的生命周期和旅客的活动周期。其次，为旅客定制行程图，给旅客做一个画像，做到精准营销，最终以客户满意度的提升带动机场集团、整个行业经济效益的提升。再次，在建设方面，要建立一个高效、合作、开放的大数据平台，包括第三方服务的数据，机场航站楼内的供应商、ED的供应商，建立数据平台后进行交付、协同和运作，包括管理的协同和服务业务的协同。

王志良（海能达公司无线产品销售部总监）：众所周知，专网以800兆模拟数字化在向400兆去运用。2009年到目前为止，都没有成熟化的专网大规模应用。民航生产涉及安全保障，任何一个环节出现问题都会对后面有影响，而安全是专网最基本的特点。

邢志杰（互联网域名系统北京市工程研究中心有限公司总经理）：域名是一个细分的领域，任何互联网领域都离不开它。基础网络服务系统，逻辑上划分为终端设备、网络层、服务层。设备服务的过程中，第一步就是 ID 地址，ID 作为唯一的标识，最终上升到资源信息定位，而域名则是 ID 运营构成网络最核心的资源。

民航产业的域名，可以分为内外网。外网可公开，但受到供给和服务可持续性应用的挑战。面对该挑战，北京市工程研究中心运营一种私有云方案，构建 DNS 服务，实现服务的动态部署，管理方便，使得单个节点不影响服务正常进行。

邹优镇（正益无线［北京］科技有限公司华东区总经理）：AppCan 是国内目前最大的移动开发平台，注册的开发者已经超过 70 万，其特点首先在于领先应用引擎，开放、开元；其次是立体化的移动平台，开放对接、运维、管理、安全，生命周期一体化。AppCan SDK 的打包服务器，通过内网可对应移动营运包。AppCan MAS（移动业务综合系统）用于支撑移动应用与企业业务后台的数据对接。

张颉（中国民航信息网络股份有限公司全球分销业务部高级经理）：民航数据产生于旅客行为的计划、预定、购买三个阶段，也存在于旅客旅行前、旅行中、旅行后，具有全过程性的特点。由于旅客预订的方式和购买渠道多样，民航数据还具有多样性的特点。以上两个特点要求民航数据应用转变角度和方式，从上游服务角度向旅客价值角度转变，从粗放数据统计服务向精细化旅客管理转变，从“分散单一数据”方式向“大数据应用”方式转变。

毛有碧（时任贵阳市副市长）：大数据产业在贵州布局以来，贵阳作为主战场迅速落地和推进各项政策，接下来贵州和贵阳将从政府管理层面扎实推进大数据产业向纵深发展，做实云计算和大数据的上下游产业链。面对大数据产业贵阳市政府将在模式创新、开放共享和法律同步三大领域进行探讨。只要 IDC 领域的专家和实践者能够紧密合同，共同探索，我们就一定会从各种大数据中挖掘出新的知识和价值，共同为促进贵州、贵阳大数据产业健康快速发展，打造贵阳发展升级版，做出更大的贡献。

葛利鹏（IDC 中国企业级系统与软件研究部高级研究经理）：目前全球大数据市场分为三个子市场：基础设施市场、软件市场和服务市场。大数据产品要进行模块化的部署，并且针对客户的不同需求进行灵活配置；现在人们习惯使用 APP，企业级的大数据应用应当成为 APP，这样易于用户使用；大数据技术应当与云计算、物联网等最新的技术结合，提升整体的技术能力。

孙剑宇（IDC 中国电信研究部高级分析师）：建设物联网的平台将是未来的一个发展方向，而未来的中国物联网市场有四个趋势：一是智能的互联产品将变成一个产品体系；二是物联网市场将从 B2C 到 B2B2C；三是小数据产生大价值；四是由物联网的产品到物联网的平台。关于如何进入物联网市场这一问题，有以下建议：第一步，回归最基本，如果评估企业内部有差距则需要从内部进行改进。第二步，从用户的内部去考虑。和客户交流时一定明确在客户内部谁是最重要、最影响解决方案的购买者。第三步，帮助客户评估和弥补差距，这个差距来自资金和规划。第四步，将技术落实在解决方案的应用上。

赵潇（IDC 中国服务研究部研究经理）： 2014 年中国整体服务外包市场发展趋势是服务外包和业务融合，有很多跨界合作和融合实际上是通过服务外包的相关活动去实现的。整个服务外包市场在未来几年将有四大明显趋势：一是服务外包走向国际化，二是信息服务向智慧服务转型，三是制造业向服务方向的转变，四是服务对象多元化。

中国经济最近几年遇到不少困难，比如成本上升等，是产业结构调整不可避免的阵痛。但服务外包行业是国家重点扶持行业，也是企业非常有热情的行业，关键是如何提升质量，实现差异化的特色发展。

顾维维（文思海辉技术有限公司副总裁）： 外包要通过创新去转型主要有三点，通过新技术的驱动形势创新、商业模式的创新、行业场景的驱动创新。

张靖（博彦科技股份有限公司全球副总裁）： 博彦在转型方面主要通过集中方式来实现，第一个从传统的开发测试全球化向产品的解决方案转型。第二，IT 行业向垂直行业做转型。第三，新技术的创新。博彦认为转型要让专门的人、专门的组织去做，针对人才专门成立了一个机构，叫“博彦大学”。

顾治东（国家上海服务外包交易促进中心总经理助理）：新常态在服务网外包领域体现为三点，第一是人力资源的成本越来越高，第二是产业细分越来越细，第三是“互联网 +”，互联网化新技术对于服务外包的影响。在招商时，特地给培训类的企业优惠政策，把培训类的企业引进来，有针对性地引进相关企业，最后挑选出专业素质较好的人进行工作。

赵荣强（中国邮政集团全国 1118 服务中心主任）：呼叫中心或者客户中心方面的创新，大致有三个方面的内容。第一，人口红利。实际上现在单纯依靠低价格的服务外包已成历史，要首先考虑服务价值的创新。第二，服务模式创新。随着技术进步，现在和客户沟通、服务的渠道、方式，主要转向新媒体。第三，人才管理的创新。人才创新方面主要体现在，人才保护方面的创新以及入区企业的人才交互方面的创新。

吴益民（贵阳讯鸟云计算科技有限公司总裁）：讯鸟在创新上的体现主要是呼叫中心创新的语音化、虚拟化，技术创新上的云化、互联网化、触点泛化。讯鸟认为人才首先分为两类，一类是骨干人才。一类是一般人才，骨干人才会有很好的待遇，一般人才靠骨干人才培训、帮扶。此外，通过大专院校进行人才潜质的培养。

国际合作与交流

- 大数据时代：创新带动创业发展的机遇与挑战
- 促进和探索工业4.0实现世界互利共赢
- 引智印度：共谋IT产业的合作与发展

2015 年 5 月 25 日，千人计划专家与大数据创新创业论坛在贵州大学召开

2015 年 5 月 27 日，大数据学术论坛在贵阳国际生态会议中心召开

2015 年 5 月 27 日，2015 中欧工业 4.0 高峰论坛在贵阳国际生态会议中心召开

2015 中欧工业 4.0 高峰论坛以“搭建政企国际交流合作，促进和探索工业 4.0，实现互利共赢”为宗旨，以“互联网 + 科技”改变世界为主题，开启了一场跨越国界和领域的高端对话

2015 年 5 月 26 日，中印 IT 产业发展论坛在贵阳北斗湾开元酒店召开

共同推动大数据产业建设与发展

大数据战略重点实验室

加强国际合作与交流是壮大和发展大数据产业的客观要求，需要积极同其他国家共同推动大数据产业建设与发展，打造互联的世界大数据。国际合作与交流板块的论坛是2015贵阳国际大数据产业博览会暨全球大数据时代贵阳峰会的重要组成部分，是推动大数据产业世界互联的重要平台。国际合作为大数据产业发展开拓蓝海，成为增强技术实力、拉动大数据产业升级的新引擎。国际交流归根结底是核心技术、人才、学术研究等的交流。

关于国际合作与交流，国务院副总理马凯在开幕式上关于大数据发展的讲话中也提出：要共促技术创新。应坚持用创新解决大数据发展难题，广泛开展国际交流，促进创新资源共享，构建开放式创新体系，积极推动大数据采集、存储、处理、分析，深度学习应用可视化等关键技术环节创新，升级大数据技术基础设施，促进标准制定和成果转化，加快发展适合大数据应用的硬件设备和软件产品。

一、大数据产业跨越式发展需要人才支撑

抓住大数据这一在未来具有巨大发展前景的产业，一定程度上就具备了创新创业的良好土壤，大数据推动创新创业，人才投入是发展大数据的关键。来自国家千人计划的专家团队、投资人团队聚集一堂，围绕“大数据时代，创新带动创业发展的机遇与挑战”“利用创新产业增强国际投资吸引力”等主题，展开了激烈的头脑风暴，为贵州如何依托大数据产业进行创新创业等问题积极建言献策。

大数据时代，创新带动创业发展面临机遇与挑战。在国际合作中人才是可以收获的最大财富，打造温暖的创业环境，让创业者不感到孤单，是千人计划专家与大数据创新创业论坛的共识。作为数博会的首场分论坛，参会的国家千人计划专家涵盖通信、健康医疗、卫星遥感等多个领域。在中国国际人才交流协会驻英国代表处总代表雷风云看来，人才投入是效益最大的投入，抓住人才优先投入，就是抓住了人才优先发展的关键。雷风云建议贵州要加大力度增加对人才发展的投入，积极推动政府、企业和社会共同投资人力资源开发，以人才优先投入，保障人才资源优先开发。深入推进产学研合作，积极引导企业和省内外高等院校、重点科研机构共建创新载体，支持企业建立研发中心、产品实验室，充分发挥人才优势、释放创新潜力。

在论坛现场，贵州大学校长郑强，国家千人计划专家、乐辰科技董事长、美国传奇科技集团总裁薛杨，信中利资本集团董事长、欧美同学会创业学

院投资顾问团团长汪潮涌等专家学者和企业家以“高效建设与培养创新创业人才”“新常态下创新创业新模式”等为主题进行演讲。对于年轻人如何创业？薛杨给出了四点建议：一是创业可以通过参加学校、社团和有意义的活动，培养沟通能力和敢于争先的创业精神；二是创业要寻找有意义的项目，特别是国家、政府和社会经济发展需要的项目，并注意创业项目的成长环境；三是创业要学会运用资本，学会利用投资工具；四是创业要练就国际视野，要靠创业导师、企业家等的指导并坚持勇于创业的心态。贵州发展大数据有四个特色，第一是有足够大、足够海量的数据；第二是要让数据有价值，数据需要经过清洗、经过挖掘才有价值；第三是要多样化，无论在政务、商务，还是在金融、健康、智慧城市、工业4.0等方面，都要有多样化的数据，构成一个大数据的基地；第四就是数据的处理速度，数据成长加速度要快。新时期的创业者要经常思考创业模式；而作为企业家，不能在传统的领域里一条路走到黑，要懂得云计算、移动互联网等给传统行业带来的冲击和机遇。企业的模式很重要，选择什么样的模式，决定企业在未来什么样的发展路径。

二、促进和探索工业4.0，实现世界互利共赢

工业是社会和经济发展的引擎，《中国制造2025》的颁布实施对于加快推进制造业创新发展，提质增效，实现从制造大国向制造强国的转变意义重大。在当前全球以工业互联网、智能制造为代表的新一轮技术创新浪潮中，中欧工业间的融合创新应成为新兴和发达经济体合作的典范，既包括技术、标准的融合，也包含文化的融合，共同努力在机遇与挑战并存的世界走出互利共赢的宽广道路，这也是中国大数据国际合作与交流不可缺

少的一部分。

以智能制造为主导的第四次工业革命已经来临。2015 中欧工业 4.0 高峰论坛上，工业和信息化部工业文化发展中心主任罗民，贵州省经信委副主任宛会东，德国太阳能移动联邦协会主席 Andreas-Michael Reinhardt，比利时驻华使馆、全球荣誉大使 Patrick Nijs，德国上市公司英科迪副总裁 Eric Sentuc，摩根汽车中国区 CEO Jim James 等政府官员和跨国企业集团负责人发表了主旨演讲。专家认为，工业 4.0 即以智能制造为主导的第四次工业革命已经来临。未来工业 4.0 将通过利用信息通信技术和网络空间虚拟系统相结合的手段，实现制造业向智能化转型。

因特网的转型、工业 4.0 的来临必将重塑生活。工业 4.0 时代是一场竞赛，不管企业规模大小，都必须立足在这个基础之上，为用户提供更好的智能服务。过去私人定制一个产品，成本是非常高昂的，但是现在即将发生改变。因为只有做到以用户为中心，去思考如何提供更适应市场的产品，才能在未来的智能世界拥有一席之地。以效率来说，在任何行业，能否以更高的效率超越同行，都是非常重要的。在工业 4.0 时代，可以非常灵活地制造同样的产品，因为整个生产工艺流程是能够自我优化、自我配制、自我诊断检测的。

大数据出现在贵州，而不是北、上、广、深，是很有道理的。因为贵州追求绿色和大数据的融合，这样的理念使新一轮的工业革命可以在贵州实现有效互联。与此同时，当前中国特别重视调整增长模式，尤其是研究如何实现绿色增长，这其实是关乎全球存亡的重大问题，中国在这方面已经走出了自己的路。

工业 4.0 下的机器人将是下一代智能员工。智能机器人时代，也就是德国的工业 4.0 时代、中国的工业 2025、美国的工业物联网，局域网下的数字化工程被提到了互联网的状态，从互联网的状态提到了数字状态，从IT 变成 DT。梳理中国制造业机器人产业的发展脉络，可以清晰地看出两个阶段，一个是 1998 年到 2004 年，以工业带动第一次机器人发展的阶段；一个是 2015 年到 2025 年，机器人换人，或机器换人的智能机器人阶段。未来 10 年，就机器人载荷和机器人需求量的关系而言，在增量市场，随着小机器人负荷的增加，会带来巨大的增量，带来机器人市场爆炸式的发展。

工业 4.0 真正的挑战来自智能客户。在工业 4.0 的时代背景下，高度定制化和高度灵活性是两个最显著的特点，共同决定了未来工业 4.0 真正的挑战来自于智能客户。不管是年轻人还是老年人，都开始希望有更多个性化的主张，更加愿意表达自己个性化的观点，更加关注自己个性化的需求，这必将对工业 4.0 带来挑战。在工业 4.0 时代，面对得到高科技助力的客户，以及客户对产品规格和设计的高度定制化的要求，企业如何寻求生存空间、找到发展方向，是充满挑战的，这是新的趋势，也是工业 4.0 时代最明显的诉求。现在汽车行业面临的商业挑战是，如何满足由数据驱动的顾客，为他们创造超凡体验，同时也能够创造利润。工业 4.0 高度定制化和高度灵活性的两个特点，可以减少浪费，使数据具有灵活性，但是归根到底，客户才是核心，将来汽车行业卖的是一种体验、一种信息，能让每个人都可以参与竞争。

三、引智印度，推动贵州 IT 产业国际化

良好的国际合作是大数据产业发展的重要途径。印度作为全球信息产业发展一流的国家，在软件、大数据挖掘与分析、云计算应用等方面走在世界前沿。印度工业联合会是一个由印度工业界自行引导和管理的组织，

拥有来自私有和国有企业的直接会员6500多家，来自350个国家和地区协会的间接会员9万多家，在印度经济发展过程中起着主导性作用。印度信息产业发展经验值得中国借鉴,中印双方可以通过合作,共同培养高端人才,发展知识经济。

打造印度IT企业进入中国市场的平台。贵安新区和印度工业联合会在IT产业构建与优势互补方面空间巨大。5月27日，中印IT产业发展论坛在贵安新区举行，论坛由贵州贵安新区党工委副书记、贵安开投公司董事长兼管委会副主任陈晏主持，贵州省副省长王江平致辞。印度共和国驻华大使馆商务参赞康楠、印度工业联合会中国区代表马德武等嘉宾出席论坛。在中印IT产业发展论坛上，与会专家共同探讨了IT产业发展、跨域合作、产业生态打造等合作共享方式，为贵安新区与印度在IT产业领域的深化合作出谋划策。

印度信息产业发展经验值得中国借鉴。印度信息产业发展经验的借鉴意义在于政策、人才和合作三个方面。中国有产生世界规模的顶级软件品牌公司的潜力，但由于政府的支持力度有限，中国软件企业大多局限于国内市场，而软件行业恰恰需要的是国际人才以及与外商的合作。对IT产业发展来说，人力资源是最重要因素。印度政府鼓励私人投资信息产业，拥有NIIT和APTECH两个世界最大规模的IT培训私人公司。

大数据是未来IT技术与产业腾飞的新起点。IT技术发展呈现螺旋式上升，新技术借助互联网和大数据实现跨越式发展，为贵州的后发赶超提供了可能。IT技术及产品处于更新换代的渐进演化进程中，在网络和计算等领域，贵州应充分借助IT技术变革的机遇，加速创新，实现同步发展，并在终端产业领域实现自主开发。

聚焦大数据的具体运用和未来发展。要制定大数据相关的政策法规，比如数据开放的政策，以及数据安全和网络用户的制度。要构建以企业为主的产区园联合机制。要加快数据基地的建设和培育，拓展大数据产业链。要加快推进大数据基础的科技创新。

四、加强大数据应用，让智能城市技术大有可为

每天产生的海量数据如何才能实现价值？大数据挖掘有何新算法和模型？大数据在智能城市中怎么用？这些问题对于大数据发展至关重要，对这一系列问题的研究和探讨成为当前的重中之重。基于此，本次数博会举办了大数据学术论坛，以期这些疑惑能在论坛上一一得到解答。

大数据学术论坛以“融合、跨界、基础、突破”为主题，围绕大数据及其在智能城市建设中的应用、中国大数据产业发展面临的机遇与挑战，以及大数据存储系统的几个关键技术等，为贵州如何利用大数据推动经济发展建言献策。在论坛上，中国工程院院士、北京邮电大学信息与通信工程学院院长刘韵洁，中国信息通信研究院副院长刘多，加拿大盖尔弗大学教授杨先一，清华大学教授郑纬民等做主题报告。在数据时代的机遇面前，要尽早出台国家大数据发展战略，做好顶层设计，做好数据开放、产业布局、技术创新、法律法规等方面的工作，是大数据学术论坛讨论产生的重要观点。与会专家还围绕如何迎接大数据、如何克服大数据的风险挑战、大数据推动贵州信息化经济发展等问题各抒己见，为贵州的大数据产业把脉。专家一致认为，贵州发展大数据产业有条件、有信心，最为重要的是实现了数据共享，特别是政府数据的公开。

大数据如果应用不好，其价值就是零。在智能交通方面，要利用大数据减少人为安全事故，解决交通拥堵等问题。在医疗方面，通过互联网，

医生可以有自己的诊所和病人，患者可以有个人的私人医生。未来的移动医疗就可能会成为我们的私人医生，从个人的血型、基因、饮食来预测可能出现的疾病，并进行提醒和预防。我国的大数据开放还比较落后。政府的大数据不开放，城市的发展问题就得不到解决。在数据开放方面，我国在全球 70 个国家中排第 35 位，有一些数据依然是零开放。大数据能够为智能城市的建设找到很好的解决办法。政府和社会应该行动起来，开放数据，让大数据真正发挥价值。

大数据资源要变无序为有序、变死锁为开放。现在大数据时代已经来临，任何的发展，都与信息化的应用息息相关。数字化是第一阶段，电子化是数据化的前期阶段，数据如果没有进行电子化、数字化，便谈不上进入网络化或者大数据时代。现在大数据资源还处于无序和死锁两个阶段，没有完全打通。一方面是气态的流动，存在数据黑市交易、个人信息外泄严重、数据资产权益不清、资产得不到有效保护等无序状况；另一方面数据又是固态冻结状况，比如政府数据开放程度低、有数据的企业不敢开放、合法机构难以获取稳定数据。数据最理想的状态应该是像水一样的液态，拧开水龙头数据就能进行合规的流动，大数据产业能有序地、可持续地向前发展。

随着云计算、大数据的到来，存储成为迫切要求。存储是数据信息智慧的载体，数据爆炸式增长，到 2020 年，将达到 35 个 ZB 的数据量。大数据系统至少有四大要求：第一，高可用，程序做出来能够随时访问，不丢失。第二，低成本，存储数据磁盘容量要求低。第三，高性能，访问要速度快。第四，低开销，就是网络资源占用少。

大数据挖掘研究的瓶颈在于计算。我们缺少一些大数据复杂度的度量方法，缺乏精确分析的方法，也缺少根据分布知识对大数据进行抽样的方法。抽样是大数据中不可缺少的技术。此外，就是数据的复杂性面临挑战，给数据挖掘带来困难。再者就是数据动态增长的挑战，如何面对数据问题？必须研究分布式的大数据挖掘算法。之后这些算法不能分散成独立的存在，要有一个大的平台，面向公众提供云服务，这是大数据的算法以及面临的挑战。

新常态下创新创业

乐辰科技有限责任公司董事长　薛　杨

刚才郑强校长和我们分享了创业的经验，给出了创业的指导，我深受启发。今天来了很多年轻的同学，我讲一下过去十几年创业的经历，希望这些经历能够让同学们有一些创业的感觉和创业的启发。

我年轻的时候是一个比较腼腆内向的学生，之所以走上创业的道路，是因为后天在大学、在美国的经历。有一些人讲创业要有天生的素质，这个观点我不完全认同。我觉得虽然不是每一个人都可以创业，但创业是可以培养的。我记得上大学二年级的时候，当时我在哈尔滨工业大学，被推选为系学生会主席，我的第一个任务就是要给系学会募集经费。最后选中了新生群体，在新生入学的时候，为他们准备学习和生活用品，既帮助了新同学，也为学生会募集了资金。同时，这也成了我创业的第一个经历。

我非常内向，后来去了美国，在美国半工半读。参加工作后，在工作之余，我参加了美国的一个协会——亚裔工程师协会。这个协会里有很多台湾和香港的企业家前辈，大陆去的企业家真的不多。这些企业家前辈发现，在美国大学里面，有 20% 多都是亚裔学生，一旦工作以后，在 CEO 和创业的企业家里面只有不到 1% 是亚裔。所以他们就成立了这个组织，旨在帮助年轻的亚裔工程师和管理人员，成为外商企业的高管以及企业家。我在这个组织里接触到了来自 IBM、西门子这些大公司的华裔高管，也通过这个组织经常跟国内互动。通过这个组织，我实际上是在向中国、美国两个国家的企业家学习企业的精神和管理的经验。

2000 年，我决定创办自己的公司，叫传奇科技。之所以取这么个名字，是因为我希望以一个留学生的身份在美国创办一个企业来打造一个传奇。这是我当时懵懵懂懂的想法。后来传奇科技在十几年间真的为美国做了不少事，我们为美国洛杉矶港口、微软、IBM 公司都做了不同的项目。其中最值得骄傲的有两个项目：一是给洛杉矶港口做系统。洛杉矶港口是全球最大的港口，每年的吞吐量大约 2000 万集装箱。在美国西海岸，人们很多生活用品都要通过洛杉矶港口运输。所以港口的系统非常关键，一旦瘫痪就会造成大量的失业和经济上的问题。当年招标的时候有 83 家全球的企业竞标。那时我们公司刚刚成立两年，经过三轮的竞标，我们一举拿下了洛杉矶港口的项目，并且顺利完成了这个项目。现在洛杉矶港口依然在用我们的系统，我们的主管仍然在那里工作。二是 EMI 项目。美国洛杉矶是美国最大的城市，有 1000 万人口，其中大约有 5 万儿童受虐待。他们由政府付费寻找领养的家庭，希望领养家庭给儿童创造家庭环境。但是在医疗方面，存在医疗信息不对称的情况，儿童会经常变换家庭，每次变换以后，儿童的新任主治医生不知道他之前的情况。另外一个更为严重的是，儿童的领养家庭有没有带儿童去看病，政府往往也不知道，或者是两三个月后才知道。

这造成每年大约有 30 名儿童因医疗事故死亡，还有一些致残、患精神病。EMI 在 2006 年的时候率先上线了第一家医院，在 2011 年全面正式上线。这个系统的出现帮助改善了洛杉矶儿童医疗的状况。从 2012 年到现在，根据洛杉矶卫生局的统计，没有发现一例儿童因医疗死亡的案例。我们的这个项目获得了政府的优秀奖，也挂到了微软的优秀项目上。

刚才我讲这两个项目的成功取得和传奇公司的成功，实际上离不开导师们的帮助。大家知道在美国拿下政府的订单是非常不容易的，在美国采购的流程也非常严格和复杂。我们在 AAPA 的导师当中正好有人在州政府工作过，他们指导我应该怎么做、如何申请，借助于他们的帮助我们才拿下了政府的项目。这些项目的成功都与企业家、企业协会里的导师分不开。

今天，千人计划大数据研究院已经成立了，我们希望今后通过研究院吸引更多千人计划专家、投资者，向我们贵州大学以及贵阳的创业者，传递这种温暖。创业是孤单的旅途，怎么样打造一个好的环境？创造一个温暖的环境？这也是我们研究院的宗旨。同时，我们研究院也能够帮助学校实现研究成果的进一步转化，帮助更多的大学生。当然，这里面资本运作也非常重要。所以，我们请来了六位资金投资专家，来帮助学生实现创业的理想。

“创业者在创业的道路上要循序渐进、走正道、傍大款。”我们今天来的几位投资专家，每一个人身后都是百亿、千亿的资本。我在这里想跟大家说的是，想要创业要学会“傍大款”。另外我要跟大家分享的是，在创业过程当中，我希望同学们寻找一些有意义的项目，顺应社会的发展和政府的需要，并且寻找适合项目发展的环境、土壤。这里我想讲一些案例。

我刚刚从美国回国创业的时候，那个时候我没有选择北、上、广，而是选择了哈尔滨，虽然东北创业的土壤并不是那么乐观，但我还是决定回到家乡创办我的第一个企业。在头两年里，我都是把当时美国、日本、韩国的软件研发项目先交到国内，我想通过软件外包先把我们的技术带动起来。当时做了两年，我觉得举步维艰，有很多的困难，有人才、成本的问题，比如我们的人才需要不断地培训。在这个时候我做了一件事，我当时花了几个晚上的时间，给时任黑龙江省委副书记栗战书写了四万字的信，论述了外贸产业的优势，以及对黑龙江区域经济发展的推动，请求帮助解决问题。我从美国洛杉矶把信给他寄过去，没想到战书书记看了我的手稿，在四十多页的文件中，几乎每一页都有他的批示。后来在我回国以后，他带了三十多位领导来我们公司参观。当时我才三十四五岁的样子，很紧张，给领导做了一个小时的汇报。当时战书书记认为黑龙江有人才优势，有哈工大等四十多所高校，就开始推动外包产业的发展。在他的推动下，从业人员从不到两千人到后来达到两万人，企业也从几十家达到上千家，我的企业也是由不到几十个人增加到1100多人，国家外包项目25项。再后来，商务部的领导到黑龙江调研的时候，给了我很高的评价，说我一个海归带回了一个项目，创办了一个企业，带动了一个区域的经济发展。

三年前第一次来贵州，当时我的感觉是，贵州有项目吗？尤其是我看了这里的产业基础以后。实话实说，三年前贵州的信息产业比黑龙江还差很多。最近两年我来了十几次，每次都是天翻地覆的变化。可以说，贵州在大数据领域已经超过了黑龙江，甚至超过了北、上、广，在全国已经是领先的了。所以我觉得还是要坚持，坚定信念，坚持发展。因为我在黑龙江经历过，所以我相信，一个落后的省份既然可以把外包产业打造出来，一个落后的省份也必然可以把大数据打造起来。

另外我看了很多的创业项目，感觉项目要顺应国家的需要。我们要发展健康的大数据产业，因为有美国洛杉矶儿童医疗的经历，我们回到国内以后，结合国内情况，2007 年、2008 年在黑龙江的几个城市开始做类似的系统。现在我们积累了将近八年的数据，依托这些数据，以及我们在全国几千个社区医院的数据，现在病历信息已经覆盖了几千万人。2015 年底，这一数据可以覆盖一亿人。我们在 2014 年得到了国家发改委、工信部、科技部三大部委三个项目的重大支持。这个成绩的取得，一方面是我们在坚持。以前是政府没有资金，现在是政府有更多的惠民工程，有更多的资金做这个系统。当时我们怎么办呢？找投资人，实际上是后来我自己投资，把自己别墅卖得的 50 万美金投到这个项目上，免费给这些城市上系统。而 2014 年国家部委的三个重大项目，是几千万国家支持的投入，就是因为我们该出手时就出手，出手得早，所以拿到了。再一方面就是这些项目当中，有一些是跟大学的院所合作的，将来类似于这样的项目我们会跟贵州大学合作。

还有一点，我想跟大家分享的是，创业过程当中，要学会运用资本。今天我们处在创业非常好的时期，资本可以通过投资工具获得，例如风险投资、股权投资等。我觉得可以通过投资工具帮助中小企业发展起来，而且可以做到事半功倍。我觉得科技创业，要比影星、歌星更光荣。下一步我们希望在贵州、贵大推动更多的创业。

最后一点，我想说的是，创业要有国际视野的人才投入。现在很多创业人都具有了海外的留学经验和海外的工作经验。2007 年的时候，我就把优秀员工送到美国去，目前已经有 20 多名，还有就是把美国的优秀员工吸引过来，已经吸引了七八个海归。将来我希望把我们公司的“百人计划”，延伸到大数据研究院，延伸到贵大，把贵州致力于到海外留学的同学送出去，这样就为贵州的经济发展培养了生力军。这也是我们大数据研究院的想法。

我分享的经验就是这几点。创业我觉得首先要坚持、选对对象，要有勇于创业的心态。第二，要寻找创业的导师。我要是没有美国、中国的创业导师，不会有今天，所以要寻找创业导师。第三，创业选择的项目一定要顺应国家和地区的发展，这样可以获得政府方方面面的支持。第四，国际化的视野，希望有更多的同学到国外去，这是我要跟同学们分享的经验。

我们大数据研究院的成立，得到了花溪区、经开区领导的大力支持。4月25日，研究了具体的布置和落实，经历了短暂的筹备工作后，5月5日研究院工程开工。我们感受到了贵州速度，现在大家讲“贵漂”，我也非常骄傲地说我也是“贵漂”。我接触了国内十几个城市，这个项目是落地最快的，之所以有这样的速度，完全是因为有省市领导、贵大领导的支持，以及花溪区、经开区和我们贵州基层干部的共同努力。

今天我们还请来了很多媒体的朋友。我们经常讲，创业要靠三手：一要高手，有导师、企业家指导。二要推手，当地的政府和企业家支持。三要鼓手，需要媒体帮我们把高端人才和好的项目宣传推广出去。

最后我分享一句话，是巴菲特的一句名言，也是一个信仰，就是“创业路上相信自己，永不言弃！”

谢谢大家！

中国大数据产业发展面临的机遇和挑战

中国信息通信研究院副院长　刘　多

大家上午好!

很高兴来到爽爽贵阳，和大家交流大数据相关的情况。我也是根据主题对大数据产业现状和挑战，来谈一下自己粗浅的看法。我想分三部分讲，一是当前大数据产业面临的形势，二是挑战，最后是关于促进大数据发展的相关建议。

这两天大家都在热议大数据，我想大数据的基础是由于移动互联网和物联网的发展，促进了人人物联的发展。原来的一些通信设备，将来都是可以在网上运行的。一家咨询公司预测2020年将会有200亿的设备连在网上。大数据的发展，目前来讲应该说仅仅是一个开始、一个开端。在整个大数据产生的过程当中，网络化数据、在线数据的作用是巨大的。大家可以看到，从2007年开始数据进入网络化的阶段，到了2014年有了明显的变化，所以我认为大数据的发展才刚刚开始，以后会得到更迅猛的发展。谈到大数据，不能不谈信息化。任何一个网络的发展，都跟信息化的应用息息相关。关于信息化的发展阶段，我认为第一阶段应该是 1995 年到 2005 年，是数字化阶段，从 2005 年到现在，是智慧化阶段，再发展到电子化，是一个数据化的阶段。贵州还处于大数据发展中的发展阶段，关于大数据的发展，还有许多基础性的工作要做，无论是资金，还是精力的投入。我认为智慧化阶段包括数据的深度挖掘和融汇应用，在这个阶段，一方面各种数据聚集，一方面深度挖掘，提供制度决策的应用。将来有可能发展到量子计算人工智能等阶段，这些阶段将会促使新一轮的变革。我下面想谈人工智能，进一步说明相关大数据的作用。

我们认为大数据和人工智能的发展历程是相辅相成的。有了大数据技术，无论是数据存储量的增加，还是计算能力的提高，都促进了人工智能的发展，反过来人工智能也促进了整个数据分析能力的提升。大家可能读过一本书，说 2015 年，机器的智能超过人类，前段时间也提到，可能一百年后，机器人战胜人类，等等。这是一个发展和再平衡的过程。大数据的人工智能代表着技术的制高点，比如谷歌大脑、百度大脑。任何一个国家和政府，或者说一个产业只要做大数据，大数据一定能够促进经济的发展。目前，这样一个促进的作用，已经开始显现，正促进经济转型，尤其是在经济危机之后，成为促进经济发展的新引擎。狭义大数据的口径，包括软件硬件和数据服务，数据服务占的比例是最大的，是 40%，硬件是 38%。大数据得到了各个国家高度的重视，例如欧盟经济研究所就预估，2020 年大数据与整个 GDP 的增长达到 1.9，美国麦肯锡预测，大数据的经济贡献是 2%—4%。各发达国家看到了这样的机遇，实时地也是非常及时地制定了大数据的发展战略。美国开放数据，投入巨资来研发，作为政府带头应用等，做了非常多的工作。欧盟、新加坡等一些地区和国家，都出台了数据驱动经济的战略。任何一个国家和政府，如果真要做大数据，就要做战略，要明确目标和举措。我们国家也在加紧制定大数据发展战略，围绕数据开发和应用及服务，形成了新的产业生态。

现在大数据分为三类，一是解决方案的提供商，主要是做技术的服务，包括基础软件和硬件；二是大数据处理服务的提供商；三是数据资源的提供商，比如政府数据的开放平台、交易的平台等，同时包括大型的互联网企业拥有的相关数据。目前，云服务成为大数据处理服务提供商的主体，在线的大数据处理云服务，它的数据和相关平台，会成为相关的服务主体。这又分为四个模式，第一是纯分析服务，是在线的，主要是提供Saas的公司，包括软件商和新建的企业。第二是大型互联网公司做的，在线的，拥有数据，同时向用户提供相关服务。第三是纯分析的离线服务，咨询相关的公司，包括一些软件服务商，等等。第四是数据和服务等，集中在信息化比较高的服务领域。有人有数据，有人没有数据，大数据要挖掘，首先要有数据源，这是基本的，整个过程当中，我们看到贵州有相关的交易市场。大数据的流通其实是大数据发展的产物，有一些企业没有数据，通过流通交易获得数据，开发更多的应用，提供相关的服务。中关村的产业联盟也在做大数据交易方面的工作，包括产权的界定、交易的规则、定价的机制、隐私的保护，等等。政府开放也是一种交易，只不过是免费的，但是企业和企业之间，是有偿的交易，如何交易，要遵循一些基本的原则。

第二部分，谈一下目前大数据产业面临的挑战。我们认为大数据的资源现在是处于无序和死锁两个极端。无序是在数据流通过程中，包括个人信息外泄、数据资产权益不清等，目前在黑市方面、地下方面，存在无序的流动。另外，就是数据冻结，没有办法流动。政府数据开放度是非常低的，而几种企业的数据也不敢开放，同时我们一些相关合法的机构很难获取数据源，受到了制约。最好的状态，就是数据像水龙头一样，只要水龙头一开，能够进行合规的流动。说是自由流动，不一定准确，自由是没有规则的，将来数据的流通和流动，应该是规则之下进行的，液态是水的状态，打开闸门，合规地进行流动。只有这样，整个大数据产业才能够非常好地蓬勃发展，有序地可持续向前发展。目前，大数据的应用是政府和物联网两头热的状态。无论是京东还是360等大型的互联网企业，一方面有数据，同时也在为客户提供服务，电商在做消费者的相关后续服务。而政府部门，就像贵州，政府大力发展大数据，其实更多的是希望能够提升政府的治理能力，同时也会针对一些数据中心IDC等进行招商引资，然后聚集产业，促进本地的发展。还有一些相关的政府部门，包括药监部门、卫生部门用大数据来进行监管。现在一个比较大的问题是一般行业企业的应用比较冷，包括电信和金融。电信数据非常多，而且非常真实，实时都在变化，很有价值。金融，每一笔支付，时时在进行。但是电信和金融这两个领域，大数据的进展还是相对缓慢的。主要的原因一是内部数据没有打通，也是一个孤岛，二是外部数据，包括传统的行业，也获取不了相关的数据，还有就是技术人才不足。大数据相关的技术、分析和应用，包括非结构化的相关数据，是需要相关分析人才的，个人隐私的保护也需要法律健全等相关的措施。我们呼唤顶层的战略和设计，包括技术创新、法律法规等方面，都需要能够跟上，这样才能够有利于整个大数据的应用。

谈到大数据产业，就要谈大数据的核心技术，整个核心技术有三个阶段，一是原创阶段，二是公开阶段，三是开源阶段。这个过程当中管理分析有一些技术，技术在哪儿？目前来讲，至少是在开源阶段做得很好，但我们的产品在广泛应用的过程中，现在仍然处于初级阶段，到最后的产品，这八九年就过去了。大数据核心技术方面，目前来讲我们国家和全球领先企业相比，距离有点遥远。我们认为不能先加快大数据关键技术和系统的研发，然后再构建大数据应用和技术促进的相关机制，这样有可能使我们在这一轮新的机遇面前，失去宝贵的机会，使技术陷入空心化低端化的窘境。这是怪圈，但是幸好我们有很强大的互联网公司和相关的研发单位，正在积极努力。希望我们将来在大数据核心技术，尤其是最开始的原创阶段和开源阶段能够有我们相应的位置。

最后，谈几点建议。一是希望我们国家的大数据战略或者国家的顶层设计，能够尽早出台。目前，我们看到，无论是工业方面还是信息化方面，工信部都在出台应用，并制定了指导意见。国家发改委对于高新技术，需要启动国家大数据战略及行动计划。我们国家战略出台是稍微晚一些，但是 2015 年我们期盼国家发改委还有工信部能够出台国家大数据的发展战略，来指引国家大数据的发展。我们是一个数据大国，我们的人口多、终端多、记录多，但是是不是网络化，这个需要做一定工作。我们是一个数据大国，从数据大国变成数据强国，需要做一些工作，包括政府数据开放，包括相关的一些产业，包括我们的一些应用，这些应用对于我们普通老百姓、对于消费者来讲，更多是政府的公共服务，像刘院士讲的例子，涉及个人出行方面、生活方面的数据。一个城市，智慧城市做得再好，大数据做得再好，如果老百姓没有感受到，就是没有做到位。这个过程当中，制度的建设、法律的建设非常重要。个人信息的保护法如果能够尽早出台，无论对企业还是个人，都会有很好的保护作用，同时对整个企业、产业的发展，或者是开发，都是一个很好的保障。这些方面，都要有标准，比如行业自律等，需要做大量工作。只有这样，对大数据产业和应用，才能够起到更好的作用。

今天交流到这里，请批评指正，谢谢大家。

因特网的转型，工业 4.0 进入电动产品和服务

德国太阳能移动联邦协会主席 Andreas—Michael Reinhardt

大家好！

很荣幸受邀参加本次数博会的峰会和工业 4.0 论坛，在这里我向主办方和参办单位表示感谢。这是一届让人印象深刻的盛会，特别是政府的筹划和民众的热情让人记忆颇深。通过这个平台，各位嘉宾共聚一堂，各抒己见，献计献策。还有就是《中国制造 2025》，让我们看到了中国为迎接工业 4.0 所做的努力和改变。

今天我演讲的主题是因特网的转型，以及工业 4.0 在电子移动产业中的运用，其中电子移动产品和服务的配套和融合是这次演讲的重点。

罗主任的发言中提到了两年前在汉诺威工业博览会上德国工业 4.0 的相关展示。当前，德国和世界上许多国家，比如中国，都把工业 4.0 作为国家的战略计划。德国政府在 2011 年 11 月把工业 4.0 这一战略计划设定

为 2020 高新战略的一部分。工业 4.0 是由工业技术研究联盟于 2011 年 1 月发起的，初始的实施建议书是由德国国家科学与工程院的工作组负责，该工作组由管理层副董事长和 Henning Kagermann 总裁共同领导。在柏林举行的工业技术研究联盟实施论坛上，该建议书以报告的形式正式递交给德国政府。

电动交通和智能产业这一系列新技术的改进和应用，将带来新一轮的工业革命，商业模型的变革也包括在内。因此，要时刻做好变革的准备，重点不在于企业的规模，而在于立足于工业 4.0 基础之上，为用户提供更好的智能服务。现在这场由工业 4.0 引发的新一轮竞赛已经开始，就像罗主任演讲中提到的那样，但是为了更好地面对新一轮工业革命的挑战和促使竞争的良性循环，最重要的是各方携手合作，通过举办像今天这样的论坛奠定合作的基础，增进中欧双方的合作。

2015 年是新一轮工业革命的元年，为迎接这一轮工业革命带来的挑战和机遇，我们要如何自处？应该着手做什么？在处理数据的过程当中要如何应用数据，从而为社会、为产业、为经济成长做出贡献？这里我就不再赘述第一、二、三次工业革命带来的变革和影响。当下的重点在于面对现在、着眼未来，要看到智能工厂有哪些潜在的商业机会，能提供什么活动，有什么新型服务和商业模型？同时要思考如何改进工程技术才能够为智能的未来提供服务？要对其经济可行性了然于胸，比如以前定制一个产品成本非常高昂，但是现在低成本即将成为可能，因为现在通过数据网络可以更快捷廉价地定制唯一性的产品。

在智能服务方面的变革，是变为以用户为中心，这和过去所见到的是有非常大的差异。其中“智慧服务”的概念和《中国制造 2025》有许多相似之处，核心理念在于提供的产品要能更适应现在的世界。智能服务是以用户为中心，以数据驱动业务，智能运用数据，实现跨领域、跨界的数据整合。对于港口物流行业来说，也可以通过数据来整合港口物流的不同行业。另外，如何改变电动交通工具的制造行业呢？要立足于效能的提升，实现每年增长6%—8%的生产效能，这是通过工业4.0的驱动所能达到的成果。如果说战略不符合用户以及市场预期的话，那这种产品就难以有好的销路，相应地，利润就不会有提升，这也就呼应了昨天马云先生的发言“你如果跟不上潮流，就不要在几年以后回过头来抱怨大数据，抱怨工业4.0”。可见，工业4.0有提升生产效能的作用。智能服务提供商也能够准确地预测消费者的期望，而且是能够越来越准确地预测消费者的期望，因为现在已经有越来越多的数据为此提供支撑。这里我想强调的是，2015年已经有非常多的产品和网络连接在一起，这一数字到2020年将会翻倍。现在中国的科技产业只占了整个智慧产品的50%，其中交通汽车行业只占了20%，相信这一比例在未来应该会有所改变。从人的角度来说，数据以及大数据其实是一个储存人类数据的中心，也就是一个大数据中心。从政府角度或者利益相关方的角度来看，运用这些数据，并且管理好这些数据，才能有效地存取。这在昨天的论坛当中都已经有特别提到，昨天马凯副总理的发言当中也提到我们要用好数据相关的内容。

另外，我们谈到了智能出行、电动交通、新型可持续发展的出行方式等，以及未来它们都能够为消费者提供的定制服务。过去的工业都是批量式的生产，但工业4.0时代却是可以非常灵活地制造这些产品，而且生产工艺流程能够实现自我优化、自我配置、自我诊断、自我监测。

此外，大数据与个人权益是有冲突的。《大数据贵阳宣言》当中关于这部分的论述我认为已经非常完善，而且也为未来的国际对话建立了非常良好的基础。未来我们是非常需要智能数据的，比如在电动交通中，可以通过智能数据管理车队、各种设备，并通过彼此间相互作用影响、改变德国民众的出行方式。在智能出行的场景当中，应该如何实现数字身份识别?德国智能交通领域的一位主席曾提到过，同时我们也出版了相关的英文版白皮书，告诉大家如何处理智能的数据交换，因为在使用这些智能数据或者是在支付的时候可能涉及许多的个人隐私，因此重点要确保个人隐私不被泄露并且能够安全出行。未来不只是智能出行，还会有许多的智能设备，比如自动驾驶的汽车，所以我建议大家直接去官网下载英文版本的白皮书，今天的论坛也会听到这家公司的 CEO 为我们介绍电动交通相关的产品和服务，因此这里不再赘述。

电动交通在经过大数据或者工业 4.0 的规划之后，可能会带来更成熟的发展，尽管在未来可能面临诸多挑战，但更需行在当下，现在已经没有时间可浪费了，这是公司与公司之间的竞赛，这个竞赛已经开始了，大家都在工业 4.0 的浪潮当中。

感谢大家的聆听，谢谢大家!

工业 4.0 下的机器人产业

意大利柯马集团中国区副总裁　贺万民

大家上午好！

我来自柯马集团，一家意大利的跨国公司，我是公司中国区的副总裁，今天借此机会向大家介绍一下工业 4.0 下的机器人产业。

昨天的报告里面讲了大数据，我们是搞制造业自动化的，就阶段性来看，从 2010—2014 年我们用了四五年的时间将一般的自动化集成业务发展到全数字化的集成业务。这与柯马的背景有关系，因为我们是从事汽车集成业务的公司，覆盖汽车制造中的大型制造与机器人。

在 2010 年以前我们把机器人作为编制不同车型的工具，可编程的工具，A 车型、B 车型调下来以后进行识别，然后进行组装。2014 年这个系统变了，变成在车间的网络下进行柔性自动化，整个工程设计全部是数字化的，在它的调试阶段采用的是虚拟调试技术，如果用工业几点零的标准来说，到 2014 年底我们成功实现了工业 3.0 的顶级版。

在进入 2015 年的时候，我们还是保持很常态的心情，并没有意识到 2015 年究竟会发生一些什么。但在过去短短的几个月里面，我们确认了德国工业 4.0，确认了中国制造 2025，确认了美国工业互联网，突然之间局域网下的数字化工程被提到了互联网的状态。根据昨天马云讲的，从互联网状态提到了数字状态，从 IT 变成 DT。

所以在这个阶段性规划里面我们面临着很大的困惑。一周前我们参加了武汉市中部市长对话会，在那里我们提出了同样的问题，做自动化的这些企业在工业 4.0 下、在大数据背景下，我们缺什么数据，这些数据从哪里来，放到哪里使用？目标是明确的，但是这个目标的概念又是特别模糊，如何落地是很多人都在思考的问题。

从 1998—2014 年是以汽车为典型代表的阶段，汽车工业带动了第一次机器人大革命时代的到来，其间实现了几个变化：第一个在汽车的总产能上我们排全球第三位，甚至有人说排到第一位。第二个就是机器人的巨大需求，在这期间珠三角、长三角建立了全球最大规模的世界工厂，但是这些工厂都是基于人工作业的。以珠三角为发源地的世界工厂在转型机器人工人或机器工人的过程中，引发了智能机器人时代的到来。从 1998—2014 年的这 16 年时间里，中国安装的机器人总台数是 186000 台，那未来的五年时间里需要多少台机器人？ 1 ： 1 是很正常的，所以有人预测到 2025 年机器人的安装总量会达到 100 万台。

现在第二个机器人爆发的时代到了，这就是智能机器人时代的到来。为什么会有这样的现象？从市场的特性来看，在贵州、贵阳我没有办法说我们是处于传统市场还是新兴市场。新兴市场我们又叫增量市场，它有一个特征，它是完全世界级工厂。从手工工业走过来的传统市场，它的教育体系都不支持工业自动化，尤其是国有企业长期受传统市场的培养教育，对于自动化的概念是根深蒂固的，而且体系都是按照国有投资的体系来做。增量市场与这完全不同，它没有任何规划体系的束缚，没有任何技术平台与工艺平台，需要瞬间转到全自动化，所以它的增量指的是蓝海。

但是这里还有一个数据，在2013年的时候有100家集成商，到2014年变成400家，2015年因为工业4.0的口号出来了又变成了4000家。从中我们也看到了工业4.0给大家带来的诱惑。传统市场的玩家是国际几大品牌，增量市场的玩家是新生代，是在政府、资本市场的助推下一种跨界跨境组合的全新模式。我们每天都听到媒体的新报道、新消息，这种消息给我们带来的其实是一种恐惧，我们不知道哪一路高手会推出新的模式、新的方式、新的跨界组合来颠覆机器人的商业模式。

为什么在增量市场机器人的需求量这么大？因为它是世界级工厂，每一个行业里面都有一个小数据，马云先生好像也提到过，说是在22个行业里面中国的产能占全球总产能超过60%甚至更高。在这个数据下，当人们生活指数、幸福指数提高之后，产品的横坐标是产品市场数量在增加，单一产品的产量会下来，这个非常符合市场趋势。这就是为什么说增量市场给中国机器人发展带来了前所未有的机遇。我们看到，在经济转型过程中中国北方的市场在下滑，从大数据来看这是非常明显的，而在珠三角引发的第二次机器人浪潮已经推向了长三角，并向西在推，这是我们看到的数据。

通过考察机器人载荷与机器人需求量的关系，我们认为小机器人在中国会产生巨大的增量，会带动整个机器人技术的颠覆，带动整个机器人市场爆炸式的发展。传统的商业模式如B2B、B2C，现在新的商业模式有

P2P、O2O，在增量市场里面机器人的应用相对于传统工业的应用要简单一些，所以在一些简易的模式里面会变得很适用。机器人，将是你的下一代智能员工。

谢谢！

IT 领域会成为中印重要合作领域

印度共和国驻华大使馆商务参赞　康　楠

我非常荣幸能够参加这个论坛，今天我们会场来了很多嘉宾，有非常多的媒体朋友和 IT 领域的从业人员。我认为这个论坛是非常及时和具有意义的，10 天前我们印度的总理成功访华，从 5 月 14 日到 5 月 16 日，访华大大增强了中印经济方面的双边关系。而上次习近平总书记访问印度，是 10 个月前。所以印度总理此次访华翻开了中印关系的新篇章，而且 IT 领域会成为中印非常重要的合作领域，我也非常有信心未来贵州在中印关系中发挥重要作用。

我想说说在中印经济领域合作的主要方面、要点。中印两国的政府和两国的企业实现了互利共赢，双方签订了 24 项协议，在企业方面签订了 26 个备忘录，总价值超过了 220 亿美元。我很高兴看到贵州在此次访问中发挥的积极的作用，在上海举办的中印论坛上，有很多贵州的企业和印度的企业签订了合作协议。

现在我想要说一说在经济方面合作的要点。

第一，中印政府重申加强合作，要进一步加强建立发展伙伴关系，这就意味着我们要建立更多的合作领域和平台，意味着我们要在更广泛的领域合作，包括铁路、矿业、产业园、可再生能源、热能、IT、资本、传媒以及旅游等方面。中印两国在职业培训方面开启了政府之间的合作，第一个具体的项目就是在印度建立了一个职业培训机构。并且两国在智慧城市方面也会有合作，我们已经将深圳作为共同项目的试点城市。所以说我们目前能够看到双方在经济方面有越来越广泛的合作，发展伙伴关系也越来越紧密。

第二，在过去这些年，中印在贸易和投资方面有非常大的增长，这帮助中印双方加强了双边关系，但同时我们也意识到双方在贸易方面存在不平衡。两国政府要制定一个更高的目标、任务，要解决贸易赤字的问题，就需要加强双方经济方面的联系，这就要求双方采取一些措施来破除投资障碍，让双方更好地介入对方市场，加强贸易和投资方面的交流。IT 一直是中印两国交流的重要领域，两国政府一直在督促我们建立 IT 方面的联系，我希望贵州能够为这样的合作提供肥沃的土壤，我们可以看到很多的 IT 企业也来到了会场，这是很好的现象。

第三，我们可以看到在最近两国的交往中，有一个非常好的经济投资的苗头。2014 年 9 月的时候我们在中国有这样一个活动，就是印度制造。我们可以看到越来越多的中国公司、贵州公司有兴趣进入印度的市场，比如贵州海上丝绸之路国际峰会上我们签订了产业园的备忘录，这是一个非常好的开始。现在中印两国的合作覆盖了 25 个领域，中国公司具有非常好的优势。除了 IT 方面，印度还有汽车、化学、制药、纺织、航天、皮革、旅游、铁路、汽车零部件、可再生能源等诸多方面可以与中国合作，并且我们还有其他的一些旗舰活动，比如说数字印度，这些都可以给两国带来非常大的机遇。

第四，是基建方面的合作，特别是铁路的合作。我们有一条铁路线成功地进行了提速，还对另外一条铁路进行了发展规划，此外，还会进行一个全方位的交通培训，并且还会建立一所铁路大学。我认为中印两国可以对未来的合作有更多期待，我们也希望贵州的公司可以越来越多地参加到经济合作中。

最后，我再说一点。很多因素表明印度是一个不容忽视的选择，可以帮助中国的企业成长，能够促进企业的全球化。印度是一个非常有地理和成本优势的国家，可以让企业获得年轻的劳动力，因为印度有 54% 以上的人小于 25 岁，所以人力成本非常低。印度也是一个非常大的市场，并且它的可支配收入越来越多。两国政府也会努力精简流程，为企业提供一个更加友好的投资环境，我们在这个方面会做出更多的努力，让双方的企业能够更容易地投资。印度在基建方面和投资方面的需求是非常大的，但印度本国无法满足这个需求，我们欢迎越来越多的中国企业来填补这个需求，中国的专业技术和经验对于印度来说是非常有用的。中印两国加强经济的合作，将这些协议转化为切实的合作，那么我们的论坛就是非常有意义的。目前两国对彼此的兴趣越来越大，应该进行更加广泛的合作。在这个合作里双方都是至关重要的利益体，特别是要加强两国的省的合作。莫迪总理访华的时候曾提到两国要建立省与省之间的论坛，建立一个平台，省与省合作的平台，省在未来的中印合作中将扮演更加重要的作用。中印双方的经济关系通过这些合作释放潜力，那么我们两国人民的思想交流也会得到好的发展。我想再次感谢贵安新区，感谢印度工业联合会，谢谢主办方！

非常荣幸，谢谢！

观点再现

雷风云（中国国际人才交流协会驻英国代表处总代表）： 贵州省有发展大数据科技和产业、推动贵州经济发展的宏伟目标和真诚愿望，有未来所需要的人才、科技和坚韧不拔的毅力、态度。只要持之以恒，坚定按照中央的指示，依靠广大的中外专家和未来学子，贵州大数据产业一定会达成自己的目标，会有更大、更快、更高质量的跨越式发展。

郑强（贵州大学校长）： 大数据产业是无污染产业，是贵州、贵阳坚守“两条底线”，既要发展经济又要保护生态的顺势之举。在这样的大背景下，贵州大学抓住大数据时代的重点机遇，坚持独特的办学思想，在全国高校中率先成立了大数据学院。创业不分出身、不分贫富贵贱、不分长幼，年轻人更具有创业的条件。但是，创业必须要有系统的知识支撑，要有团队协作的理念。而高校是先进生产力的孕育地、高技术的源发地、先进人才的汇聚地，所以发展大数据产业要用好贵州大学这个平台。

汪潮涌（信中利国际控股有限公司董事长）： 贵州抢占大数据的制高点，是非常有战略眼光的。但在思维上、商业模式上、技术上都要有创新。在数据的存储、清洗、挖掘、应用、交易方面，都要有突破性的思维。贵州发展大数据必须要坚持四个特色，第一是有足够大、足够海量的数据；第二是数据需要经过清洗和挖掘才有价值；第三是要多样化，无论在政务、商务、金融、健康、智慧城市、工业4.0等方面，都要有多样性的数据，才能构成一个大数据的基地；最后就是数据的处理速度，数据成长加速度要快。

潘今一（上海弘视智能科技有限公司执行董事）：贵州的大数据原来是零，能够实现异军突起，这是时代的产物。大数据产业要发展成熟，短期内可以靠政府拉动，但从长期来看，还需要市场的造血功能，才能让资本滚动起来，要鼓励大数据产业和企业的紧密结合，要把产业交给市场来运作。

刘韵洁（中国工程院院士、北京邮电大学信息与通信工程学院院长）：在智能交通方面，利用大数据能减少交通安全事故，解决交通拥堵问题。在医疗方面，通过大数据，医生可以有自己的诊所和病人，患者可以有个人的私人医生，未来的移动医疗就可能成为我们的私人医生，从个人的饮食、血型、基因来预测可能会出现的疾病，进行提醒和预防。我国的大数据开放还比较落后。政府的大数据不开放，城市的发展问题就得不到解决。政府和社会应该行动起来，开放数据，让大数据发挥真正的价值。

杨先一（加拿大盖尔弗大学教授）：大数据人工智能、神经网络、模糊技术在智能系统方面应该广泛应用。信息系统在大数据中应加以利用，不同的信息系统要应用到生物、农业、医疗卫生、工业等不同的领域。研究的思路就是利用生物原理采集数据，进行数据处理和智能处理。

郑纬民（清华大学计算机系教授）：随着互联网、云计算时代的到来，以数据为中心、存储为中心已成为必然趋势。大数据存储有四个要求：第一，高可用，数据能够随时访问，不丢失。也就是数据存起来以后，你什么时候来都能给你。第二，成本低，对磁盘容量要求低，这么多数据尽可能少用一些硬盘。第三，高性能，访问速度快。第四，低开销，不是说价钱，说的是对 CPU、网络资源占用少。

何清（中科院计算技术研究所研究员，博士生导师）：大数据挖掘算法存在的特征与挑战，包括大数据集的挑战、数据复制性的挑战、数据动态增长的挑战。而大数据挖掘算法以及算法的理论基础和解决方法，包括大数据分类算法、覆盖型分类算法、规则覆盖算法、基于搜索机制的算法、基于规划的算法。对于大数据挖掘的实践，则有基于云计算的大数据挖掘平台、web 挖掘结构化信息智能提取。

范济安（中国联通信息化与电子商务事业部副总经理）：中国联通集团在大数据平台建设和应用开发方面的特点，包括统一的数据标准、平台能力大、数据内容广泛、数据加工与挖掘能力强、多应用支撑。联通大数据发展的相关规划，一是集中化运营，加强安全管理；二是继续扩大数据采集范围；三是能力开放平台；四是应用产品化。联通正努力搭建集约的、平台化的、可扩展的平台。

张宝峰（华为诺亚方舟实验室副主任）：虚拟世界和物理世界融合是大数据的原动力，大数据会对用户体验和生产效率产生颠覆影响。而跨领域的数据关联整合能迸发出活力。行业大数据机会把握的技术要点是以用户为中心，时空数据为主线，全量数据建模。

罗民（工信部工业文化发展中心主任）：在当前全球以工业互联网智能制造为代表的新一轮技术创新浪潮中，中欧工业间的融合创新应成为新兴和发达经济体合作的典范，要努力在机遇与挑战并存的世界走出互利共赢的宽广道路。

宛会东（贵州省经信委副主任）：随着大数据时代的到来，工业 4.0 作为大数据驱动的智能工业，将成为推动经济大发展的强大动力，贵州省要牢牢把握全球制造业发展格局和我国经济环境发生的重大变化，紧紧抓住当前难得的战略机遇，突出创新驱动，优化政策环境，发挥制度优势，以实现中国制造向中国创造转变、中国速度向中国质量转变、中国产品向中国品牌转变的目标。

Eric Sentuc（德国上市公司英科迪副总裁）：工业 4.0 也就是第四波工业革命，使所有的产业都能够更灵活、更有效地生产。而在工业 4.0 的背景下，核心技术创新、服务系统变革，以及相关因素之间如何互相交流，是汽车零售业未来发展的重中之重，将决定这个行业的发展方向。汽车零售领域创新不断，因为创新能够带来更好的未来。Incadea 是致力于汽车与基础设施沟通、人与汽车沟通的企业，为制造商和经销商提供智能、创新的方案。从全球层面来看，就当前消费者的年龄结构和消费能力而言，“80 后”到“00 后”年龄阶段的消费者更注重的是体验和分享，宁愿花钱买体验，而不是买东西。这样的消费者的年龄结构和消费能力，以及工业 4.0 下的汽车服务系统，共同决定了汽车零售方面的创新、应用会有一个美好的未来。

Patrick Nijs（比利时驻华使馆荣誉大使、全球协调员）：大数据出现在贵州，而不是北、上、广、深，是很有道理的。因为贵州追求绿色和大数据的融合，这样的理念使新一轮的工业革命可以在贵州实现有效互联。与此同时，当前中国特别重视调整增长模式，尤其是研究如何实现绿色增长，这其实是关乎全球存亡的大问题，中国在这方面已经走出了自己的路。贵州追求绿色和大数据的融合，不仅顺应了全球经济发展的智慧抉择，背后更有强大的国家力量作为支撑，这会是一条行之有效的发展路径，也必然会取得举世瞩目的骄人成绩，为欧洲甚至人类提供可借鉴的经验。

David Oberman（以色列 Mobileye 公司全球业务总监）：人为因素是交通事故的主要原因，如果在碰撞前两秒提供预警，那么就可以避免碰撞事故。现在世界上有两大趋势，第一种是政府正在制定新规定，要求必须使用高级驾驶辅助系统；第二种趋势是自动驾驶，美国有一家机构是最先使用这种技术的，中国交通部也与 Mobileye 公司签订了测试协议。这样的数据与技术能够逐渐改善驾驶员的驾驶行为、降低碰撞率，这种技术的逐步推广和应用，能为保险公司、政府、企业、个人提供更大更多的帮助。

Jim James（摩尔文摩根汽车销售［北京］有限公司执行总裁）：不管是年轻人还是老年人，都开始希望有更多个性化的主张，更加愿意表达自己个性化的观点，更加关注自己个性化的需求，这必将给工业 4.0 带来挑战。在工业 4.0 时代，面对得到高科技助力的客户，以及客户对产品规格和设计高度定制化的要求，企业如何寻求生存空间、找到发展方向，是充满挑战的，这是新的趋势，也是工业4.0时代最明显的诉求。现在工业4.0，包括汽车行业面临的挑战是，如何满足由数据驱动的顾客，为他们创造超凡体验，同时也能够创造利润。工业 4.0 高度定制化和高度灵活性的特点，可以减少浪费，使数据具有灵活性，但归根到底，客户才是核心，将来汽车行业卖的是一种体验、一种信息，能让每个人都可以参与竞争。

Priit Martinson（爱沙尼亚使馆领事）： 爱沙尼亚人共有的特质是创新，因为爱沙尼亚 130 万人口中有 120 万人使用电子晶片的身份证，同时爱沙尼亚还实现了无纸化作业，这让人们的生活相当便捷、快速而且安全。为了让全世界的人们可以享受这些服务，爱沙尼亚做出了相关规定，世界上所有人都可以申办这种身份证、享受这一成果。通过工业 4.0 的升级以及跟中国这样的大国进行合作，像爱沙尼亚这样的小国可以得到规模化的商业解决方案，从而提供更多更完善的服务，为世界工业 4.0 化提供最大的价值。

Thomas delos Santos（德国创新出行汽车公司 CEO）： 从汽车到电动车，并不是一个颠覆，更多的是一种持续，只是把事情做得更好、更清洁、更舒适，并没有根本改变车辆的数量或者车辆本身的特点。真正的颠覆，应该说是无人驾驶技术的应用，这才是真正的 4.0，无人驾驶技术给城市的生活质量和交通的营利能力带来一种飞跃，同时也能彻底改变人们的思维方式和生活方式。大数据生态系统必须要去尝试、去总结，才能取得成功，不能空谈，要实干。贵阳拥有大数据发展的生态系统，而对于欧洲来讲，要排除官僚主义带来的问题，才能弯道超车。在汽车领域，在新兴市场，中国已经开始普及汽车，人们的思维更开放，这对于政府来讲，是一个难得的机遇，政府很容易获得公众的支持。

Martin Moescheid（FINE Mobile GmbH 公司创始人）： 从历史上看，工业发展有两次技术创新变革，一是在整个传动系统核心部位使用逆变器，研制了新型电机控制器，进而开发出目前世界上最有效的一款三轮式电动车，实现了工业技术革新；二是将电池串联技术应用于电动汽车开发，使用更高功率的电子，实现了电流之间的彼此交换。

Ralf Wilke（哥本哈根商学院应用经济学教授）： 大规模的数据可以获得更多更新的正确认识，但是与此同时处理大数据也绝非易事，需要进行详细和周密的统计和数据分析。研究企业和政府之间的数据，目的是帮助它们更好制定政策措施，从而进行高效决策。大数据不等于“对”数据，在做研究的时候，数据统计要多花时间，注重数据的正确性，才能得出更有效的数据分析结果。数据保护、数据安全需要关注两个方面：一是实体经济的数据安全，要防御黑客的攻击和对数据的窃取；二是北欧国家主要是由统计局来搜集数据，防止雇员滥用数据。德国目前出现的数据危机，对将来的历届政府都会有警示作用。因此对公众进行数据安全的教育显得尤为重要，制定清晰透明的规则，让独立机构担任相关工作。

Martin Kyburz（KYBURZ Switzerland AG 公司创始人）： 运用数据来管理公司、管理产品能取得更高的利润回报，把产品做得更好，进一步服务客户，让产品更为安全，这里并不是通过数据来控制顾客的行为或习惯，只是让客户能够更好地使用产品。对于各种对话机制和各国的合作机会，要保持开放的态度，同时要改变过去政府靠搜集整理纸质资料存储数据的方式，对读取信息的人的行为进行记录，才能了解其动机和目的。公司作为数据的拥有者，应该有所为有所不为，要把整个服务的过程销售给客户，把公司的客户服务部门跟技术维护部门结合在一起，一起销售产品和服务，不是只让顾客接受冷冰冰的数据。

张炜（惠普全球 IT 高级顾问）： 基于大数据的系统解决方案，通过数据采集模块对在生产系统各环节中产生的数据进行采集，处理后把结果放在合适的地方存储，以供后面数据分析所用。这套系统解决方案的优点是可以重新利用生产线上的大量数据,既做到时时监控,又做到海量数据处理，预测发生的问题，进行必要的维护，降低生产的成本，提高生产的效率。

Oliver Regner（德国工商会广州首席代表）： 德国政府和工商企业协会鼓励企业的内部创新，他们通过在国内外的调研，发现德国有许多创新的条件：一是高端的通信技术，二是跨企业的、国际化、网络间的交流对话，三是信息的开放透明。德国的工业 4.0 有很强的驱动力，比如德国的职业化教育，以及在机械电子、IT 软硬件方面做出的相关努力。德国工商会由上至下地协助企业进行创新，工商会内部提供的服务也是适应市场和行业需求的。未来的关键在于创新，需要脚踏实地，认清现实，特别要认清需要的资源和各项条件，这对于中小企业的成功至关重要。

王江平（贵州省人民政府副省长）： 印度在信息软件、大数据的挖掘与分析、云计算等方面走在了世界的前沿。印度工业联合会拥有 6000 多家直接会员，来自于 350 个国家和地区协会的间接会员 9 万多家，在印度经济发展过程中起着主导性作用。2015 年 2 月工信部批准贵安新区建立首个国家级的电子信息产业集聚区，贵州和印度工业联合会在信息产业构建和优势互补方面的合作空间比较大。2015 年 4 月中旬，贵州省政府、贵安新区管委会分别和印度工业联合会签署了关于大数据 IT 产业发展的合作协议，奠定了发展中印 IT 大合作的基础。

马长青（贵州贵安新区党工委副书记、管委会主任）：贵安新区地处黔中经济区的核心区，规划面积是 1795 平方公里，具有四大独特的优势：一是生态优势，二是资源优势，三是政策优势，四是区位优势。下一步新区将围绕建设贵安云图的目标，促进大数据、云计算产业集聚发展，打造由数据采集、数据储存和处理、数据分析、数据运用、数据安全以及数据设备和软件环节组成的大数据产业链。

陈晏（贵州贵安新区党工委副书记、贵安开投公司董事长兼管委会副主任）：贵安新区作为国家级新区，致力于打造中国增长极，以发展大数据电子信息产业为重要的战略支撑，紧紧围绕大数据产业发展推进大数据发展的三年行动计划，按照资源创新驱动开放融合思路和高端引进并齐发展的原则，规划建设了 32 平方公里的贵安电子信息产业园，并在园区内规划建设 11 平方公里的贵安大数据产业基地。目前，已引进或落户的企业达到 300 多家，预计到 2017 年贵安大数据产业年产值将达到 1000 亿元，2020 年将达到 2000 亿元。

宋哲（印度工业电荷会印度商业论坛 IT 工作组成员、塔塔信息技术[中国]股份有限公司中国区总裁）：现在 IT 产业在全世界范围内具有非常重要的影响，成为我们每天生活中不可缺少的一部分，对于公司的运作也产生了巨大的影响。中国和印度是发展最快的两个发展中国家，在 IT 产业有广阔的合作空间，实现优势互补，对多国的合作也是必需的。IT 产业实现全球的跨国发展和合作，有利于数据的整合和优势互补。我们致力于和中国的IT公司打造一种合作伙伴关系，互相学习，共同创新，创造产业价值。

耿贵刚（贵安新区开发投资有限公司副总经理兼管委会主任助理）： 为推动贵州IT产业国际化、高端化的建设和发展，我们真诚地提出和印度进行如下合作：一是开放软件和IT市场，邀请印度IT企业到贵州，按照国际一流标准和贵安新区一起打造IT产业新领域；二是依附印度IT产业成熟经验，促进中印双方的再合作，在贵安新区规划建设中印IT产业园，将其打造成世界知名的IT产业中心；三是中印IT产业园将作为印度IT企业进入中国市场的平台和中心，通过资源整合和打造，申报中国信息产业示范区，成为引领IT产业合作发展的桥头堡和创新地。

柯谋（印度国家信息学院中国区副总裁）： 目前IT产业发展非常快，并且不会往后倒退，我们必须在IT产业进行更多的交流。首先是在手机方面，现在用户互相交流的工具是智能手机，智能手机已经取代了电脑成为人们交流的新方式，2015年手机用户已经超过了电脑用户。第二是云计算，企业都在开发新的市场，越来越注重云计算方面的服务。第三是信息化，云计算改变了企业目前的运作方式，能够帮助企业减少成本，并且还能够简化IT基建方面的程序，让IT行业变得更加灵活。第四是基建服务越来越流行。大数据是目前最重要的潮流，能够帮助我们利用新技术。

李少波（贵州大学教育部现代制造技术重点实验室副主任、博士生导师）： 大数据的技术创新已经不再是互联网企业的独角戏。近期大数据的技术前沿有以下几个方面：一是数据的海量化和增长化对大数据非常有帮助；二是大数据完全隐私保护技术和审计定价技术比较热；三是大数据的计算技术；四是大数据的分析技术；五是大数据的交易技术。

罗兵（贵州财经大学副校长）：从目前看“互联网 +”代表更多的全新的经济形态，互联网经济有以下发展特点：一是信息传播更加迅速，信息不对称彻底改变。二是传统行业模式被颠覆，新的商业模式正在推进。以流量经济特征构建新型商业模式，以互联网技术为带动，以数据分析为纽带，高速带动生产要素的流动，并产生了高速流量增长的新的盈利点。三是普惠经济技术蔓延，席卷整个市场。四是经济结构将被重塑，经济增长的内在动力在发生变化。互联网这种打破固有边界、解决信息被困的作用，是对信息传播的重构，它重新定义了信息的产生和传播模式，重新塑造了信息的价值与利用。

寥信（印孚瑟斯［中国］有限公司市场总监）：IT 服务市场发展会有两个大的趋势，一是用的人越来越少。印度 IT 市场每 10 亿美金的产值，在 2013 年需要雇用 4 万人，到 2015 年只需要雇用 13000 人，这意味着因为技术自动化每一个个体人能够创造的产值在迅速增长。二是要加强合作与沟通。在设计思维的帮助下，我们发现很多时候甲方的定义是不准确的，即使乙方做得再好，有时候也得不到认同。

周华（云南大学软件学院副院长、博士生导师）：新智能时代，就是以强大的技术、互联网和大数据技术为基础，以集客和创客为主要参与群体，以新的硬件为表现形式的新经济常态。引领智能时代的不是科技巨头，而是集客和创客，科技巨头看到好的产品或者想法，会将创造团队买下来进行孵化。那集客和创客到底在哪里？他们1/3在大学里，1/3在家里，还有1/3在各自的产业园里。

李凤华（中科院信息工程研究所副总工、博士生导师）：从六个角度阐述IT产业技术的机遇。第一，21世纪IT产业发展为世界各国各行业发展带来新的机遇。第二，大数据为人们提供了认识资源的新手段，对国家和企业经营、个人生活产生了重大的影响。第三，技术面临同等起跑线，IT技术更新换代渐进发展，在网络的高端产品方面，我们充分利用IT产业的发展加快组织创新，实现同步发展。第四，技术和能耗，中印两国都是人口大国，节能降耗和可持续发展是两国发展共同的问题。第五，安全与隐私保护，需要新技术保驾护航。国家的网络安全是维稳的，是有其潜在价值的。第六，重点培育新产业，培育信息产业，随着服务和管理能力的提高，能实实在在地惠及民生。

高兴（北京大学南亚学系副教授）：中国的产业转型是非常成功的，中国正在进入第三次革命，这个革命不仅是中国的革命，还是亚洲的革命。过去我们只能给欧美企业家打工，为什么亚洲现在不能让别人给我们打工？中印双赢的合作，可以真正实现中国梦、印度梦，真正实现亚洲的改变，真正改变世界格局。

数博发布会

——大数据，超乎我们的想象，超越我们的梦想

——块数据催生『中国数谷』在贵阳崛起

——块数据——大数据时代真正到来的标志

——大数据生长在贵阳是天时、地利、人和

——数博会——大数据的思想策源地

2015 年 1 月 8 日，2015 贵阳国际大数据产业博览会暨全球大数据时代贵阳峰会新闻发布会现场

2015 年 1 月 8 日，在 2015 贵阳国际大数据产业博览会暨全球大数据时代贵阳峰会新闻发布会上，一位记者向相关负责人提问

2015 年 4 月 17 日，2015 贵阳国际大数据产业博览会暨全球大数据时代贵阳峰会新闻发布会暨块数据理论研讨会北京现场

2015 年 5 月 24 日，2015 贵阳国际大数据产业博览会暨全球大数据时代贵阳峰会理论成果发布会现场

由大数据战略重点实验室研究、中信出版集团出版的《块数据》《DT时代》《创新驱动力》成为2015贵阳国际大数据产业博览会暨全球大数据时代贵阳峰会三大理论成果

2015贵阳国际大数据产业博览会暨全球大数据时代贵阳峰会新闻发布会发布辞

贵阳市委副书记、市长　刘文新

新闻界各位朋友：

大家上午好！

首先，向关心和支持2015贵阳国际大数据产业博览会暨全球大数据时代贵阳峰会的朋友们，表示衷心的感谢！受大会组委会委托，我向各位介绍一下这次活动的有关情况。

一、关于活动的时间和地点

2015贵阳国际大数据产业博览会暨全球大数据时代贵阳峰会，将于2015年5月26日至29日在贵阳国际会议展览中心举行。

二、关于活动的主办方和协办方

此次活动由贵阳市人民政府、遵义市人民政府、贵安新区管委会、贵州省经济和信息化委、北京市贸促会、中国互联网协会共同主办，由工信部国际经济技术合作中心、中国信息协会大数据分会、中国呼叫中心与BPO产业联盟、IDC国际数据公司、中关村大数据产业联盟、中关村大数据交易联盟协办。汇集这么多业界知名机构的力量和资源共同举办这次行业盛会，目的是突出区域合作、优势互补，提高活动的国际化、专业化水平。

三、关于活动的主题和主要内容

此次活动的主题为“大数据时代的变革、机遇和挑战”，届时将通过展览展示、峰会论坛和创新大赛，综合呈现大数据技术、应用和发展趋势。

四、关于活动将呈现的特点

此次活动以“专业展会、国际平台、促进合作、共谋发展”为原则，旨在为全球大数据产业发展搭建一个高端、前沿、全面的交流合作平台，具有以下四个特点：

第一个特点：展示前沿技术。活动期间将设国际精英馆、大数据应用馆、大数据设备馆、大数据软件和服务馆四个展馆，面积约4万平方米。其中，国际精英馆，是本次展览的主题馆，汇聚世界顶尖企业，以特装方式展示新成果、新产品、新技术。大数据应用馆，集中展示以大数据为核心支撑的热门行业，重点是智慧城市、大数据金融、大数据营销、移动互联网、车联网、大数据健康等。大数据设备馆，吸引大数据产业硬件设备及其制造商和解决方案提供商，包括存储及服务器板块、网络通信设备板块、大数据信息安全板块、机房设备板块、可穿戴设备板块等。大数据软件和服务馆，定位在大数据软件和数据处理技术、数据交易平台及关联服务等方面的展览展示。

第二个特点：探讨发展趋势。活动期间将举办 1 个峰会和若干分论坛。峰会将邀请国内外大数据领域知名企业家、专家学者，发表主旨演讲并展开高峰互动对话交流，探讨大数据产业发展趋势及前沿理论。分论坛将围绕“大数据的交易和互换”“大数据时代下政府的‘智’与‘治’”“大数据驱动金融创新”“民生与健康大数据”“大数据技术发展趋势和产业变革”“大数据的战略与方向”等专题进行探讨。

第三个特点：催生新兴业态。活动期间将以“云上贵州·数聚贵阳”为主题，紧紧围绕政务数据开放和数据交易，举办大数据创新应用大赛，并展示贵阳正在开展的“大数据推动政府改革”“大数据改善民生”应用创意征集活动首批成果。同时，率先在世界范围内发布数据确权、数据定价、数据保险、数据货币，以及数据的登记、交割等一系列大数据交易及相关标准，促进大数据应用由“条数据”向“块数据”突破，打破传统的信息不对称和物理区域、行业领域对信息流动的限制，培育一批基于大数据的信息消费、金融服务、先进制造等新兴业态。

第四个特点：云集业界精英。在活动策划和筹备期间，尽管我们的活动方案还没有正式发布，但已经得到了业界的高度关注。阿里巴巴的马云先生、富士康的郭台铭先生已经明确表示，将出席活动的展会和峰会。另外，惠普公司、趋势科技、神州数码等，已经接受了组委会的邀请。目前，组委会正在向 IBM、微软、苹果等全球领先的大数据企业发出诚挚邀请。

我们将继续加大嘉宾邀请力度，诚邀更多的业界精英出席这次行业盛会。

下一步，我们将在官网上及时发布此次活动筹备进展情况，请各位予以关注。在此，我真诚地向各位媒体朋友发出邀请，并通过你们向大数据领域的领军企业、专家学者发出邀请，欢迎大家在5月26日至29日莅临“爽爽的贵阳”，共同参加2015贵阳国际大数据产业博览会暨全球大数据时代贵阳峰会，与我们一起分享大数据产业发展的成果与机遇！

最后，我用一句话来结束我的介绍：大数据，超乎我们的想象，超越我们的梦想！

谢谢大家！

2015 贵阳国际大数据产业博览会
新闻发布会纪实

2015 年 4 月 17 日　上午 10:00

北京市人民政府新闻办公室新闻发布厅

2015 贵阳国际大数据产业博览会暨全球大数据时代贵阳峰会新闻发布会、块数据理论研讨会于 4 月 17 日上午 10 点在北京市人民政府新闻办公室新闻发布厅举行，数据观（www.cbdio.com）记者进行了全程图文直播。

本次活动由新闻发布会和块数据理论研讨会两部分组成。

丁海： 各位领导、各位来宾，新闻界的朋友们，上午好！欢迎大家出席 2015 贵阳国际大数据产业博览会暨全球大数据时代贵阳峰会新闻发布会。我是贵阳市人民政府经济顾问、贵阳驻北京区域合作党工委书记丁海，很荣幸主持今天的新闻发布会。

2015 年 1 月 8 日，我们在这里召开了数博会首次新闻发布会，通过新闻界的朋友们向全社会宣传了数博会相关筹备工作。随着数博会日益临近，工作取得了极大进展，为使大家了解相关情况，今天我们在这里再次举行新闻发布会。

今天的新闻发布会得到了中央媒体、海外媒体、行业媒体、网络媒体、北京市媒体、自媒体和贵州省贵阳市媒体的广泛关注、关心以及大力支持。共有 150 余家媒体的记者朋友们专程莅临、出席这次新闻发布会，为我们的数博会宣传造势、加油鼓劲。让我们以热烈的掌声对各位领导和朋友们的到来表示热烈的欢迎和衷心的感谢。

今天的新闻发布会共有两项议程：第一是发布数博会有关情况。第二是回答记者朋友们的提问。

首先请中共贵阳市委常委刘春成同志发布新闻辞。

刘春成：各位媒体朋友大家好！首先我要代表数博会组委会的组成单位向各位对本次活动的关心表示感谢。没有朋友们的真诚关注和大力推介，很难想象在这么短的时间内我们的工作能取得这样的进展，能引起这样的关注。应该说大家的力量是我们取得今天这样进展的最根本也是最重要的支撑。

受大会组委会的委托，现在我向大家介绍一下数博会筹备工作阶段性进展情况以及接下来工作中的一些重点和亮点。

第一，关注支持情况。此次数博会得到了中央和国家部委的大力支持，中央网络安全和信息化领导小组办公室会同国家发展改革委、工业和信息化部、商务部进行了研究，于 3 月 31 日向贵州省人民政府发来复函，明确表示，举办数博会对促进贵州经济转型升级具有重要作用，将予以积极支持。得到了贵州省委、省政府的高度重视，省政府主要领导亲自担任组委会名誉主席，并以省委、省政府名义或省领导个人名义向国家领导人和众多著名专家学者、机构负责人发出邀请函。得到了众多知名机构的专业支持，中国工程院、工业和信息化部国际经济技术合作中心、工业和信息化部工业文化发展中心、中国互联网协会、中国信息安全测评中心、中国信息协会大数据分会、中国数据中心产业发展联盟、IDC 国际数据公司、中关村大数据产业联盟、中关村大数据交易联盟、闪联工程技术中心等单位，为筹办好此次数博会提供了有力的专业力量和资源支持。

第二，企业参展情况。在活动招展布展工作中，我们面向全球邀请大数据领域知名企业参展，共收到 500 多家企业的参展申请，目前，已签约企业超过 350 家，包括阿里巴巴、微软、谷歌、英特尔、惠普、思科、甲骨文、戴尔、富士康、华为、360、联想（摩托罗拉）、中兴、红帽、博科、京东、威图、正威、亿赞普、神州数码、曙光等国内外知名企业。目前，4 个场馆约 4 万平方米的展区面积均已落实，特装展示区域超过总面积的 80%，并围绕大数据应用融合、数据安全、产业创新、产业生态、数据交易及开放、大众创业等设置了多个主题展区。其中，大数据生态展区，将有近 50 家企业对大数据应用和产业的关联性进行综合展示，同时还设有美国硅谷专区。翰凯斯创客组织的梦工坊——数字制造体验展区，除了有观众体验、互动活动外，还将组织业内知名人士、公司通过主题演讲演示，对大数据创新价值进行诠释。智能制造、智慧生活展区，将集中展示智能设备、物联网、工业互联网的融合应用。大数据安全集中展示区，将展示大数据时代数据安全和隐私保护的前沿技术。呼叫中心与服务外包展区，将集中展示大数据与未来服务外包的关系。“701”展区，将依托贵阳市全域公共免费 Wi-Fi，展示块上集聚的大数据公共平台创新应用。富士康组织的展区，将以大数据与生产生活为主题，通过模拟空间形式展示大数据的应用和未来科技。智慧城市板块，将有丹麦、瑞典、日本等国外智慧城市代表参展，展示大数据技术在城市管理中的应用经验。

第三，峰会论坛情况。组委会向部分国家部委，驻华使领馆商务参赞，大数据领域两院院士，国内外知名高校学者，全球500强企业及知名专业机构高管，大数据金融、通信、能源、民航、高端制造、电商等知名行业协会及媒体等众多领域的嘉宾发出了邀请，倪光南、刘韵洁等9位院士，阿里巴巴马云先生、富士康郭台铭先生等业界精英，已明确表示将参加活动并发表演讲。我们在持续加大嘉宾邀请力度，诚邀更多的全球大数据领域精英和领军企业、重要机构参加峰会和论坛。届时，以“‘互联网+’时代的数据安全与发展”为主题的峰会，将有国家领导人、国际组织领导人和世界顶级企业家、专家学者、行业机构代表出席并发表主旨演讲，形成最新理论成果。组委会将围绕大数据产业变革、发展趋势、关注焦点和共性问题等，发表《大数据贵阳宣言》。还将举行“创时代的互联网+”“数据开放与隐私保护”“城市全域免费无线网络与块数据下的产业转型创新”“大数据与政府职能转型”等主题论坛，以及“2015中国服务外包产业峰会”“2015贵州贵安智能终端与移动应用高峰论坛暨首届移动支付圆桌会议”“大数据产业发展论坛”“海峡两岸携手共创大数据产业辉煌论坛”“大数据交易机遇和挑战论坛”“第十届灾难恢复行业高层论坛”“大数据驱动行业变革论坛”“大数据学术论坛——融合、跨界、基础、突破”“大数据关键技术及应用论坛”“IDC2015信息通信技术趋势论坛”“2015数字民航趋势发展峰会”等行业论坛。

第四，创新应用情况。2015年1月，我们启动了2015贵阳大数据草根创新公开赛，围绕“大数据倒逼政府改革”和“大数据改善民生”，在全国范围内征集大数据创意设计和应用产品（APP），数博会期间将展示首批赛事成果。目前，已收集参展项目60多个，初步设想将策划智能硬件大数据、互联网金融大数据、智能家居大数据等主题展览，促进本次参赛项目形成“端上数据采集—数据挖掘、分析—大数据应用”的完整生态体系。活动期间，我们还将推动贵阳火炬创客空间与北京多家创客机构的全面合作，建立贵阳创客联盟，创新异地孵化及资源共享的服务模式，促进贵阳制造业快速融入“互联网 +”时代。还将借助贵阳市全域公共免费Wi–Fi、块上集聚的大数据公共平台等资源，主动开放政府数据与市场，推动一批大数据应用项目落户贵阳，让老百姓实实在在感受到大数据带来的好处与便捷。

我们将在官网上及时发布此次活动筹备进展情况，请各位继续予以关注。在此，我再次向各位媒体朋友发出邀请，并通过你们向大数据领域的领军企业、专家学者发出邀请，欢迎大家在 5 月 26 日至 29 日莅临“爽爽的贵阳”，共同参加 2015 贵阳国际大数据产业博览会暨全球大数据时代贵阳峰会。

谢谢大家！

丁海：下面进入记者提问环节。

《中国日报》：我是《中国日报》的记者，我有一个问题想提问钟传萍女士，这次举办数博会，贵州省本身大数据产业发展的总体思路是什么呢？谢谢。

钟传萍：3 月 24 日贵州大数据领导小组第二次会议召开，贵州省省长陈敏尔做了讲话，这次会议进一步明确了贵州省大数据产业发展的总体思路是“三四五三”。第一个“三”指的是数据从哪里来、数据存放在哪里、数据谁来使用三个问题；“四”指的是数据是资源、产业是目的、应用是核心、安全是保障四个理念："五"指的是重点打造贵州省大数据产业发展的基础设施层、系统平台层、云应用平台层、增值服务层，还有就是配套端产品层配套五个产业层级；后一个"三"指的是我们分三步走，建设成贵州省大数据的内容中心、大数据的服务中心、大数据的金融中心。通过大数据带领贵州省信息产业加快发展，推动贵州省经济结构转型升级。

我还想跟各位汇报的一个就是，我们的三个中心建设的思路。贵州省将通过五年的时间，基本建成国家级的大数据内容中心、大数据服务中心，力争创建国家级大数据金融中心。第一步就是花三年的时间，力争把贵州打造成国家级的大数据内容中心，吸引一批国家级的行业级的数据中心落户贵州，建设成长江经济数据基地、数据中心，这是我们的第一步。第二步，从现在开始的五年到十年内，在前一个中心的基础上，力争把贵州省打造成国家级大数据服务中心，培养聚集一批开展数据分析、提供数据服务的增值服务企业，形成立足西南、面向全国、辐射东盟的大数据服务中心。第三步就是在以上两个中心的基础上，打造国家级的大数据金融中心。首先我们会在贵阳市进行试点，形成数据商品化的市场机制，开展数据的交易和结算，把贵阳市打造成大数据时代的金融中心。

谢谢。

凤凰卫视：谢谢，我来自凤凰卫视。这一次数博会北京贸促会也是主办单位之一，想请您介绍一下，本届数博会跟其他行业会展有什么不一样，有什么特点和亮点？还想了解一下数博会作为会展有什么特点，或者怎样体现大数据这个概念？谢谢。

林彬：谢谢您的提问，大数据的应用是信息技术行业又一场新的革命，正在深刻改变着人们的思维方式、生产方式和生活方式。本届数博会以大数据时代的变革、机遇和挑战为主题，定位于专业展会、国际平台。北京市贸促会在参与首届数博会总体方案的整个设计过程当中，力求把大数据的思维与数博会策展有机结合，办出一届具有特色的数博会。与普通的展会相比，我们认为有七个方面的特色：

一、本次数博会既是国内第一个大数据展会，同时也是世界上为数不多的以大数据命名的博览会。这次即将在贵阳举办的数博会将有力推动全国大数据产业的发展，提高我国在世界大数据领域的地位。

二、本次数博会国际化程度非常高，聚集了众多国内外大数据知名企业，比如华为、阿里、联想、谷歌、惠普、微软、富士康这些知名企业。同时出席贵阳首届数博会的还有信息技术行业领军人物，比如马云、郭台铭，还有周鸿祎，以及微软、谷歌、戴尔、惠普、英特尔、思科这些公司的总裁和副总裁。

三、本次数博会充分利用大数据行业资源，得到了国家网信办、工信部国际经济技术合作中心和工业文化发展中心、中国互联网协会、中国信息协会大数据分会、大数据产业技术联盟、中国数据中心企业联盟、中国呼叫中心与BOP产业联盟、中关村大数据产业联盟和交易联盟、IDC国际数据公司等许多国内外大数据著名行业机构和组织的鼎力支持，大大提升了本届数博会的专业程度。

四、本次数博会涉及的行业广，涵盖包括云计算、智能终端、软件服务、移动互联网、数据安全、数据中心、电商等在内的诸多大数据产业，同时展会期间还有大赛的内容，充分体现了大数据的广泛性和融合性。

五、本次数博会互动性很强，除了主题论坛和分论坛以外，展馆还设有专门的洽谈区、体验区、演讲区，供参展商和相关组织开展技术交流，进行企业展示、项目路演、新产品发布、项目洽谈等活动。充分提供了企业、媒体、观众交流互动的空间，为观众充分体验大数据的应用提供了便捷的条件。

六、本次数博会充分利用互联网平台，打造职能化、平台化的高端展会，将展览会的组织工作与数据库、移动互联网、终端设备等各种互联网平台相融合，通过展会的官网、微信平台、手机 APP 等多种方式进行展商和观众注册，现场下载 APP 软件可以直接获取感兴趣的公司、产品、人员和会议活动的信息，利用这些信息规划观众的观展行程，提高效率，提升观展的效果，充分利用互联网在展览会中的应用，提高展会的管理水平。

七、本次数博会的展馆设计突出大数据的形象，将大数据元素和服务功能有机地结合，使参展商和观众到了展馆就被包围在大数据的环境之中。

以上是我的介绍，谢谢。

记者：我想请问一下欧阳武主任，贵安新区作为西部第五个国家新区、打造智能的生产基地，对做好这次数博会分论坛的设想和打算是什么？谢谢。

欧阳武：谢谢你对贵安新区的关注。在座的各位想必都对移动智能终端的变革有非常切身的体验，产品一代一代的更新换代，我们作为消费者是应接不暇。苹果 4S 还没玩儿熟，苹果 5 又来了，5S 还没想换，苹果 6 又来了。我想说，这仅仅是开始。未来的智能终端、产品形态、产品功能、产品性能都存在着无限的想象空间，有各种可能性。那么如何定义、如何设计并且制造出消费者喜欢的移动智能终端，将是消费者和产品厂商、技术开发商共同面临的挑战。我们对移动智能终端的判断，在未来十年，会发生巨大的变化，会产生巨大的机会。上一代的移动智能终端厂商有可能被淘汰，而我们可能不太了解，甚至不太知道的一些厂商会突然出现，成为下一代的巨头。从上一代手机的革命我们已经看到了，摩托罗拉、诺基亚的传统手机在互联网时代被苹果、三星的智能手机替代了。

5 月 25 日，在 2015 贵阳国际大数据产业博览会暨全球大数据时代贵阳峰会召开之际，我们贵安新区管委会和工信部软件促进中心将联合举办智能终端应用的高峰论坛。这个论坛将邀请终端领域的领导人物，共同探讨未来应用智能终端的定义，以及智能终端的设计和制造，这个制造既包括硬件的性能，也包括软件的应用。我们希望利用此次论坛的契机，借助大数据和智能终端双轮驱动，形成一个开放的交流平台，为移动智能终端的上下游企业、大数据网络科技公司搭建一个合作的平台，为消费者提供更好的移动智能产品，同时我们也希望把贵安新区打造成为中国内陆地区最重要的智能终端生产基地。

这次论坛我们还把科技内容和传统文化内容结合起来。大家知道，在离贵安新区不远的修文县有一个阳明祠，明代王阳明先生曾在那里苦心研习，开创了阳明文化，他强调知中有行、行中有知、知行合一，我们认为这种理论跟未来智能终端的设计和生产有非常高度的契合。首先我们必须要了解未来的移动智能终端有什么功能，有哪些技术能够支撑这些功能，消费者需要什么样的功能，这就是知；光了解还不行，还要设计制造出来，这就是行的方面。只有把知和行结合在一起，知中有行、行中有知，最后呈现出产品，这才算是成功。我们也想利用这个机会，为大家介绍贵州很有特色的历史人物和文化。

我们认为未来的移动智能终端，可能是手表，大家已经看到了，现在的 iWatch、三星的手表，都具备了手机功能，也可能是眼镜，像谷歌眼镜，还可能是未来任何一款具备通信功能的穿戴设备，所有这些未来的智能终端，都拥有先进的传感技术，以及非常炫的应用。前一段时间在网上看到百度发布的一个消息，叫神灯搜索，尽管我们现在没看到产品，但它搜索的是立体的结果，想开发出好的终端产品，就必须了解技术的最新成果，要了解消费者的心理。

这次我们已经邀请了像高通这样在手机领域、芯片技术领域最顶尖的公司，也包括像360这样在安全领域、互联网领域的公司，以及富士康这样在代工领域的公司，此外还有像中国银联这样在移动终端应用方面有突出作为的公司。这些嘉宾将围绕整个移动智能终端产业，在论坛上做精彩的演讲。

我们再次欢迎业内的企业家和朋友，让我们一起探讨未来移动智能终端的发展方向，为我们的消费者提供最喜欢的，而且是最炫的移动智能终端产品。

谢谢大家。

记者：您好，我从有关方面了解到中国互联网协会作为本次数博会的主办方之一，将在数博会期间举办“互联网+”与中国产业转型升级的主题论坛，请卢秘书长介绍一下相关的情况。谢谢。

卢卫：谢谢您的提问。大家知道互联网传入中国已经有21个年头，互联网传入后迅速落地生根，并且不断发展壮大，逐渐成为提振经济发展、服务社会民生的一个新引擎，呈现出产业格局加速变革、产业链更加细分、业务应用日益丰富、商业模式不断创新的新态势。

在这种情况下，今年“两会”期间李克强总理在政府报告中提出了“互联网+”行动计划，推动移动互联网、物联网、大数据、云计算与现代制造业结合，促进电子商务、工业互联网和互联网金融的健康发展。我想这是将以互联网为代表的信息经济对新常态经济增长与转型的引领作用提到了一个新的高度，也标志着互联网发展进入了一个新的阶段。所以“互联网＋”行动计划将重点放在了促进大数据、云计算、物联网为代表的新一代信息技术与现代制造业、生产型服务业的融合创新，打造新的经济增长点，为大众创业、万众创新提供开放的环境，提供这种产业智能升级的有力支撑。

大家知道克强总理在多次会上提出大众创业、万众创新，在960万平方公里的土地上掀起这个新浪潮。互联网正是有这种创新的基因、创业的基因，所以才能够为大众创业、万众创新提供一个环境、一种保障。

贵阳作为贵州的省会城市，拥有良好的生态环境，具有发展大数据技术得天独厚的自然禀赋，所以习总书记曾经要求，贵州要坚守发展和生态两条底线，做到经济效益、社会效益、生态效益同步提升。从2013年起，贵阳把发展大数据产业作为经济体制转型的主攻方向来抓，作为全国首个建立大数据交易所、首个全力打造免费Wi–Fi全覆盖的城市，贵阳将以“互联网＋”行动计划为契机，努力完善数据中心、云服务、物联网等基础设施的建设，积聚一批优秀的互联网上下游企业，建立无线城市数据基础，共同探索一条“互联网＋”为蓝本的产业转型升级的路子。这次“互联网＋”与中国产业升级转型的论坛，我们将邀请国内一些知名专家、学者，以及知名企业的负责人共同探讨中国“互联网＋”经济新引擎对产业转型的引导。随着互联网、云计算等新技术的发展，以贵阳贵安大数据产业试点示范区为代表的贵州大数据产业将会得到蓬勃的发展，也将给国内的互联网行业带来新的机遇。

总之，我们互联网协会将携手在座的各主办单位，让大数据在贵州落地生根，为我国大数据产业的发展做出积极的努力。

最后作为大会的主办单位之一，我想借此机会对参加这次新闻发布会的各位媒体朋友以及在座的各位嘉宾表示衷心的感谢，同时代表主办方欢迎大家来到贵阳。谢谢。

记者：您好，我是《中国高新技术产业导报》的记者，我想问一下，贵阳拥抱大数据，贵安新区在这个背景下如何布局规划以支撑大数据未来的发展？谢谢。

欧阳武：谢谢你对贵安新区的关心。贵安新区在贵州省的大数据布局中是与贵阳并行的两个核心之一。2014 年 2 月 25 日，贵州省政府印发了《贵州省大数据产业规划发展纲要》，明确提出贵阳、贵安两大大数据产业基地。按照省委、省政府的要求，贵安新区现在正在电子信息产业园内规划建设大数据的产业基地。由于贵安新区是刚刚获批的国家新区，在城市配套和基础设施建设方面任务比较繁重，贵安新区是在贵阳和安顺之间辟出来的地块，这个地块原来的工业基础，包括城市配套功能都比较弱，都不全。我们现在实际上按照三步走：

第一个阶段是基础构建，计划用两年左右的时间，把城市的配套和信息基础设施建起来。

第二个阶段是实现要素资源的积聚，打算用一年半到两年的时间，实现数据的汇总，因为现在中国电信云计算的贵州基地、中国联通的贵安数据中心、中国移动的数据中心都已经在这里落户了。一期工程将在今年的5月开始，现在报的是 200 万的服务器规模。我们要利用三大数据中心服务全省乃至全国的数据中心，通过数据中心备份，把资源汇聚起来。

第三个阶段在资源汇聚的基础上，吸引一批大数据的英才，大数据的创新、创业公司，落户到贵安新区来。通过它们的商业模式创新、应用创新带动贵安新区的发展。

这次省里专门组织了云上贵州大数据商业模式大赛，选出 22 个获奖的项目。参赛团队来自全国各地，有的还来自海外，听说有 8000 多个项目、8000 多个团队报名参加，在这里面挑出 26 个，其中很大一批将会落户在贵安新区，这都是我们的种子，这都是我们未来突破的种子。这是我们目前的一些设想，现在我们按照省委、省政府的要求，一步一个脚印，踏踏实实地干。

大数据产业是一个全新的产业，是创新的产业，需要政府，同时也需要企业家，需要“90后”“00后”富有创新精神的孩子们跟我们一起来圆这个梦。谢谢。

记者：您好，我想问一下李女士，在推动大数据产业发展过程中，遵义发展的重点是什么？谢谢。

李莲娜：非常感谢你的提问，同时借此机会感谢新闻界的各位朋友长期以来对遵义市的关心、关注和支持。按照省委、省政府的要求，依照以大数据为引领的信息服务产业的战略思路，作为贵州省第二大城市，遵义的转型升级怎么走在前列，所以我们在大数据产业当中的重点在特色云工程、端产品、应用平台等方面。

第一，在特色云工程方面，首先是酱香型白酒产业，因为酒产业是遵义的主导产业。其次就是着力建设卫生健康云，因为遵义是国家首批17家公立医院改革试点之一，我们要在贵州做出示范。第三是着力建设运行云平台，主要涉及主流媒体、论坛的及时信息反馈，同时也对网络民意数据进行筛选和判断，作为我们决策的依据。

第二，在端产品生产方面，我们重点引进生产穿戴设备、3D打印的龙头企业，逐步发展起传感器、音频、采集条码型等采集设备产品，致力于发展高性能、低能耗的产业，实现端制造与大数据应用的结合。同时，我们也充分利用遵义工艺基础较好的优势，进一步推动新型化和工业化的深度融合，让互联网、物联网融入工业生产的各个环节，不断推动烟、酒、茶装备制造，以及能源、材料等传统工业的智能化改造。在端产品中，我们还要继续深化与中科院、市人民政府的合作，具有核心竞争力的机器人及智能装备产业将快速发展，着力打造遵义制造的品牌，逐步实现智能设备成套化、智能决策人机一体化、全面实现遵义工艺转型、升级的愿景和目标。

第三，在开展大数据示范应用方面，我们结合自身的特点和大数据的特征，在民生服务、城市管理、行业应用及服务外包等重点领域开展大数据示范应用。在行业应用领域，重点是实现信息化和工业融合，进一步引导企业发展大数据，提供数据挖掘和分析。在大数据外包服务方面，我们充分利用遵义良好的生态优势，引进云服务相关应用的开发企业，并且吸引了一批高端人才，到遵义从事软件研发，发展大数据外包服务。

最后，欢迎各位媒体朋友到遵义看看。

《人民日报》：我是《人民日报》的记者，有一个问题想请问刘市长。您提到此次数博会的一个重要板块是2015贵阳大数据草根创新公开赛，想请您具体介绍一下进展情况。谢谢。

刘春成： 刚才介绍整个大会筹备情况的时候讲到，我们很重要的一个内容是“一赛（即大数据草根创新公开赛）”。因为大数据产业为年轻人的创业、创新提供了很大的机会，所以在这次大会筹备的时候，就把这样一个草根的创业大赛作为一项重要内容。主要是基于这么几点考虑：

第一，这几年大数据快速发展，贵州、贵阳一直在大数据方面积极地做着创新的准备。主要体现在基础设施方面。这两年在这方面投入了很大的力量，已经具备了相当的条件。大家知道，如果要在大数据方面创业和创新的话，必要的大数据基础项目是很重要的。在过去一两年中，我们成功签约的有关大数据的项目达到了150个，整个贵阳市，签约投资额已经超过了1400多亿。而且在2014年的时候，贵阳还被相关的权威机构评选为全国最适合投资数据中心的城市。应该说，这些大数据方面的基础为这次创新大赛提供了条件。

第二，我们马上就要开通覆盖整个贵阳市的免费公共Wi-Fi系统，这样一个系统的开放，从技术上、从手段上为年轻人创业、创新提供了重要支撑。此外，大数据如果要形成产业，作为一种资源，交易是必须的。贵阳成立了全国首个大数据交易中心、首个政府数据开放示范区。我们觉得贵阳有条件，也应该有这种责任感，为青年人提供这样一个平台。而且，我们一直在思考如何创造、营造一个全产业链的大数据产业生态环境和与之配套的政策生态体系。这是我们下一步要做的，而且我们正在努力这么做。创新的过程就是一个动态匹配的过程，在这个过程中，要给真正有创意的年轻人提供一个很好的环境。

关于赛制，简单来说就是三个支持、两个联合主办、20个承办。三个支持是贵州省大数据产业发展领导小组办公室、贵州省京信委、贵阳市人民政府；两个联合主办是中关村和贵阳市青年联合会；20个承办，包括创邦、京西创业公社、IC咖啡、创客空间、金融客咖啡、协同工厂、黑马会、创客总部，等等。我们一直有一个想法，就是尽可能让这些已经成形的或有创业、创新意愿的年轻创客机构、团体、个人一起来做大数据。

我刚才讲到“大数据倒逼政府改革”和“大数据改善民生”。我们认为在这两个方面，这些草根、这些年轻人是有发言权的，他们了解政府需要哪些改革与突破，也了解大数据在民生方面可能蕴含着哪些创新。这次大赛主要是两大部分，一是大数据的创意设计，一是APP的开发竞赛。目前进展情况应该说很顺利，我们开放公共资源平台，协调运营商给予了一些支持，加上政府的直接支持，最终我们会选出100个优秀创意奖，并给予一定的奖励和支持。

应用阶段作品征集，从2015年的6月1日至7月30日，争取从项目真正的推广落地入手。我们这次大赛的奖励和一般的赛事不太一样，设立了奖项，但是不设立具体的奖励资金。不是说拿完奖拿完奖金就算完了，而是要真正推动年轻人创业，让他们的梦想通过项目的落地来实现。那我们提供什么呢？我们提供的是开放的数据资源和市场，同时也提供相关的云计算资源，还将为这些项目提供本地的区域市场。在资金方面，我们的考虑是，通过政府信誉和大赛推进平台，引入商业资本，政府则会提供相应的匹配政策。在过程中我们还会安排专业的团队提供咨询服务。总之，一个最根本的目的，就是让这些年轻人借助这样一个平台，能够真正实现他们的创新梦想，而且也能够得到相应的创业回报。谢谢。

丁海：记者朋友们，由于时间关系，今天的提问就到这里。如果还有问题，大家可以在会后对我们的领导和嘉宾进行采访。

块数据催生“中国数谷”在贵阳崛起

——在《块数据：大数据时代真正到来的标志》新书发布暨理论研讨会上的主题演讲

大数据战略重点实验室主任　连玉明

首先，感谢媒体界的朋友们对块数据这个概念、《块数据》这本书的关注。因为这本书不仅探索了大数据的一些新的理论问题，而且它还回答了为什么贵阳会发展大数据。

其次，特别感谢中信出版集团，是他们的社长、他们的编辑发现了这本书。我相信，这本书将会引领大数据领域最具影响力的新思想。

第三，特别感谢贵州省、贵阳市的决策者、参与者和实践者，他们的实践探索给我们研究块数据提供了理论营养，也是这本书产生的重要源泉。

今天是一个新书发布会，也是一个理论研讨会。块数据作为大数据时代真正到来的标志，一切才刚刚开始，还有很多非常有意思的，而且也更有意义的问题，值得媒体界的朋友们关注。

在召开这个理论研讨会之前，我收到了很多媒体朋友们的提问。今天围绕大家关心的几个问题，发表一点个人的看法。因为是研讨，请允许我发表的观点有我个人的思考、个人的理解，希望跟大家一起来共同探讨、共同推进和共同完善块数据这一新理论。

一、《块数据：大数据时代真正到来的标志》这本书将给我们带来什么

块数据是一个新概念。大家对大数据这个概念认识得很深，但是对块数据可能还比较陌生。块数据是什么？这本书究竟能给我们带来什么？希望我们一起探讨。

每一个人都渴望成功，而通向成功的道路只有一条，那就是创新创业，而创新创业的源泉是新的思想。可以这样说，《块数据：大数据时代真正到来的标志》这本书带给我们的就是一种新的思想，是创新创业的新思想。这个思想指引我们走向新的未来。

《块数据：大数据时代真正到来的标志》这本书是大数据战略重点实验室组织编撰的。这个思想的来源，是贵州省、贵阳市发展大数据的战略构架。我们需要回顾一下近两年来贵阳市在发展大数据方面走过的路。大家知道，我们现在的贵州省委常委、贵阳市委书记陈刚同志，是 2013 年 7 月 4 日从北京到贵州任职的。他任职市委书记的第 7 天就提出科技创新，第 30 天提出了创新驱动发展战略，第 40 天牵手中关村建立了中关村贵阳科技园，6 个月后制定了贵阳大数据发展战略，18 个月后，也就是今年的 2 月份，国家工信部正式批准贵阳 · 贵安共创国家级大数据产业发展集聚区，这是全国第一个国家级的大数据产业发展集聚区。

回顾这样一段历程，是想告诉大家，块数据这个概念和块数据理论的产生并不是空穴来风，贵州和贵阳在发展大数据实践中的理论探索和理论创新正是块数据这个新概念、新思想、新理论产生的源泉。贵州、贵阳发展大数据，意味着欠发达地区正在经历新的时代、新的思想、新的科技、新的文明的洗礼。马云对这本书的评价是，这本书对于块数据、条数据的认知，对于块数据之于未来经济和社会变革的影响分析，对于云计算领域的预判和布局，是极具前瞻性的，站在了时代的最前沿。大数据第一次让贵阳站在了世界的前面，而使之站在前面的正是标志着大数据时代真正到来的块数据。

我们的祖先发明了汉字，以方块构造的汉字成为我们的文字。如果说方块字是我们的第一文字，告诉我们从哪里来，那么在贵州、贵阳发展大数据的过程中创造出的块数据这个概念，将会成为我们的第二文字，指引我们到哪里去。这个“哪里”就是未来。马云讲过一句话，什么样的人能够成功？相信未来的人一定能够成功，谁相信未来谁就能成功。这是这本书给我们最大的启示。

二、为什么说块数据是大数据时代真正到来的标志

这本书的副标题叫大数据时代真正到来的标志。为什么这样说？

大数据已经不是一个新概念，而是正在到来的新时代。一个美国记者在一篇文章中说，大数据是什么并不重要，重要的是大数据正在改变人对世界的看法。那么，我现在要告诉大家，块数据回答的就是，人对世界的看法是如何改变的以及改变了什么。我分三个层次跟大家来交流。

第一，块数据是从数据到“数聚”的过程，这是块数据的起点。数据

是分散的、分割的、碎片化的，当这些分散的、分割的、碎片化的数据聚合在一起的时候，就开始产生“块”。那么，这种“块”是一种什么东西呢？“块”就是一个多维的无限的变量。多维是思维范式，无限是跨界，变量是一种不确定性和不可预知性。这是大数据时代我们认识世界的基础，也是改造世界的方法。

第二，块数据是从解构到重构的过程，这是块数据的机制。一旦数据被集聚，就会形成“块”，在“块”背景下原有的物质、能量、要素、权力、意识就会被解构。大数据时代人们获取信息的方式、交往和交友的方式、生活方式、意识形态、社会组织模式都将发生深刻的变革，这种变革的本质就是解构。每一次解构的结果都会产生新的重构，比如权力被权利所替代，这就是解构中的重构。

第三，块数据是从多维到共享的过程，这是块数据的价值。大数据时代带给我们最大的好处是什么？如果概括起来解释就是多维和共享，就是每一个人在大数据时代能够快速分享人类最先进的文明成果。这种多维和分享是任何时间、任何地点、任何人、任何事、任何方式获得任何信息，这就是共享的魅力。共享是大数据时代对人类最大的贡献。我们过去不知道的事现在可以知道，我们过去不能获得的信息现在可以获得，过去少数人拥有的东西，现在大多数人都能拥有，这就是共享。共享正在成为一个新时代的标志。所以，得“块”者得天下，得“块”者得未来。

必须说明的是，在大数据时代，我们传统的思维方式正在被颠覆，那究竟发生了什么变化？我们叫多维。在知识时代是单维，在信息时代是双维，现在是三维、四维。有一部电影叫《星际穿越》，这部电影提出一个五维空间假说。第五维是什么？是无边界的能量，或者叫能量无界限。物理学上的维度是从数学上定义的，从这个意义上讲，可以有六维，可以有七维。现代物理学公认的理论是八维空间，分为X维（物体的长）、Y维（物体的宽）、Z维（物体的高）、时间维、重力维、电磁力维、万有引力维、万有斥力维。而著名科学家霍金所提出的宇宙模型，给出了11维空间。大家知道四维是立体空间，那11维是什么？块数据究竟是多少维？希望我们去探索，这也是块数据理论留给我们的探索空间。

三、最先进的大数据为什么生长在欠发达的贵阳

我在北京工作，现在在贵阳挂职市长助理。北京很多人问我一个问题，为什么大数据会在贵州？大家不明白或者很想知道，最先进的大数据为什么生长在欠发达的贵州、贵阳？我觉得我们的媒体朋友应该研究这个问题。如果让我回答，就是三个词：天时、地利、人和。

先说天时。什么是天时？就是贵阳站在了大数据的风口上。发展大数据，是人类文明发展和全球文明进程的必然趋势，是坚持两条底线、探索双赢之路的战略选择，是发挥后发优势、实现后发赶超的创新路径，是认识新常态、适应新常态、引领新常态的思维变革。在这个新时代，谁能站在风口上，谁就能够成功。关键看你想不想、敢不敢、干不干。这三句话不是我说的，是我们的市委书记陈刚同志讲的。贵州、贵阳在发展大数据的问题上首先是敢想敢干。在大数据领域最经典的名言大家知道是什么吗？小米的董事长雷军说过一句话，只要站在风口上，猪都能飞起来。这就是天时！

再说地利。贵州的地形地貌和气候特征最适合发展大数据。从大数据的基础设施来讲，数据中心建设最重要的条件是什么？第一，地质结构稳定。

贵州和贵阳是一个三无城市，即无地震、无风灾、无旱涝。这是发展大数据基础设施的前提。第二，数据中心最重要的资源是什么？电！数据中心是一个消耗电能极大的产业。贵州是西电东送的发源地，我们有充足的电源。最重要的，大家知道在这个电里面消耗最大电量的是什么？是空调，是冷却设备。而贵阳的气候可以减少空调的使用。贵阳的年平均气温是 14℃，夏季的平均气温 22.5℃。22.5℃意味着什么？22.5℃是人类生存最适合的环境温度，为什么？因为人的正常体温是 36.5℃，按照黄金分割法，用 0.618 乘以 36.5℃，就是 22.5℃。所以，22.5℃不仅是人最适合的环境温度，也是大数据设备最适合的环境温度。

最后一点更重要，就是人和。这个人和的本质就是贵阳精神。什么是贵阳精神？知行合一。明代的哲学家王阳明，在贵阳修文龙场悟道两年多后提出了阳明心学，这是中国儒学文化的顶峰，它的核心思想就是知行合一。我们今天不谈哲学，但这种思想、精神是贵阳独有的，根植于贵阳的文化传统之中。知行合一的简单理解，知就是行，行就是知，明白就要干，不干就等于不明白，这就是贵阳精神！我们的市委书记陈刚同志讲过一句很经典的话，叫作“一想二干三成功，一等二看三落空”。这两句话就是贵阳精神的体现。所以，贵阳在短短的一年多时间内，创造出五个“全国第一”，绝对不是偶然的。从表面上看，是一群人在干一件事，从更深的层次上看，是中国优秀传统文化在贵阳绽放出的光芒，这种光芒的本质是文化的力量、精神的力量、信仰的力量。

四、正在崛起的“中国数谷”贵阳为什么在一年多的时间内奇迹般地创造出五个“中国第一”

第一个问题，大数据全国人民都在搞，但是把大数据作为一个省、一个城市发展的重大战略，只有贵州，只有贵阳。这个战略的背后就是块数据思想的引领。这个思想需要一个策源地，这就是我们在贵州成立大数据战略重点实验室的意义所在。刚才林彬女士讲，这次数博会有七个跟别人不一样的地方，我再给你们讲一个，最重要的，这次数博会一定是大数据思想的策源地，在会上获得的不仅是新的技术、新的信息、新的产品，更重要的是获取新的思想。

第二个问题，实现大数据从条到块、从数据到“数聚”，解决数据融合的问题，关键是通道。过去我们说“要想富，先修路”，而通向大数据最宽广的道路就是无线网络，是 Wi-Fi。贵阳建设中国首个全域公共免费 Wi-Fi 城市，不仅解决了数据融合的通道问题，而且承载着所有人、所有行业、所有城市对新技术、新业态、新模式及新生活方式的期待。

第三个问题，数据的聚合需要平台。平台是多维共享的场所。因此，贵阳建设了中国首个块上集聚的大数据公共平台。

第四个问题，数据是封闭的，具有高度的垄断性。只有数据开放，通道和平台才能发挥作用。打破数据垄断的突破口是政府的数据开放。这是贵阳为什么要建中国首个政府数据开放示范城市的原因。

第五个问题，数据的价值是共享，共享的前提是开放。通过什么方式能够实现数据的安全、有序、有效、持续开放，最重要的途径就是交易。只有交易才能实现块数据的价值。中国首个大数据交易所填补的正是这个空白。当然，数据交易在理论和实践层面还有很多亟待研究解决的问题，比如数据脱敏、数据定价、数据隐私权保护等，这也是贵阳大数据交易所在实践中需要不断探索的新领域。

正是这些实践探索，给贵阳发展大数据再一次带来新的机遇。这个机遇就是 2 月 12 日国家工信部批准“贵阳 • 贵安共建国家大数据产业发展集聚区”，这标志着贵州将成为中国大数据发展的思想策源地、创新引领区、产业集聚区和政策先行区。

五、为什么贵阳是投资发展、创新创业最好的地方

我从“北漂”现象到“贵漂”时代讲起。“贵漂”这个词也是我们的市委书记陈刚讲的。“贵漂”代表一个新的时代。“漂”是什么？“漂”的形式是流动，本质是梦想。什么地方有机会，什么地方就能够聚集“漂”。“漂”聚集在哪儿，哪儿就是最好的创新创业的地方。

为什么会出现“北漂”？就是因为北京拥有创新创业最好的机会。我是北京国际城市发展研究院的院长，我当了 15 年院长，走了中国 400 多个城市，如果问哪个城市我最喜欢，我会毫不犹豫地说是北京。因为北京是最适合人创新创业的地方，北京给我们提供了最好的创新创业的机会。

为什么会出现“贵漂”？因为现在我们“爽爽的贵阳”具有同样的机会，跟北京一样，可以成就每一个年轻人的梦想。如果说“北漂”是一种现象，那么“贵漂”就代表着一个时代，这个时代就是大众创业、万众创新的新时代，就是年青一代“筑梦的地方”。

大家知道，最近中央刚刚发了一个文件，叫《关于加强创新驱动发展战略的若干意见》。大家拿这个意见到贵阳去，看看贵阳发生了什么。贵阳，

敢于破除一切制约创新的思想障碍和制度藩篱；贵阳，善于营造一切有利于创新创业的政策环境和制度环境；贵阳，真正能够实现中央文件中讲的“四个对接”，即科技与经济对接、创新成果与产业对接、创新项目与实现生产力对接、创新劳动与利益收入对接。在刚刚结束的贵阳大数据草根创新公开赛中，第一名奖励 500 万。刚才春成副市长讲，这次贵阳数博会，我们的创业大赛 100 个项目，选定以后，落户贵阳，政府将提供最有力的支持，包括资金、政策、平台的支持。

最后我用马云到贵阳说过的一段话，结束我的发言。马云说，如果 30 年前你错过了投资广东、浙江的机会，那么，30 年后的今天，一定不能错过贵州。

我希望借贵阳数博会的机会，真诚地邀请我们的新闻媒体到贵阳看一看，看看贵阳已经发生了什么、正在发生什么和将要发生什么。这也是很多世界 500 强的大佬们到贵阳以后向世界发出的呼吁。

记者：我来自自媒体大数据文摘，我想问一下块数据理论的提出对于数据挖掘和分析领域有什么意义，以及贵州如何打造块数据？

连玉明：我们正在出第二本书，叫《DT 时代》。马云说，我们正从 IT 时代迈向 DT 时代。《DT 时代》这本书回答的是大数据如何改变世界。我们有一个假设，世界是由“块”构成的，大到宇宙，小到原子、分子、粒子。如果是“块”构成了世界，那么这个世界会发生什么样的变化。当世界的物质、能量、信息、权力、意识融入“块”的时候，世界就会被解构。每一次解构，都会导致一次裂变，每一次裂变都将带来一场革命，但革命的背后一定是重构光明的前途。

块数据这个理论才刚刚开始。大家往后看，会发现数据只有通过集聚成块才能发挥作用，才能让人们共享它的价值。大数据和块数据究竟是什么关系？举一个例子，如果我们观察世界，拿一个望远镜去看，这个就是大数据的方法；而块数据是我们观察世界的显微镜，我们会看到它最核心的东西，看到它的结构和功能。这是我们认识世界的一个新的思想、新的工具、新的方法。也可以说，块数据是大数据的解决方案。

记者：谢谢连院长的精彩分享，我是来自清华大学数据科学研究院《数据派》的编辑，我有一个问题是关于咱们这个块数据概念的。您刚才已经给我们做了一个非常深刻的阐释，我想问的是贵阳在大数据和块数据的发展上将会有什么样的具体动作？谢谢。

连玉明：我觉得贵阳在发展大数据方面，它不仅是一个实践者，也是一个参与者，在某些方面是领跑者。

比如现在我们贵阳正在搞一项战略叫“数据铁笼”，就是把权力关在数据的铁笼里。实际上，这个“数据铁笼”就是一个块上集聚大数据公共平台。比如税务、工商、交通，只要执法，每一个行为都会留下痕迹，这些痕迹都会集聚到数据中心，进行分析、评估和规范。克强总理年前到贵州视察，专门考察了“数据铁笼”在贵州的实践，他看完以后，说了六个字：人在干，云在算。这就是块数据在实践中的应用。

记者：我是华夏五千文化网的记者，向连院长提两个问题：

第一个问题，您刚才提到贵阳要成为“中国数谷”和大数据策源地，也提到贵阳将成为全国第一个全域公共免费 Wi-Fi 城市，还提到贵阳精神，知行合一。作为一个文化媒体的记者想问，以上这些会对贵阳的传统文化精神产生什么影响、加入什么新元素？或者说大数据时代背景下的文化和传统文化的融合会是什么样的？

第二个问题，我在经济类媒体工作20年，对经济非常感兴趣，今天会议主题有四个字非常引人注目，就是国际和全球。我非常惊讶，因为贵阳在全国城市里面不是经济最发达的，那么定位在这样一个高度，大数据捕捉这么前卫，是非常难得的。我想让您预测一下大数据在贵阳的发展，那么多顶级的国际合作单位、国内合作机构和合作企业，会对整个贵阳的经济发展产生什么影响？还有就是贵阳是不是有一种顶层设计？如果和北、上、广比一比，来赛跑，有什么样的预期？贵阳在整个中国的经济地位会因为大数据产生什么样的变革？谢谢。

连玉明：我先回答第二个问题。实际上你问的就是，贵阳搞大数据这么国际化、这么全球化，是不是想和北、上、广赛跑？你知道赛跑的时候如何当第一名吗？赛跑能不能当第一名，跟赛跑这个人没有关系。跟什么有关系？跟游戏规则有关系。发展大数据，三十年河东，三十年河西。三十年河东的时候北、上、广跑在前三名，贵州是最后一名。现在我们改变游戏规则了，我们掉头，我们可能会成为第一名，当然是在大数据领域。什么叫全球化？全球化是游戏规则的制定者，谁有制定全球游戏规则的话语权，谁就能赢得全球化。

第一个问题，我用习近平总书记的话回答，贵阳精神就是知行合一。阳明文化是什么？为什么阳明文化在贵州能够产生这样的效果？习近平总书记讲，这是中国优秀传统文化的时代价值。谁能挖掘中国优秀传统文化的时代价值，谁就能让中国传统文化绽放异彩。

我再给大家讲一句，贵州过去的文化是什么文化？有一个成语叫夜郎自大，贵州过去是夜郎文化。为什么是夜郎文化？由于贵州的地形，交通不便，大家出不来，只好在山里面看天。夜郎文化是封闭文化，但是大数据时代，新的思想给贵州带来新的文化，阳明文化是开放文化。这个开放就是中国优秀传统文化在贵州绽放出的时代价值。

新闻荟萃

—『云上贵州』更多彩
—贵州搞大数据凭什么
—贵阳数博会：大数据时代中国经济在『蜕变』
—诚邀世界共谱一曲大数据华彩乐章

2015 年 5 月 26 日，2015 贵阳国际大数据产业博览会开馆仪式在贵阳国际会议展览中心举行

2015 贵阳国际大数据产业博览会吸引了来自全球大数据领域的 380 余家领军企业参展，展会面积达 6 万平方米，将全面展示大数据方面的最新技术和产品。图为富士康展区

2015 年 5 月 26 日，中关村科技园区管理委员会与贵阳市人民政府《关于共同促进贵阳中关村大数据应用创新中心建设的合作框架协议》签约仪式现场

2015 年 5 月 26 日，中国大数据产业观察网启动仪式现场

2015 年 5 月 26 日，2015 年贵阳国际大数据博览会暨全球大数据时代贵阳峰会大数据创客沙龙活动现场

2015 年 5 月 26 日，2015 年贵阳国际大数据博览会暨全球大数据时代贵阳峰会机器人表演赛活动现场

2015 年贵阳国际大数据博览会暨全球大数据时代贵阳峰会上，正在全神贯注聆听的观众

2015 年贵阳国际大数据博览会暨全球大数据时代贵阳峰会上，观众用手机记录精彩瞬间

2015 年贵阳国际大数据博览会暨全球大数据时代贵阳峰会上，几名年轻的志愿者在大数据的巨型英文标识前跳跃合影

数聚贵阳，在创新中寻求突破

大数据战略重点实验室

网络平台同步直播，音视频还原精彩会议画面，网页、微博、微信、客户端点击量屡创新高，图解、漫画大数据让人一目了然……2015 年 5 月 26 日至 29 日，全球首个以大数据为主题的大型系列活动和峰会——2015 贵阳国际大数据产业博览会暨全球大数据时代贵阳峰会（以下简称“数博会”）在贵阳国际生态会议中心召开，3000 多名来自国内外的政要、专家学者、企业家齐聚贵阳，围绕“‘互联网 +’时代的数据安全与发展”主题，开展了广泛深入、卓有成效的讨论和交流。在“互联网 +”的时代背景下，国内外知名媒体探索创新传播模式，使贵阳数博会报道精彩纷呈，为亿万读者呈现全面、立体、鲜活的数博会，献上了极具时效性、贴近性与生动性的新闻大餐。

媒体集结 创新表达

本届数博会共邀请到中央、省市及境外媒体65家，记者613人。其中，中央、省外新闻媒体48家，记者150人；台湾媒体6家，记者21人；境外媒体2家。各大媒体围绕峰会、22个分论坛、展览和创新大赛等活动展开了别开生面的宣传报道，采用电子杂志、MG动漫、图片故事、图述新闻、网友评论、短评小文、系列访谈、图文直播、视频直播、微信沙龙等十种报道形式，对数博会进行全景式的呈现。丰富多彩的呈现形式，翔实全面的报道内容，为数博会的召开营造了良好的氛围。

新华网在首页开设“数据革命‘范儿’起贵阳——聚焦贵阳国际大数据产业博览会”专题页面，全方位集中展示新华社和中央主要媒体以文字、图片、网络互动等多种形态进行的数博会报道及相关内容。

人民网在首页推出“大数据变革时代的机遇和挑战”专题；中国经济网在首页推出“‘互联网+’时代的数据安全与发展——2015贵阳国际大数据产业博览会暨全球大数据时代贵阳峰会”专题；环球网在科技频道开设专题“2015贵阳数博会”；央视网、光明网、中国青年网、中国科技网、新浪网、凤凰网、贵阳新闻网等网站也分别开设了“图说中国人的生活”“贵阳数博会：‘互联网+’时代的大数据盛宴”“‘互联网+’时代与青年——聚焦贵阳数博会”“2015贵阳国际大数据产业博览会暨全球大数据时代贵阳峰会”“数博会”“‘互联网+’的时代数据安全与发展”“2015贵阳国际大数据产业博览会”等数博会相关专题，不断更新推送数博会最新信息。

线上线下 创新传播

2015 贵阳数博会是全球首个以大数据为主题的博览会，也是一场激动人心、万众瞩目的大数据时代“英雄汇”，牵动着世界目光。中央、省市及境外媒体围绕数博会的议程设置和精彩亮点，积极探索创新数博会相关内容的报道模式，线上线下多向传播，形成浩大的报道声势，引导公众全面了解数博会与大数据的发展态势。

融合线上媒体，加大传播速度和广度

据不完全统计，自数博会宣传工作开展以来，各类媒体共发表稿件 1021 篇，每天在传统媒体和新媒体平台、终端播发，收到良好反响。具体如下：

	各类新闻报道
电视广播	中央电视台：共推出各类新闻报道 35 篇。 1. 综合频道《新闻联播》和 CCTV13（21 条）：《新闻联播》口播《大数据引领贵州经济发展》和《李克强向 2015 贵阳国际大数据产业博览会暨全球大数据时代贵阳峰会致贺信》《大数据让城市生活更有“数”》等；2. 英语频道《整点新闻》（5 条）：《黔茶迈入 4G 时代生态茶园搭上大数据快车》《贵州贵阳：“数据铁笼”把政府权力关进笼子里》《业界精英云集贵阳大数据博览会》和开幕式报道，并滚动播出《三大运营商中国南方最大数据存储中心落户贵阳》等；3. 财经频道《经济信息联播》（9 条）：《水情报“云”知道——全国首个大数据洪水预警平台上线》《贵州贵阳：“数据铁笼”把政府权力关进笼子里》《贵州：大数据构建“智慧交通云”》《为米：用大数据改变农村生产生活》《大数据红利显现 企业初尝甜头》和开幕式报道等。 地方电视台：北京卫视、凤凰卫视、蓝海电视台、贵州广播电视台、贵阳广播电视台等分别推出了一系列宣传报道。 贵州广播电视台《贵州新闻联播》报道 50 余条，《新闻全方位》共播出相关消息 30 余条，综合广播共播发报道 66 篇，经济广播共计播出简讯 185 条（次）。 贵阳广播电视台《贵阳新闻联播》播发 204 条，《直播贵阳》数博会期间播出超过 60 条，贵阳广播电台播发共计 165 条。

<table>
<tr><td></td><td>各类专题报道</td><td>专版</td></tr>
<tr><td>报纸</td><td>《人民日报》6 篇
《光明日报》5 篇
《经济日报》13 篇
《科技日报》8 篇（其中头版 2 篇）
《中国日报》10 篇
《香港文汇报》2 篇
《香港大公报》3 篇
《贵州日报》150 篇以上
《贵州都市报》90 篇
《黔中早报》21 篇
《贵阳日报》600 余篇（幅）
《贵阳晚报》112 条稿件，47 张图片</td><td>《人民日报》1 个
《经济日报》2 个
《中国日报》1 个
《香港文汇报》2 个
《贵州都市报》19 个
《贵阳日报》70 余个
《贵阳晚报》20 个</td></tr>
<tr><td>网络</td><td colspan="2">4 月 7 日至 5 月 29 日，人民网、央视网、环球网等 8 家中央重点新闻网站，新浪、腾讯等 5 大主流商网，以及全国 31 个省份手机报刊发、推送原创性新闻报道和解读文章 150 篇次左右，各网媒（2000 多家）累计转载相关新闻报道和评论 45 万余次，累计点击阅读量超过 4.8 亿人次。</td></tr>
<tr><td>新媒体</td><td colspan="2">4 月 7 日至 5 月 29 日，开设微话题 9 个、组织微访谈 5 个，动员微博大号、微信公众号上百个、粉丝总数超过 3 亿，安排 140 多个互动环节置顶推荐 300 多次，采取 SEO、精准推送、网站导航、热搜词、搜索联想词、即时弹窗等推送策略 20 多种，调动三大手机报及全国 31 个省份手机报发布信息 50 多次、订阅总数过亿。</td></tr>
</table>

整合线下资源，创新发布手段和组织形式

本届数博会共设置大型户外公益广告牌 28 面，在中心城区主要路段 14 块 LED 屏滚动播放数博会宣传视频短片，在全市出租车车载 LED 屏滚动播放数博会宣传口号，在城区、观山湖区部分路段设置道路灯杆道旗 3000 余面，并在数博会会场附近重点路段全部设置了墙体公益广告，为数博会宣传做好铺垫。

数博会组委会分别于 2015 年 1 月 8 日、4 月 17 日在北京举行了新闻

发布会，向国内外媒体介绍数博会的活动安排及精彩亮点，并通报数博会筹备工作最新进展。同时，还先后在北京、上海和深圳等地举办大数据路演活动，通过到当地推荐数博会，吸引大量业内人士关注数博会，引起极大反响，取得了良好的新闻宣传效果。

此外，在数博会宣传组织中，针对马云、马化腾等九位重点大佬，指派专门记者负责，对每个接受访问邀请的嘉宾单独制订详细的报道计划，成立“重点嘉宾跟访”报道组，安排记者一对一负责，有效实现跟访全媒体运作和资源共享，掀起了高潮迭起的宣传声势，使数博会峰会成为实时的国内新闻热点。

“数聚”贵阳 创出未来

数博会期间，CCTV、路透社、《华尔街日报》等 65 家国内外知名媒体参与报道，特别是央视《新闻联播》《东方时空》《晚间新闻》均对数博会活动进行了深入的专题播报，引发了一场广大网民、观众关于大数据的热烈讨论。

经初步统计，数博会开幕首日网络点击量突破 1 亿次，52 天内累计直接点击量超过 6 亿次，推送信息 24 小时后阅读、各地新闻网站和专业网站转载、微博二次转评、微信朋友圈转发、弹窗信息及手机报简讯到达等各类延伸点击量估算超过 4 亿次，总点击量超过 10 亿次，实现网络全覆盖。

贵阳数博会到底有多火？不仅吸引了阿里巴巴集团董事局主席马云、腾讯控股有限公司董事会主席兼首席执行官马化腾、美国高通公司全球高级副总裁阿南德、富士康科技集团总裁郭台铭、高德纳咨询公司全球副总裁琳达·普赖斯、中国银行副行长许罗德、奇虎 360 科技有限公司董事长周鸿祎、贵州茅台酒厂（集团）有限责任公司董事长袁仁国、宽带资本董事长田溯宁、北京小米科技有限公司董事长兼 CEO 雷军、中国惠普有限公司中国区董事长毛渝南（排名不分先后）等国内外知名企业代表及专家学者在筑（贵阳）会聚，还激发数万网民在网上围绕大数据展开了一场“指尖数博”的大数据讨论。

光明网发表的评论《贵阳数博会开幕当日何以点击 1 亿 +》指出，贵阳数博会以创新实施“一带一路”重大战略、率先迈出“互联网 +”实践步伐、主动引领“大数据 +”发展浪潮、强势引爆“万众创新”火热激情、实干铸就“新常态”下光明前景这五大利好条件聚人气、创机遇、强信心，成就了“火爆”气势。评论还表示，近年来，贵阳坚持以大数据引领产业升级，以大数据助推政府转型，以大数据服务社会民生，注重探索务实管用的发展思路，制定精准有效的政策措施，打造统一开放的系统平台，实施系列示范应用工程，抓好数据中心建设，引进了一批示范性项目，在全国率先举办以大数据为主题的博览会和峰会、率先建立块上集聚大数据公共平台、率先建立大数据应用展示中心、率先建立大数据交易所、率先成立大数据战略重点实验室、率先打造全域公共免费 Wi-Fi 城市……贵阳抢占时代机遇，正乘风破浪，将笑傲江湖。

贵阳国际大数据博览会开幕
国务院总理李克强发来贺信

2015 年 5 月 27 日 中国大数据产业观察网

5 月 26 日，2015 贵阳国际大数据产业博览会暨全球大数据时代贵阳峰会在贵阳国际生态会议中心开幕。中共中央政治局常委、国务院总理李克强向数博会发来贺信。

李克强总理在贺信中说，当今世界新一轮科技和创业革命正在蓬勃兴起，数据是基础性资源，也是重要的生产力，大数据与云计算、互联网等新技术相结合，正在迅速并将日益深刻改变人们的生产生活方式，“互联网 +”对于提升产业乃至国家综合竞争力将发挥关键作用。

中国是人口大国和信息应用大国，拥有海量数据资源，发展大数据产业空间无限。中国正在研究制定“互联网 +”行动计划，推动各行各业依托大数据，创新商业模式，实现融合发展，推动提升政府科学决策和管理水平，用新的思路和工具解决交通、医疗、教育等公共问题，助力大众创业，万众创新，推动中国经济保持中高速增长，迈向中高端水平。互联网缩短了时空距离，大数据产业给不同国家和地区发展带来了机遇，相信大家围绕“‘互联网＋’时代的数据安全与发展”这个主题交流互鉴，分享成果，深化合作，会进一步汇聚新动能，推动实现更高效、更绿色、更惠民的发展。祝峰会取得圆满成功。

2015贵阳国际大数据产业博览会暨全球大数据时代贵阳峰会5月26日至29日举行

2015年1月9日 《贵阳日报》

1月8日，2015贵阳国际大数据产业博览会暨全球大数据时代贵阳峰会新闻发布会在京举行，公布此次数博会将于今年5月26日至29日在贵阳国际会议展览中心举行。

市委副书记、市长刘文新，北京市贸促会副会长林彬，受大会组委会委托致发布辞。中国互联网协会副理事长、原国家知识产权局局长高卢麟，省经济和信息化委主任李保芳，遵义市委常委、副市长郑欣，贵安新区管委会副主任欧阳武，宽带资本董事长田溯宁出席新闻发布会，并就数博会相关内容回答媒体提问。市委常委、市委宣传部部长兰义彤出席发布会，副市长高卫东主持。

此次数博会由贵阳市人民政府、遵义市人民政府、贵安新区管委会、贵州省经济和信息化委、北京市贸促会、中国互联网协会共同主办，由工信部国际经济技术合作中心、中国信息协会大数据分会、中国呼叫中心与BPO产业联盟、IDC国际数据公司、中关村大数据产业联盟、中关村大数据交易联盟协办，以“专业展会、国际平台、促进合作、共谋未来”为原则，以“大数据时代的变革、机遇和挑战”为主题，届时将举行展览展示、峰会论坛和创新大赛等活动，综合呈现大数据技术、应用和发展趋势。

刘文新在发布辞中表示，此次数博会旨在为全球大数据产业发展搭建一个高端、前沿、全面的交流平台，具有展示前沿技术、探讨发展趋势、催生新兴业态、云集业界精英四大特点，将设面积约4万平方米的国际精英馆、大数据应用馆、大数据设备馆、大数据软件和服务馆，举办1个峰会和若干分论坛，开展以“云上贵州 数聚贵阳”为主题的大数据创新应用大赛，并揭晓贵阳正在策划开展的“大数据推动政府改革”“大数据改善民生”应用创意征集活动首批成果，诚邀新闻媒体和大数据领域的领军企业、专家学者出席，一起分享大数据产业发展的成果与机遇。

贵阳市政府是举办此次数博会的最先发起方，刘文新在答记者问时介绍了贵阳市发展大数据产业在生态环境、资源禀赋、产业基础、市场和区位、政策叠加等方面的五大优势。他说，五大优势正在集中释放能量，2014年3月贵阳被中国数据中心产业联盟授予“最适合投资数据中心的城市”称号，贵阳发展大数据产业正逢其时，正在大步迈入大数据时代。

举办以大数据为主题的博览会和峰会在全球尚属首次，新闻发布会得到中央主要新闻媒体、有关行业媒体、部分外宣媒体、北京市新闻媒体以及部分国内重点新闻网站的广泛关注，《人民日报》、《经济日报》、新华网、新浪网、《中国计算机报》、《计算机世界》等60多家媒体参加发布会。

贵阳数博会新闻发布会在京举行

2015 年 4 月 18 日 《贵阳日报》

继今年 1 月 8 日之后，4 月 17 日，2015 贵阳国际大数据产业博览会暨全球大数据时代贵阳峰会再次在京举行新闻发布会，向国内外媒体通报最新进展，吸引 150 多家各类媒体的逾 200 名记者关注。

举办以大数据为主题的峰会和展会在全球尚属首次，本次数博会定于 2015 年 5 月 26 日至 29 日在贵阳国际会议展览中心举行，期间将有超过 1000 家企业和单位参展，包括阿里巴巴、微软、谷歌、英特尔等国内外知名企业。目前，4 个场馆约 4 万平方米的展区面积已落实，并围绕大数据应用融合、数据安全、产业创新、产业生态、数据交易及开放、大众创业等设置多个主题展区。

数博会期间举行的峰会和论坛将形成大数据领域最新理论成果。以"'互联网 +'时代的数据安全与发展"为主题的峰会，将有国家领导人、国际组织领导人和世界顶级企业家、专家学者、行业机构代表出席并发表主旨演讲。组委会将在峰会期间发布《大数据贵阳宣言》，还将举行多场行业论坛。倪光南、刘韵洁等院士，阿里巴巴马云、富士康郭台铭等业界精英，也将参加活动并发表演讲，届时将有 3000 人出席峰会和论坛。

贵阳是大数据产业发展的积极实践者

——数博会新闻发布会媒体提问点击

2015 年 4 月 18 日 《贵阳日报》

4 月 17 日，2015 贵阳国际大数据产业博览会暨全球大数据时代贵阳峰会新闻发布会及块数据理论研讨会在京举行。这场数博会的“推介会”，吸引了《人民日报》、凤凰网、大数据文摘等 150 余家媒体记者的广泛关注。他们从各自角度，询问多个关于数博会、大数据产业、贵州、贵阳的相关问题。

贵阳数博会“档次高”

贵阳数博会有何不同之处？它会如何展示大数据概念？发布会开始不久，记者们就纷纷抛出问题。

对此，作为本届数博会的主办方之一，北京市贸促会副会长林彬介绍，与普通展会相比，数博会在展会定位、国际化程度、专业程度、互动性和展馆形象方面都充分考虑大数据企业和行业特点。

在国际化程度上，数博会不仅聚集华为、阿里、联想、谷歌、惠普、微软等国内外知名企业，马云、郭台铭、周鸿祎，以及微软、谷歌、戴尔、惠普、英特尔、思科等公司相关负责人也将出席。

为达到“以会带产”的效果，数博会在展馆设置专门的洽谈区、体验区、演讲区，供参展商和相关组织开展企业展示、项目路演、新产品发布、技术交流、项目洽谈等活动。

除整体情况，数博会的子活动也得到媒体关注。其中，《人民日报》记者关注的就是2015贵阳大数据草根创新公开赛。

对此，贵阳市委常委、副市长刘春成说，贵阳在发展大数据产业过程中，一直都在进行创新准备。大数据产业为年轻人的创业、创新提供巨大机会。本次草根大赛主要围绕“大数据倒逼政府改革”和“大数据改善民生”两大主题，主办方将提供基础设施、资金、政策等多方面条件，并为真正有价值的创意提供技术、资金、政策支持，打造开放平台，让年轻人能真正实现创新梦想并得到回报。

贵州已明确大数据发展总思路

贵州如何发展大数据产业也成为媒体关注的热点。《光明日报》、中国科技网等媒体分别就贵州、贵阳、贵安新区、遵义市的大数据产业发展导向提问。

贵州省经信委信安处处长钟传萍介绍，3月24日，贵州大数据领导小组第二次会议召开，进一步明确大数据产业发展的总体思路是“三四五三”。其中，第一个“三”是指数据从哪里来、数据存放在哪里、数据谁来使用三个问题；“四”是指数据是资源、产业是目的、应用是核心、安全是保障四个理念；“五”是重点打造贵州省大数据产业发展的基础设施层、系统平台层、云应用平台层、增值服务层、配套端产品层五个产业层级；第二个“三”是分三步走，建成贵州省大数据的内容中心、服务中心、金融中心，通过大数据引领信息产业加快发展，推动经济结构转型升级。

“互联网＋”行动计划促产业转型

作为主办方之一，中国互联网协会将在数博会期间举办“‘互联网＋’与中国产业转型升级”的主题论坛。如何在“互联网＋”语境下实现传统产业转型升级，成为媒体关注的焦点。

对此，中国互联网协会秘书长卢卫说，互联网已经逐渐成为提振经济发展、服务社会民生的新引擎，呈现出产业格局加速变革、产业链更加细分、业务应用日益丰富、商业模式不断创新的态势。

今年全国“两会”期间，国务院总理李克强在政府报告中提出“互联网＋”行动计划。“互联网＋”行动计划将重点促进以大数据、云计算、物联网为代表的新一代信息技术与现代制造业、生产型服务业融合创新，打造新的经济增长点，为大众创业、万众创新提供开放的环境，提供产业智能升级的有力支撑。

贵阳积极实践应用“块数据”

块数据理论研讨会的举行，引起了大数据文摘等媒体对贵阳如何发展块数据的关注。

对此，市长助理、大数据战略重点实验室主任连玉明说，在发展大数据方面，贵阳不仅是实践者，在某些方面甚至是领跑者。他以贵阳的“数据铁笼”战略为例进行阐释。“数据铁笼”就是一个块状集聚公共平台，就是块数据在实践中的应用。税务、工商、交通信息都是透明的，每一个行为都会留下痕迹，这些痕迹都会集聚到数据中心进行分析。通过这些行为的不断积累，当事公务员的执法行为、公共行为区域规范都能被计算出来，进而避免当事公务员的违法行为。这种“人在干，云在算”的表现，就是块数据在实践中的应用。

2015贵阳大数据草根创新公开赛新闻发布会在京举行

2015年3月4日 《贵阳日报》

昨日，2015贵阳大数据草根创新公开赛新闻发布会在北京中关村展示中心举行。据悉，大赛将围绕“大数据倒逼政府改革”和“大数据改善民生”两大主题，面向全国范围征集大数据创意设计和应用。入围团队可获得创业经费及优惠政策等支持。

作为一项全国性的大数据创新应用赛事，大赛将结合贵阳建设全域公共免费Wi-Fi城市和打造块上集聚的城市大数据公共平台，主动开放政府数据与市场，推动一批大数据优秀应用项目落户贵阳，形成大众创业、万众创新的社会氛围，帮助草根创业者实现创业梦想，让老百姓实实在在感受到大数据带来的好处与便捷。

大赛分创意征集与项目应用两个阶段。创意征集阶段为2015年1月至5月，以创意方案或应用产品（APP）的形式参赛，重点考察创新创意，由各创业孵化器筛选出入围作品直接进入项目应用阶段。大赛评委会将从入围作品中评选出 100 名优秀创意奖，给予奖励与扶持。首批优秀成果将在今年 5 月举办的 2015 贵阳国际大数据产业博览会上进行展示。

项目应用阶段从 2015 年 6 月至 12 月，以大数据应用产品（APP）+ 商业计划书 + 实际应用案例的形式参赛。除创意征集阶段筛选出的入围作品外，参赛者也可直接报名参加本阶段比赛。大赛评委会将从技术创新、商业模式、应用推广、团队建设等方面综合考察，评选出优秀项目特等奖 1 名、一等奖 2 名、二等奖 5 名、三等奖 15 名。

为鼓励参赛者，大赛将通过引入天使投资基金、风险投资基金等给予入围团队创业经费支持，协调相关合作银行给予科技贷款授信。同时，贵阳市政府将通过无偿或合作方式，为入围和获奖团队提供创业必要的数据、开放区域市场等多形式政策优惠，尽最大力量帮助团队创业。

据了解，本次大赛是在省大数据领导小组办公室、省经济和信息化委员会、省科技厅、市政府支持下，由中关村青年联合会和贵阳市青年联合会共同主办，中关村社会组织联合会、中关村贵阳科技园青年联合会承办，北京、贵阳两地的车库咖啡、京西创业公社、贵阳火炬软件园等创新创业孵化器协办。

2015贵阳大数据草根创新公开赛在京启动

2015年3月3日 新华网

2015贵阳大数据草根创新公开赛新闻发布会3月3日在北京召开，标志大赛正式启动。本次大赛由中关村青年联合会和贵阳市青年联合会共同主办，中关村社会组织联合会、中关村贵阳科技园青年联合会承办，北京和贵阳两地的车库咖啡、京西创业公社、贵阳火炬软件园等创新创业孵化器协办，并得到贵州省大数据领导小组办公室、贵州省经济和信息化委员会、贵阳市人民政府的支持。

发布会上，就贵阳2014年开始提出发展的大数据产业，贵阳市人民政府副市长徐昊做了题为《贵阳发生了什么》的主题报告，其中谈到，在大数据全产业链布局计划中，贵阳将应用作为核心，以应用带动产业，倒逼政府改革，满足人民群众日益增长的物质文化需要。

就这项大数据创新应用赛事本身，贵阳市人民政府市长助理连玉明介绍，大赛分为创意征集和项目应用两个阶段，将围绕“大数据倒逼政府改革”和“大数据改善民生”两大主题，面向全国范围征集大数据创意设计和应用。结合建设全域公共免费 Wi-Fi 城市和打造块上集聚的城市大数据公共平台，主动开放政府数据与市场，推动一批大数据优秀应用项目落户贵阳，形成大众创业、万众创新的社会氛围，帮助草根创业者实现创业梦想，让老百姓实实在在感受到大数据带来的好处与便捷。

据悉，为鼓励参赛者，大赛将通过引入天使投资基金、风险投资基金等给予入围团队创业经费支持，协调相关合作银行给予科技贷款授信。同时，贵阳市政府将通过无偿或合作方式，为入围和获奖团队提供创业必要的数据、开放区域市场等多种形式政策优惠。

中国首家“大数据战略重点实验室”在筑揭牌

2015年5月24日 人民网

5月24日，由北京市科学技术委员会和贵阳市人民政府共建的中国首家“大数据战略重点实验室”在贵阳成立。

贵阳市人民政府市长刘文新和北京市科学技术委员会主任闫傲霜共同为“大数据战略重点实验室”揭牌。北京市委常委、常务副市长李士祥，贵州省委常委、常务副省长秦如培，贵州省委常委、贵阳市委书记陈刚出席揭牌仪式，并见证揭牌。

据悉，这是北京和贵阳继中关村贵阳科技园、北京·贵阳大数据应用展示中心之后，京筑创新驱动区域合作的又一重大成果。大数据战略重点实验室根据贵州省委、省政府和贵阳市委、市政府发展大数据的总体部署设计，在北京市科委和贵州省科技厅的大力支持下，由贵阳市人民政府批准成立，依托贵州大学贵阳创新驱动发展战略研究院组建和运行，纳入贵阳市委、市政府发展大数据战略布局之中，是一个跨学科、专业性、国际化、开放型、跨区域协作创新平台。

大数据战略重点实验室主任连玉明表示，实验室将聚集国内外大数据相关专业研究者、管理者和决策者，借助北京打造国家创新平台的优势，以大数据发展的重大理论和现实问题为主攻方向，加强大数据发展全局性、战略性、前瞻性研究和咨询。构建块数据理论模型和应用模型，搭建开放式协作创新平台、专业化决策咨询平台、网络化成果转化平台和国际化合作交流平台，打造中国大数据发展战略和思想策源地，奋力建成具有较大影响力和国际知名度的大数据高端战略智库。

“云上贵州”更多彩

2015 年 5 月 26 日 《人民日报》

初夏的贵州清爽宜人，省会贵阳却“风起云涌”。来自全球大数据行业的顶级企业、知名专家和业界精英齐聚贵阳，共赴“数据盛会”。

“专业展会、国际平台、促进合作、共谋发展”，作为全球首个以大数据为主题的国际化展会，5 月 26 日，2015 贵阳国际大数据产业博览会暨全球大数据时代贵阳峰会启幕。贵州省委书记赵克志表示：“要努力把数博会打造成贵州省更高水平对外开放的新平台。”

2014 年，贵州省以大数据为引领的电子信息产业实现规模总量 1460 亿元，同比增长 62%；电子信息企业达到 1721 家，从业人员约 7 万人，大数据产业蓬勃发展。

数博会将搭建平台，挖掘全球大数据产业商机

围绕“‘互联网+’时代的大数据安全与发展”这一主题，此次数博会组织了22个分论坛、28项相关活动，邀请了超过500家企业及创业团队、1000余名与会嘉宾。此外，还策划了展览展示、峰会及论坛、创新大赛三大板块，通过“一展、一会、一赛”，搭建全球化、专业化平台，汇聚全球大数据领域精英、领军企业和重要机构，共同探讨大数据产业未来发展趋势，破解大数据发展过程中的关键和共性问题，挖掘全球大数据产业商机。

在北京市贸促会副会长林彬看来，此次数博会具有国际化、专业化、互动强、高端化、数据化等特色。“作为世界上为数不多的以大数据命名的博览会，数博会将推动全国大数据产业发展，提高我国在世界大数据领域的地位。”林彬说。

举办大数据产业相关峰会，贵州并非初试牛刀。去年以来，贵州先后举办了“云上贵州”大数据国际年会、“云上贵州”2014阿里云开发者大会西南峰会、2014中国“云上贵州”大数据商业模式大赛等多个重大活动。一个个高端活动的举办、一个个重量级企业的落地、一个个高含金量项目的实施，开启了贵州快速发展的引擎。

2014年，作为大数据产业发展“领头羊”的贵阳，共签约大数据及关联项目138个，金额1326亿元，计划到2017年实现产业总值2000亿元。

正如贵州省省长陈敏尔所言：“大数据是大产业、大红利、大变革、大机遇，多彩贵州一定会因为大数据产业的发展而更加精彩、更加珍贵。”

具有气候、交通和生活成本低等优势，贵州适合打造“中国数谷”

虽然第一次就大数据“摆席”，但令贵阳市没想到的是，“赴宴者”众多。“办会就像请客吃饭，一开始你犹豫不决，现在是谁不来谁就 out 了，这就是聚集效应。”贵州省委常委、贵阳市委书记陈刚说。

作为西部欠发达省份，要举办全球最前沿的产业博览会，人们不禁要问，贵阳凭什么？

沉下心来，贵阳梳理出如下优势：设备运营对散热要求高，气候凉爽、空气清新的贵阳是“天然空调”；地质构造稳定，地震、台风等自然灾害罕见，为信息网络设备的安全性、稳定性和高效性运营提供了保障。

搞大数据近半数成本是机柜和空调耗电，作为全国十大水电基地之一的贵阳，电价有优势；作为西部重要的交通枢纽，省会贵阳与周边城市的高铁陆续开通，机场吞吐量超过 1000 万人次；此外，贵州有扎实的产业配套基础，20 世纪五六十年代就建起了三大军工基地，布局形成了航空、航天、电子三大产业体系。

“一个好汉三个帮”，中关村科技园区落户贵州，更是架起贵州与北京共同发展大数据的桥梁。

“贵漂”不贵，机会可贵。“如果你和世界的距离仅仅是一条网线，那何必还要苦苦坚持在大城市忍受高房租和污染之苦呢？”作为创业“过来人”、贵州朗玛科技公司董事长王伟道出了很多“贵漂”的心声。相较于北、上、广等大城市，越来越多的创业青年选择贵阳，他们看中这里的低廉成本，更看重这里的创造活力和发展前景。

除了朗玛这样的本土企业逐渐壮大，越来越多的业界翘楚也聚集贵州。

惠普公司将年产十万台数据服务器的加工厂搬到了贵阳，戴尔公司将数据服务器的重点实验室落户贵阳……

多个项目已启动，贵州发展大数据频出实招

发展大数据，贵州“先声夺人”，也“频出实招”。

2013 年 7 月，《贵州省云计算产业发展战略计划》发布；9 月，“中关村贵阳科技园”揭牌；下半年，中国电信、中国移动、中国联通三大运营商的数据中心落户贵州，富士康（贵州）第四代绿色产业园开工建设，贵州省大数据产业基地初见雏形。

今年 2 月，工信部批复同意开展大数据产业集聚区贵阳・贵安创建工作，国家大数据产业发展试点示范区贵阳・贵安已正式挂牌，“云上贵州”发展声势迅猛。

发展大数据，贵州不仅有戏，而且有为。去年 10 月，首个省级政府和企业数据资源整合交换平台——“云上贵州”上线，日均访问量近 2 亿次，最高峰值达 10 亿次以上，全国所有省区都不同程度调用该平台数据。

今年 2 月起，贵阳在市交管局和住建局试点实施“数据铁笼”行动计划，制定统一的数据技术标准，运用大数据编织制约权力的“笼子”，“人在干，云在算”，着力提升政府自我监督能力。

今年 3 月，贵州进一步明确大数据产业发展的总体思路：坚持数据是资源、产业是目的、应用是核心、安全是保障四大理念，通过解答数据从哪来、数据存放在哪、数据谁来使用三个问题，打造基础设施层、系统平台层、云应用平台层、增值服务层、配套端产品层五个层级，最终在贵州建成大

数据内容、服务、金融三大中心。

大风起兮“云”飞扬，贵州好戏正开场。

（新华网、领导干部网转载）

连玉明：贵阳站在了大数据的风口上

2015年5月20日 人民网

“从数据到数聚，这是块数据的起点，‘大数据+’正在到来，IT时代已向DT时代转变。”贵阳大数据战略重点实验室主任连玉明日前表示，贵阳顺应“块数据”大潮，把大数据发展推到“风口”上，将数据打造成驱动商业向前发展的核心，实现从“条数据”到“块数据”的转变，这是大数据时代的颠覆性变革，一个新的时代到来了。

连玉明认为，站在大数据发展的风口上，需要具备多种条件，关键是要敢想敢试敢做。贵阳在这一方面具有得天独厚的优势，贵阳不仅在政策上的支持力度大，还具有生态和科技两张牌，加上地质结构稳定，适合建立数据中心。同时，贵州是西电东送的重要基地，能够为数据中心提供充足的电源，实现大数据的发展融合，减小发达地区与欠发达地区的差距。

连玉明分析，“块数据”是拉开大数据序幕的真正推手，风口之上，得“块”

者得天下，大数据正在对社会生产生活的各个方面产生巨大而持久的影响，政府、企业、个人都将在大数据浪潮中受益。“块数据”可以将以往那些分散的、碎片化的行业数据、领域数据连接起来，把以往那些“数据孤岛”连成一片，找出改造世界的方法。

怎样区分“条数据”和“块数据”？连玉明举例，比如7和8是单独分开的数字，这是“条数据”；但当产生活性时，就会发生变化，7和8便会有多重重构形式，比如7乘以8等于56，7加8等于15，7和8组合成78等，这些便构成了“块数据”。

“在实际生活中，大数据最重要的特点便是‘活性’，从‘条数据’到‘块数据’，是一个解构到重构的过程，能够实现从多维到共享的块数据价值。”连玉明表示，大数据在生活中随处可见，应用潜力巨大，贵阳发展大数据需要洞察先机，抢占制高点，更需要研究先行和战略指引，建立一个有较大影响力和国际知名度的大数据高端战略智库，提供理论支撑和智力支持，这便是贵阳大数据战略重点实验室的意义。

连玉明称，数据时代是一个融合的时代，运用好大数据，将发展指数、城市指数、生活指数等覆盖到生活的各个方面，将对贵阳的城市管理、公共服务等提供巨大帮助。贵阳利用“块数据”对多个领域进行管理，将迎来新的投资热潮，大数据对贵州未来发展的作用将是颠覆性的，前途不可估量！

（凤凰网、搜狐网、中华网、天健网等网站转载）

大数据贵阳宣言：深化应用创造更多财富

2015 年 5 月 26 日 新华网

26 日开幕的贵阳国际大数据产业博览会暨全球大数据时代贵阳峰会发布了《大数据贵阳宣言》，有关专家学者在分析全球大数据发展现状和趋势、探讨大数据隐私和网络安全保护以及大数据深化应用等方面形成共识。

《大数据贵阳宣言》分析了全球大数据的发展趋势，认为大数据是全人类共同的资源和财富，建立全球性的大数据交易市场是经济发展的必然要求。应尝试建立有所有权、使用权、阶段时间和限定领域的数据交易等新模式、新规则，把数据交易发展为金融产品。

《大数据贵阳宣言》指出，大数据时代，公民个人数据隐私保护将面临更大挑战，国家需要从法律、监管、技术保障、道德自律等多个角度着手，为公民数据隐私提供充分保障。世界各国都有责任加强大数据时代的网络信息安全，应围绕网络通信基础设施、应用系统、数据、实体身份认证和管理等方面，建立纵深防御体系，形成新一代的大数据安全技术保障体系，完善相关安全标准和法律法规。

专家认为，大数据在经济社会发展各领域的深化应用，会创造出更大的价值和更多财富。除了推进大数据面向电子商务、工业制造、交通物流等多个行业领域的应用，充分挖掘其商业价值外，政府也可通过开放数据，提升政府公共服务、社会管理、市场监管等工作的治理能力和效率，更好地提升服务能力，满足公众需求。

本届贵阳数博会为期三天，将组织举办大数据博览会和多个行业领域分论坛，汇集全球大数据领域专家和业界精英，共同探讨大数据行业发展趋势。

（新浪网、齐鲁网、光明网、西安网等网站转载）

数谷贵阳，行进中的数字革命

2015 年 4 月 20 日 环球网

探讨大数据变革最新趋势，分享大数据发展最新成果，搭建最高端、最前沿、最全面的交流合作平台。2015 贵阳国际大数据产业博览会暨全球大数据时代贵阳峰会将于 2015 年 5 月 26 日至 29 日，在贵阳国际会议展览中心举行。这次数博会以“专业展会、国际平台、促进合作、共谋未来”为原则，以“大数据时代的变革、机遇和挑战”为主题，综合呈现大数据技术、应用和发展趋势，将掀起一场影响广泛、意义深远的大数据革命。

国内首创，各方力量汇聚数博。这次数博会既是国内第一个大数据展会，同时也是世界上为数不多的以大数据为主题的博览会。从中央到地方、从政府到市场，都对其保持高度关注。不仅得到了中央和国家部委，以及贵州省委、省政府的大力支持，同时也得到了中国工程院、中国互联网协会、中关村大数据产业联盟等众多知名机构的鼎力相助，它们共同为保障数博会顺利举办提供了专业力量和资源支持。

群英荟萃，前沿科技异彩纷呈。为充分展现最新的大数据发展成果，在数博会期间，将有阿里巴巴、微软、戴尔、华为、联想等数百家国内外知名企业在4个场馆约4万平方米的展区参展，还将分设大数据生态展区，数字制造体验展区，智能制造、智慧生活展区，大数据安全集中展示区，呼叫中心与服务外包展区，“701”展区，富士康展区等，展示各行各业大数据的最新理念与成果。

星光闪耀，峰会论坛迸发火花。数博会期间，将云集众多国内的IT业大咖、国外的互联网大佬和业界精英，共谋大数据创新发展。届时，将举行以“‘互联网+’时代的数据安全和发展”为主题的峰会和一系列主题论坛、行业论坛，并有国家领导人、国际组织领导人和世界顶级企业家、专家学者、行业机构代表出席并发表主旨演讲，形成大数据领域最新理论研究成果。

智汇贵阳，创新绘就发展蓝图。为最广泛吸引和激活创新创造的活力，1月份启动的2015年贵阳大数据草根创新公开赛，围绕“大数据倒逼政府转型”和“大数据改善民生”，广泛征集创意设计和应用产品，其成果将在数博会期间集中展示。这是一次大数据领域的技术交融、一场创新理念的思想碰撞、一个“创客们”头脑风暴的理想平台。

大数据，超乎我们的想象，超越我们的梦想。数谷贵阳，正以勇攀高峰、革故鼎新的气魄和决心，拉开大数据时代的帷幕。

贵阳数博会：互联网精彩不打烊

2015年6月2日 《光明日报》

5月27日，2015贵阳国际大数据产业博览会暨全球大数据时代贵阳峰会项目签约及系列活动在贵阳国际生态会议中心举行。35家企业携近40个项目与贵阳市达成投资意向，涉及投资金额达200多亿元。其中中国国际贸易促进会北京市分会与贵阳市政府就2016年数博会展会项目签约，意味着下一届数博会的举办已经提上日程。

首届数博会仍在进行，下届数博会的举办已经确定。可以想见，明年的贵阳注定将延续精彩。而经由贵阳数博会开启的中国大数据商业应用市场，也将成为中国大数据产业发展的标志与节点，并持续发酵。

那么，具体到贵阳，应该如何把握时代的契机，延续数博会的精彩？

40个项目的投资意向、200多亿元的资金注入，对于贵阳乃至贵州而言，不是小数目。接下来，当地需要做的，就是持续追踪项目进展，落实相关协议的约定，将纸面上的图画拓印到现实中来，真正助推当地经济社会的发展。

此前，国内很多类似展会都曾出现过“项目空转”的情形，看似投资庞大的项目，因为这样那样的原因，很多都迟迟不决，难以落地，甚至还会出现花落他家的“逆转”。毕竟，一个大项目从动议到确定意向，再到成长为现实中的花朵，其间存在太多的变数、太多的可能。如果没有“踏石留痕”的扎实努力，没有锲而不舍的后续跟进，很有可能加大出现变数的概率。特别是，在目前各地都在争抢大数据发展机遇的背景下，不只企业会有权衡、有考量、有布局，地方政府也在寻找一切的可能机会延揽企业。稍有不慎，就可能被其他地方抢了风头。

当然，贵阳目前已经确定的一些项目，已经过多轮互动，相信不会出现问题。像神州数码公司与贵阳市签订的大数据战略合作项目，双方以PPP 模式展开合作，整合政府开放信息资源，共建智慧城市，为贵阳市民构建“一站式”服务。早在今年全国“两会”上，全国政协委员、神州数码控股有限公司董事局主席郭为就披露，智慧城市建设一年可推进 8 到 10 个城市，最终覆盖 100 个城市。贵阳项目的签约，正是神州数码全国布局的一个重要环节。

项目固然是数博会的重点与亮点，而在项目之外，贵阳还应该下大力气以互联网思维改进政府施政行为。实际上，贵州省在这方面的工作可圈可点。今年 3 月底，贵州省政府公布的《2014 年政府信息公开工作年度报告》显示，去年，贵州省省、市、县三级政府及部门累计主动公开政府信息 551.49 万条，同比增长 20.87%。而中国社科院发布的《2015 年法治蓝皮书》也显示，贵州省政府透明度综合评分 73.5 分，全国排第 12 位；其中《信息公开年度报告》，列全国第 2 位。

不仅如此，在过去一年中，贵阳还奇迹般创造出五个“中国第一”：中国首个大数据交易所、首个全域公共免费 Wi-Fi 城市、首个块上集聚的大数据公共平台、首个政府数据开放示范城市和首个大数据战略重点实验室。这表明，以往经济较为落后的中西部地区，在大数据发展的黄金时代，一样可以产生“蝶变”，甚至成为“领跑者”，间接驱动全国各地竞相发展大数据产业。

李克强总理在今年的政府工作报告中，首次提到“互联网 +”，这一概念代表着全面信息化经济时代的到来，鼓励全社会围绕互联网创业时代的到来。相信明年继续落户贵阳的数博会，将延续今年的精彩，成为大数据产业发展中的排头兵。

（中国江苏网、中金在线转载）

贵州大数据产业乘“云”直上

2015年5月26日 《经济日报》

货车司机罗在勇一边吃着午餐，一边浏览着手机APP“货车帮”上的信息，看看下午返程时有没有顺路的货物可运。

“货车司机最怕满载而去，空车而归。”罗在勇告诉记者，以往到处找货，如今一个“货车帮”软件就搞定了。

这款由贵阳货车帮科技有限公司开发的软件，帮助车主找货，帮助货主找车，极大地降低了货车的空驶率和趴窝率，提高了货车司机的收入。

这正是贵州发展大数据产业，方便群众生活的一个生动例子。

位于长江、珠江上游的贵州，既是“两江”上游的重要生态屏障，同时也是我国贫困面积最大、贫困人口最多、贫困程度最深的省份。

守住发展和生态两条底线，探索一条既能发挥资源优势，又能实现生态美与百姓富有机统一的发展路子，既是中央的要求，更是4000万黔中儿女的期盼。

如何突围，产业选择是关键。大数据产业无疑是最佳选择，既能发挥贵州生态良好、气候宜人的优势，又能弥补基础设施相对较弱的不足，还能推动整个产业结构的优化提升。

中国工程院院士邬贺铨认为，“贵州以大数据产业作为新一轮产业转型的突破口，符合生态贵州的定位”。

2014 年以来，贵州依托政府掌握的数据资源，搭建政府数据统筹存储、共享交换和开放开发的“云上贵州”系统平台。

目前已有“七朵云”41 个系统迁移到“云上贵州”系统平台上，集聚了 4 万 GB 的数据量，平台日均访问量近 2 亿次，峰值近 10 亿次。

在政府的积极推动下，一批与大数据产业相关的企业如雨后春笋般成长起来。2014 年，贵州省电子信息企业达到 1721 家，新增大数据及关联产业注册企业 263 家，全省以电子信息产业为主导的园区达到 25 个。

贵州已按下发展的“快进键”，正在乘“云”直上。

5 月 20 日，贵安新区与腾讯公司签订“互联网 +”战略合作框架协议，共同在贵安新区打造全国首个生态和“互联网 +”深度结合的智慧城市样板。

贵州省省长陈敏尔认为，发展大数据产业对贵州而言，是大产业，也是大红利，更是大机遇。随着大数据产业的快速发展，百度进来了，浪潮进来了，阿里巴巴进来了……诸多互联网巨头纷纷向“黔”进。

为探索更多的大数据商业模式，贵州省开放部分政府数据资源，举办了“云上贵州”大数据商业模式大赛。历时半年的赛事，共吸引 8615 支团队参赛，一批优秀项目获得社会资本青睐，获得政府资金支持，纷纷注册落户贵州。

目前，贵阳国家高新区发挥创新要素聚集的优势，着力打造中国西部众创园，为创客提供政策、资本、人才和载体等配套支持。到今年底，中国西部众创园预计将聚集创客团队 50 余个，聚集孵化企业 40 多家，线上线下聚集的创客超过 1 万人。

贵州省委常委、贵阳市委书记陈刚认为，随着大数据产业的快速发展，贵州、贵阳对人才的吸引力将持续增强，创业激情将充分涌流，“贵漂”一族亦将逐渐兴起。

陈敏尔多次要求，利用大数据管好公共权力、公共资金、公共资源和公职人员，深入挖掘大数据的管理价值，提升政府管理效能，形成“用数据说话、用数据管理、用数据决策”。

今年 2 月，贵阳在市公安交管局启动了“数据铁笼”计划试点工作。

据贵阳市公安交管局法制处处长樊劲松介绍，“数据铁笼”通过用户权限分配、IP 绑定、数字证书唯一认定等技术手段，将各项业务流程和活动轨迹关联到具体人员，做到件件有“对象”、处处留“痕迹”。

目前，贵阳市公安交管局已建成了 20 多个信息系统平台，实现了对执法人员内外业务的全程记录，对权力风险点的分析、监督和制约。

大数据产业的快速发展，不仅让政府权力运行更加规范，也让决策更加科学。

贵州省经信委负责人告诉记者，通过“云上贵州”系统平台，对跨部门、跨领域数据进行分析处理，得出总结性、预测性或预警性的判断信息，为科学决策提供有力支撑，提升了政府治理体系和治理能力的现代化水平。

今年初，贵州蓉遵高速习水段发生塌方事故。相关部门依托“云上贵州”系统平台，快速完成路过该路段车辆的精细化排查，在最短时间内迅速准确锁定被掩埋车辆为 1 台，为抢险救援提供了科学精准的决策依据。

（新浪网、网易、国际在线、金华新闻网、湖州在线新闻等网站转载）

2015贵阳数博会开幕 马云马化腾雷军等大佬齐聚贵州

2015年5月27日 国际在线

未来最大的能源是大数据

阿里巴巴集团董事局主席 马云

今天早上来之前我在网上查了一下，看到很多线下小店在打折、关店，下面有评论说，都是马云惹的祸，都是淘宝惹的祸。其实我在想，13年前我们在推广电子商务的时候，我们到处说互联网会影响生产、制造、销售，互联网将会影响社会的方方面面，电子商务将会对很多行业带来巨大冲击，但当时很多人并不以为然。今天我也可以这么讲，10年以后，很多人会说，中国的经济也好，世界的经济也好，都是贵州惹的祸。如果你不参与整个大数据的建设，不参与大数据技术、云计算，不把自己的企业真正变成一个互联网的制造企业，我相信你一定会像今天抱怨淘宝一样抱怨贵州。

我觉得任何事情要站在未来的角度看，而不仅仅从今天的成绩、从今天你能做什么的能力角度去看。这个世界正在发生很大变化，我相信未来30年是人类社会最精彩的30年，也是令人期待的30年，更是令人恐慌、恐惧的30年。

今天我们生活在一个非常纠结的时代，经济下滑趋势明显，经济下行压力非常大。小公司关门，说是因为互联网，大公司无所适从也说是因为互联网，似乎每个人都在怪互联网。但另一方面，很多欣欣向荣的企业在不断地成长。前段时间我面试了六个年轻人，面试以后我倒吸了一口凉气，幸好自己是15年前创业，要是现在创业，一定被这帮小子活活搞死。因为他们采用的是互联网技术，运用的是互联网思维，应用的是大数据。他们说的很多商业模式，我到今天为止也不是很理解，但是我相信，一旦我理解了，我会更加恐慌。

今天，我们喊了很多年的信息数据时代已经开始，政府倡导的经济转型也已经开始。转型升级是要付出代价的，这个代价正在开始形成。很多人说我们期待转型升级，但对其中的一些人来讲可能是叶公好龙，当转型升级真正到来的时候他们可能会心里发虚。

回应一下刚才田溯宁讲的三次工业革命，第一次是英国的蒸汽机，第二次是美国的电力能源。我们都觉得好像中国失去了这些机会，其实中国从来都不缺少它们，关键是看我们有没有把握这些机会。第一次工业革命的结果是诞生了一种新的商业模式，那就是工厂、煤。第一次工业革命是真正释放了人的体力；第二次工业革命能源起来之后释放了人的能力，人希望能走得更远。第一次工业革命希望更强；第二次工业革命希望能走得更远、更持久，诞生了公司；第三次工业革命会是什么样的商业形态？这是我最近考虑最多的。因为每一次工业革命对商业形态的变革所造成的影响都是非常大的，必须从组织上去思考。从未来看，如果社会走向这样或那样，我们未来的组织应该是怎样的？我思考最多的就是，任何一次军事变革经过很多年以后一定会变成一次商业的变革。

从第一次世界大战和第二次世界大战来看，也有人说第一次工业革命导致了第一次世界大战，第二次工业革命导致了第二次世界大战，那我们这次技术革命会产生什么东西？因为这一次的技术革命释放的是人的智慧，人的脑袋。人们没有想过这次技术革命会使整个人类社会发生什么翻天覆地的变化。美军的组织从第二次世界大战的旅到越南战争的营，再到伊拉克战争的7人小战队，我不知道今天全世界有多少国家的军队还是以师和团来作战，而在后面发射导弹则是三军总司令部，也就是形成前面小分队、后面大平台的作战体系。

未来的组织不是公司雇佣员工，而是员工雇佣公司。这一系列的变化是因为整个技术发生了巨大的变化，因为数据的产生，整个社会商业发生了变化，一定会造成整个社会发生变化，经济、政治体系发生变化。所以在座的每一个企业要去思考什么样的组织才适合未来，什么样的团队才能够适合未来？

另外，今天我想重点讲的是从IT到DT的变革。我们以为IT（Information Technology）和DT（Data Technology）是技术的提升，其实这是两个时代的竞争。DT是一个新的时代的开始，所以大家一定要高度重视DT时代的思考、DT时代的思维、DT时代的想法。

IT时代是让自己更加强大，DT时代是让别人更加强大。IT时代是让别人为自己服务，DT时代是让你去服务好别人，让别人更爽，是以竞争对手服务竞争对手。IT时代是通过对昨天信息的分析掌控未来，是控制未来，而DT时代是去创造未来。IT时代让20%的企业越来越强大，80%的企业可能无所适从；而 DT 时代是释放 80% 企业的能力，所以整个世界将会发生翻天覆地的变化。

IT 时代把人变成了机器，而 DT 时代把机器变成了智能化的人，所以我们正进入一个新型的时代。而未来的制造业不仅仅是生产商品和产品，未来的制造业制造出来的机器必须会思考、会说话、会交流，未来所有的制造业都将成为互联网和大数据的终端企业。未来的制造业要的不是石油，未来的制造业最大的能源是数据。所以我相信未来的竞争将会发生天翻地覆的变化。

关于平台型企业，有人说要以服务别人为中心，有人说要以服务自己为中心，我想这儿有一个简单的例子。第二次世界大战期间，日本建造了全世界乃至人类历史上最强大的军舰，叫作大和舰。它拥有强大的钢甲、最强大的火力，日军认为它可以摧毁一切，但是它第一次远航的时候，想找航母对抗，可连航母都没有找到，就被几架飞机击沉了。因为航母是一个平台，自己不具备进攻能力，而航母上的舰载机具备强大的进攻能力，整个是一个生态。不要只想着让你自己强大，而是要思考让你的员工更强大，让你的客户更强大，让你的合作伙伴更强大，所以所有的技术都是对思考的总结。假如我们不去把握未来 DT 时代整个思考，那么我们的技术将是无用的，还是生活在昨天。

今天，我们看到无数企业在追逐、参与大数据时代，我们也看到了很多互联网公司很快沦落成为传统的互联网企业，很多 IT 企业变成了传统 IT 企业，因为很多人还没有搞清楚什么是 IT，我们就进入了 DT。互联网企业要参与社会变革，参与经济发展，参与教育和文化，让整个社会各方面越来越强大。所以让经济更富裕，让人类更幸福，是所有互联网大企业的历史担当。

今天互联网已经不仅仅是上网看新闻，或是购物，也不仅仅是玩游戏，或是聊天，互联网必须成为整个社会发展进步的巨大能源和动力。如果今天我们把互联网仅仅当成一种工具，就如同我们也曾经把中国发明的火药当作烟火、当作炮仗，而别人却把它当作了武器。所以我想，今天是一个剧变的时代，是一个可以共同展望未来的时代。在这个时代不是去改变别人，而是改变自己，去拥抱它，这样你10年以后就不会说这是大数据惹的祸，我们应该共同把大数据变成人类未来巨大能源所在。

“互联网+”是一种能力

腾讯公司董事会主席兼首席执行官 马化腾

今天的主题是“互联网+大数据”，“互联网+”这个词最近热度空前，有媒体说这个概念最早是由我提出的。这里我跟大家透露，其实这个词最早是在2013年腾讯和阿里巴巴共同投资第一家互联网保险公司——中安保险的时候，在上海发布会上提出的，之后在很多场合我也提过这个概念。

为什么会有这种想法呢？因为我们看到互联网和传统行业的碰撞越来越多。我记得三年前微信蓬勃发展的时候，和传统的通信运营商产生了一些竞争，引起了社会的关注。我们也看到，两年前阿里巴巴的余额宝对银行业也产生了很大冲击，也有很多人议论。我们还看到，最近这一年，滴滴打车、快滴打车的激烈竞争，也对传统交通运输业带来了挑战。所以我们在思考，为什么互联网原来只是一个新经济、虚拟经济概念，最近这两三年和传统行业接触日益增多？所以我提出，互联网会不会和第一次与第二次工业革命的时候发明的蒸汽机、电力一样，其实是一种新的信息能源呢，是第三次工业革命的一部分。这样我想更容易让企业、政府和人们理解“互

联网 +”的概念。所以我的理解，“互联网 +”是一种能源，而正是这种信息能源促进了传统行业和互联网不断的融合发展。

我们今天看到“互联网 +”的发展与大数据、云计算也是密不可分的。目前贵州围绕加速发展、加快转型、推动跨越的主基调，大力实施工业强省和城镇化带动主战略，不断推进工业化和信息化的融合发展，在互联网与信息产业领域取得了长足发展。近期，腾讯也和贵州省委、省政府达成了战略合作意向，以大数据信息产业为重点，围绕贵州省正在打造的大数据内容中心、大数据服务中心以及大数据金融中心，共同推进互联网与贵州各个行业的融合发展。

挖掘大数据时代的商业模式

小米科技公司董事长兼 CEO 雷军

站在小米的角度，我们充分感受到了大数据的浪潮扑面而来。为什么呢？因为小米的主业是做智能手机，今天的手机不再是单纯的通信工具，已经是一个随身携带的电脑，或者是随身携带的相机。正因为这个特点，它无时无刻不在产生海量的数据。

两年前我们意识到这个需求之后，小米开始做云服务，每年数据量增长多达 6 倍。我简单跟大家分享一下小米的数据。现在使用小米云服务的客户已经达到 9700 万人，我们已经为用户存储了 405 亿张照片、5.04 亿视频，存储量超过 100 个 P。100 个 P 在今天看来还不是特别大的数字，但是考虑到每年增长 6 倍，每个月新增都在 3 至 4 个 P 的话，压力其实是空前的。

而且，两年前小米进入了智能设备领域，这个领域增长也非常迅猛。

比如说小米的空气净化器每个月销量过10万台，小米的监控头和运动相机每个月销量也是十几万台，像手环这种便携穿戴式设备，小米每个月的销量过了100万台。这么多设备无时无刻不在产生数据，所以小米对大数据的需求感受是非常深刻的。

2014年，小米制定了“翱义云服务”计划。在这个计划里面，小米的重心放在应用层面，金山软件的重心放在开放云服务层面。2014年金山的董事会也批准了整项计划。小米从自有的资金里面拿10亿美金投资云服务，经过过去一年的努力，小米预计2015年在云服务方面的收入大概会增长4到5倍。

随着整个计划的大规模推进，我觉得今天最大的困难是什么呢？今天最大的困难是，大数据时代的投入非常大，但是整个市场还在初期阶段，如果没有配套的商业模式，其实发展压力是非常大的。那么怎么保证大数据能够持续地发展？我觉得关键在于，怎么探索数据的价值、怎么挖掘大数据时代的商业模式，这是今天的当务之急。

大数据时代的“安全三原则”

奇虎360董事长 周鸿祎

首先，我觉得真正的大数据时代刚刚开始。互联网从PC互联网到手机互联网，产生了数据，量有了飞速的增长，实际上现在的“互联网+”中有一个非常重要的趋势，就是IOT，也就是我们所说的万物互联。中国现在大概有5亿台电脑在工作时间使用，会产生一定的数据；中国有十几亿人口，平均一个人两部手机，大概未来手机保有量在20亿部左右，会产生我们今天所说的大数据。但是在未来五年里，随着IOT技术的发展，万物互联，我们每个人开的车会布满各种智能设备，家里也会拥有各种智能设备，甚至人身上戴的眼镜、手表都会变成智能设备，每个人平均会拥有30到50个智能设备在和互联网相连，也就是在未来几年里中国所有人拥有智能设备的数目将会达到400亿到500亿。而且所有这些智能设备，即使在你睡觉的时候，也会在默默地为你工作，在不断采集各种数据，上传到云端。所以可以想象，五年以后，我们一天甚至一个小时产生的数据会超过人类历史上有史以来产生的所有数据。这代表了未来大数据真正的趋势，所以说今天大数据的时代才刚刚开始。所以要恭喜贵州在大数据时代拔得头筹。

但是大数据时代带来一个非常重要的挑战，在《大数据贵阳宣言》里面大家已经看到，就是安全的挑战。习总书记说没有网络安全就没有国家安全，我觉得没有安全就没有互联网一说。如果没有一个好的对大数据安全的保护，我们今天所有设想的大数据可能都会变成空中楼阁。大数据的安全威胁有很多，我举两个例子。因为有IOT加入，使得政府网站与企业网站的边界不再，也就是今后的政府和传统企业因为都使用了云计算、大数据，都会变成互联网企业，都会以互联网和用户相连接。连接带来便利，同时也增加了更多被攻击的可能性，也带来了更多被攻击的触点。同时未来很多云端大数据，当产生了计算、人工智能之后，会反过来控制各种智能设备，也就是以后的网络攻击不仅仅意味着用户隐私丢失，而且意味着人身伤害。当汽车都联网以后，如果大数据被污染或者被操纵，可能导致智能汽车在半路上突然死机或者突然停住，这带来的安全威胁，要远远超过PC互联网时代或者手机互联网时代带来的威胁。360从用户数目来说，已经是全球最大的网络安全公司。当年我们也是做了一回野蛮的外行人冲进了安全领域，我们最早运用大数据和云计算方法来解决安全问题，今天我们也会为大数据安全推出相应的解决方案。所以我们可能不建设数据中心，也不提供服务器，但是我们很希望在贵州做大数据试验的过程中能够来跟大家一起解决数据安全问题。

最后我提一个问题留给在座的各位讨论和思考，就是大数据的伦理问题和道德问题，因为今天技术的发展实际上已经超出了过去很多传统的规则。刚才马凯副总理也提到，比如说滴滴打车、Uber 与传统交通的监管。我从另外一个角度提一个问题，大数据必然产生资产，但是这个资产的所有权到底属于谁？实际上所有大数据都是由用户产生的，或者主动，或者被动，或者知道，或者不知道，被传到各个互联网公司的云端服务器，或者被传到政府的云端，那么用户信息的所有权到底属于政府，还是属于互联网公司？

因为有这些思考，我们提出了大数据时代的信息安全三原则，供大家讨论。第一，用户信息实际上还是用户的个人资产，它的所有权属于用户，它只是存放在政府或者公司的服务器上。第二，互联网公司和政府是通过给用户提供有价值的信息服务，实际上是通过平等交换，换取了用户的数据，对用户数据的使用必须经过用户的授权和认可。也就是说用户要有知情权和选择权，如果有用户说不愿意接受你的服务，希望你把数据删掉，互联网公司应该遵循用户的意愿。第三，作为存储用户数据的主体，无论是政府还是公司，应该做到安全存储、安全传输，要为用户数据提供最安全的保障。其实最近我们也观察了一下安全的趋势，比如一些互联网公司由于数据库被黑客攻击，导致数以百万计人的个人密码泄露。在座所有人登录政府内网，或者公司网络，或者购物网站的口令都是密码的一种，这种口令丢失有可能意味着很多网站不安全。所以我们提出三原则，这是我们在大数据时代面临的一个问题。

这是一个数据大发现的时代

中国宽带资本董事长 田溯宁

我们今天看待大数据可能要从历史角度来看。人类文明进步都与大发现有关系，最重要的大发现是哥伦布的地理大发现，奠定了今天的全球政治经济乃至国家格局。后来有物质大发现，发现了钢铁、发现了石油、发现了抗生素，这些大发现奠定了我们今天生活的文明基础。而20世纪物理学的大发现，奠定了今天IT所有的技术，比如半导体技术。我觉得我们可能又到了一个新的大发现时代，就像人类过去发现新大陆、发现矿物质、发现抗生素一样，我们到了一个数据大发现的时代。我觉得可能是这样一个时代把我们聚在一起，我们只有用历史的眼光才能理解这个时代的很多困惑、很多激动人心的东西，当然也有很多不解。我认为每一次大发现所产生的文明和进步都是全球合作的结果，都为各个方面不断发展奠定了标准和规则。所以在这个会议之前，行业的几个朋友就谈到，如果我们认为大数据是这个时代最主要的资产，这个时代的发现这么重要，我们是不是应该尽早发起和倡议一个国际大数据组织，就像人类在海洋大地理发现时产生的海洋公约、电信时代的ITO电信公约，我们在这时候应该率先倡导一个国际的联盟，来理解这个时代，来探索这个时代的问题、标准和将来各类的应对措施。所以我今天利用这个机会，代表这12位发起人念一下国际大数据联盟的贵阳倡议书。

大数据时代为人类社会发展提供了空前的机遇和挑战，大数据流动的国际属性、数据产权、隐私权、主权等诸多问题，均是跨越国家和地区的重要问题，因此需要在全球范围内汇聚人才，逐步探讨建立国际社会的共识和标准，以降低交易成本，促进大数据时代健康与繁荣的生态系统。利用贵阳成功举办大数据博览会的机会，我们广泛征求业界意见，决定发起国际大数据联盟，期待各国商界、学界和政界具有未来视野和社会影响力的领导者们一起加盟，共同推进大数据国际协调平台的建立，通过广泛深入的交流和业务合作，来建立国际的共识和标准，我们期待并为之努力。

大数据须有四大特色

信中利国际控股公司董事长兼总裁 汪潮涌

大数据必须有四个特色。第一个是要足够大，有足够海量的数据；第二个是数据需要经过清洗、挖掘才有价值；第三个是数据需要多样化，这样才能构成一个大数据的基地；第四个是数据的处理和速度。

大数据时代要做“六流”公司

富士康科技集团创办人兼总裁 郭台铭

我想就富士康集团如何从一个制造业企业转型为“六流”公司与各位做个分享。所谓“六流”，其实是大数据产业中非常关键的信息处理技术，大数据咨询处理过程中蕴含着信息流、技术流与资金流，此为“三虚”，以及人员流、物料流、过程流，此为“三实”。“三虚”和“三实”构成的“六流”哲理深藏在公司治理、产业创新、应用进化等的过程中。这“六流”虚实结合，软硬整合，贯穿整个大数据的应用，让大数据的积累更有意义，更有效地转化为有用的作为决策的小数据，帮助我们创新与分析、决策。通过有用的小数据，我们可以迈向万物联网的智能社会。而关键是要依靠“六流”来帮助公司进行转型。各个产业通过“云移物大智网”，加机器人创新，实现“互联网＋八大生活”，为人类创建一个更友善的智能社会，这也是富士康在转型过程中不忘的重要使命。

（济南网络广播电视台、义博国闻、E 都市生活帮等网站转载）

贵阳数博会：触发“大数据＋”的“快进键”

2015 年 6 月 13 日 中国青年网

近年来，贵阳在国内大数据产业率先发力，笃志前行，向着“中国数谷”目标快步挺进。本月 26 日，贵阳又将举办国际大数据产业博览会，与全球大数据脉搏进行一次亲密接触，必将触发“大数据＋”发展的“快捷键”。

最早提出“大数据时代到来”的全球顶级管理咨询公司麦肯锡曾说道：“数据，已经渗透到当今每一个行业和业务职能领域，成为重要的生产因素。人们对于海量数据的挖掘和运用，预示着新一波生产率增长和消费者盈余浪潮的到来。”如今，得数据者得先机、得数据者得未来已成为广泛共识。

“大数据＋”最重要的战略意义在于，运用大数据的技术手段，借助“互联网＋”打造的万物互联通道和平台，汇聚、交融、挖掘各类数据资源，找到解决现有产品和服务盲点、痛点的新算法、新模式，实现全产业链条的重新构建。随着人类社会步入“大数据模式”，“大数据＋”的“增值”

效应将会越来越大，人人都能享受数据红利。

基于对时代的敏锐洞察和准确把握，贵阳矢志发展数据产业，实现产业转型发展。短短一年间，贵阳陆续搭建了数据中心、服务中心，实施了强基工程、筑云工程、智端工程、掘金工程“四大工程”，出台了土地、税收、资金、人才、投融资、研发、知识产权、招商等一系列支持政策，携千亿元的新兴产业领跑全国。2015 年 4 月 14 日，贵阳大数据交易所正式挂牌运营并完成首批大数据交易，迈出了大数据交易的探索步伐，开启了大数据产业链的“贵阳模式”。预计到 2016 年底，大数据相关产业规模达到 540 亿元，约占贵阳市信息产业总产值的 30%，成为经济发展的重要增长极，让贵阳真正成为智慧型城市。

贵阳数博会不仅是一次博览会，而且是开启数据新时代的重要契机。这是全球第一个大数据的博览会，其首发性、国际化、高端化、数据化、专业性、涉面广、互动强已经超越了贵阳一地，将有力推动中国大数据产业的发展，提高我国在世界大数据领域的地位。

借力数博会，感受数据时代的深刻变革，贵阳已经按下“大数据＋”的“快进键”，“中国数谷”必将成为贵阳最亮丽的名片！

（新华网、网易、烟台新闻网、凤凰网等网站转载）

贵州搞大数据凭什么

2015 年 5 月 28 日 《21 世纪经济报道》

33 岁的张醒生正在展台前努力地向观众介绍自己的产品——一款可以提供数据分析的软件，目的是帮助政府、金融机构等客户整理、分析、利用不同来源的结构化和非结构化数据。张醒生是这家数据分析公司的创始人。

5 月 26 日，贵阳国际大数据产业博览会暨全球大数据时代贵阳峰会（下简称“数博会”）现场，当张醒生讲完，立即有观众和他交换名片。

“这只是第一步，”张醒生说，“大数据行业还处于混沌竞争状态，除了阿里巴巴、腾讯这些大企业可以突围外，小公司必须更加细分地去切入大数据市场，才有机会得到订单。”

而张醒生所面对的大数据市场，自 2014 年以来已经在贵州省萌发——这个经济总量常年排位在全国后几位的西部省份，提出了“中国数谷”概念，希望借助大数据产业实现工业结构的快速更新。

一个落后省份的“弯道超车”梦

2014年，贵州省GDP达到9251.01亿元，比上年增长10.8%，经济增速位居全国第2位，且连续4年居全国前3位。但经济总量仍在全国排名靠后。

贵州大学西部研究中心主任洪名勇告诉《21世纪经济报道》记者，长期以粗放的资源开采为主，缺乏现代工业结构，是贵州经济总量排名靠后的主要原因。

2012年的云计算浪潮中，贵州凭借高海拔、低气温、低能耗成本等优势脱颖而出，成了与内蒙古并列的数据中心集群地。三大运营商投资150亿在贵州建设数据中心基地。

在2013年北京市委常委陈刚调任贵阳市委书记后，贵阳开始借鉴中关村的发展经验，发展大数据产业。此后大数据产业被贵州视为经济“弯道超车”的重要砝码。

对此，中关村大数据产业联盟秘书长赵国栋表示，如果贵州在发展工业上一味选择承接东部、中部产业转型升级，贵州的经济发展永远是最后一名。但在大数据产业上，大家都刚起步。贵州只要在不威胁国家安全和个人隐私的前提下，率先做出彻底的数据开放，率先进行各部门之间数据整合，创造一个好的数据环境，就存在“弯道超车”的可能。

事实上，从产业结构角度观察，虽然近年增速较快，但贵州省的电子信息技术产业并不发达，仍落后于临近的成渝以及西安。

但多位受访者告诉《21世纪经济报道》记者，来自当地政府部门的强力推动，是贵阳大数据产业领先于全国的重要因素。

公开资料显示，现年50岁的陈刚拥有在中关村工作的经验，2014年，陈刚提出借助中关村的经验和优势帮助贵阳发展大数据产业。此后，中关村和贵阳市开展了更为密切的合作，而贵州省亦把大数据当作可以实现工业结构快速更新的“一号工程”。

阿里巴巴集团战略发展部资深专家周彬斌对《21世纪经济报道》记者表示，在大数据产业上，政府所行使的并非管理职能，而是承担引导职责，对于阿里而言，贵州是全国率先开放政府数据的城市，而且尽管全国很多地方政府都在推动大数据产业的建设，但贵州省却是第一个以全省之力推动其发展的地区，因此阿里选择帮助贵州省发展大数据产业。

而华为技术有限公司贵阳渠道业务部部长姚明甫对《21世纪经济报道》记者表示，发展大数据需要四个要素，第一是天气凉爽，第二是电力充足，第三是网络基础设施完善，第四是人才优势。对于前三个方面，贵州具有天然的气候优势和电力成本优势，而网络基础设施的建设，随着三大网络运营商的落户，也得到了解决，目前贵州发展大数据最稀缺的应该是人才资源。

“大数据产业对于电子信息技术的产业基础要求不高，”姚明甫说，“而电力成本则是大数据成本中最重要的一个方面，比如把大数据基地建在北京可能需要1块钱一度电，而贵阳只需要4毛钱。”

贵阳市副市长王玉祥在5月27日说，2014年，贵阳大数据和信息发展的规模已经达到了663个亿，同比增长68%，占到了全省的45.4%，软件及信息收入180个亿，同比增长188.66%，通信和广电总量达到87个亿，电子信息投入总额达到96个亿。贵阳全市的互联网出省宽带，带宽从2013年的450个G已经增长到目前的1500个G。

培养万亿大数据市场

在贵州省大力发展大数据产业的背后，暗藏着一个万亿级别的交易市场。成立于2015年4月的贵阳大数据交易所，即承担着数据交易的职责。

贵阳大数据交易所执行副总裁胡媛媛对《21世纪经济报道》记者表示：大数据本身是没有价值的，它必须要通过清洗、建模、分析、交易才能产生价值，使之成为一座巨大的金矿，让更多的人去挖掘数据、交易数据，从而产生巨大价值，可以预见，未来大数据会作为一种资产存在，并将诞生一个万亿级别的交易市场。

公开资料显示，贵阳大数据交易所注册资本金为5000万元，主要股东包括拥有国资背景的贵州阳光产权交易所、九次方大数据公司、北京亚信数据有限公司、郑州市迅捷贸易有限公司和贵阳移动金融发展有限公司。

在4月开始运营的贵阳大数据交易所，其首批数据交易卖方为深圳市腾讯计算机系统有限公司、广东省数字广东研究院，买方为京东云平台、中金数据系统有限公司。

《21世纪经济报道》记者了解到，贵阳大数据交易所摒弃了大数据产业交易底层数据的原始概念，选择由交易所作为第三方机构对数据进行清洗与建模分析，同时为买卖双方提供一个数据结果交易的场所。而数据的范围涉及政府、医疗、交通、教育、证券等多个方面。

同时，除了提供大数据交易外，贵阳大数据交易所还提供大数据清洗建模分析服务、大数据定向采购服务、大数据平台技术开发等增值服务。

“到目前为止，我们分别跟上海市、海南的海航集团、四川的工投集团交流，建立区域的交易中心。而政府、医疗和金融是排名前三的客户。”胡媛媛说，“此外贵阳大数据交易所还会推出大数据基金，由贵阳市政府出资设立大数据产业引导基金，杠杆率为 1:10，即 5 个亿的引导资金将撬动 50 亿元的社会资本。”

而贵阳市政府金融办副主任罗佳玲提醒说，大数据发展给我们带来很多新的课题，其中很重要的一个是制定标准，规范行业发展，标准问题已经越来越成为制约产业发展的关键因素。目前最紧迫的有两方面，一方面是大数据的征信，另一方面是大数据的资产评估。

根据贵州省的规划，到 2020 年，贵州大数据产值规模达到 2000 亿元，相关产业产值 4500 亿元。但贵安新区管委会副主任欧阳武表示，大数据产业要真正在经济发展中占据一定份额，必须有 7 年以上的培育期，因此不要指望大数据产业很快形成规模。

大数据运营背后的监管缺失

但并非所有人都认为大数据的交易具备了合法性，公民隐私如何在数据挖掘中获得法律保护是本次数博会探讨的重要课题。

中国社会科学院法学研究所研究员周汉华在数博会上说，发展大数据的同时，应该制定个人信息保护法，“通过法律来确定信息保护的边界，确定管理权限的边界，并且要避免立法的碎片化，要关注在大数据环境下的不同利益主体，推动梯度立法。通过立法，用技术手段去主动实现信息保护，使得信息处理过程更透明，保证用户享有真正的选择权和知情权。同时，还可以考虑采取第三方认证等柔性机制”。

对此，贵州省副省长王江平回应称，数据开放需要顶层设计，贵阳市为此出台了数据开放的办法，并将启动贵阳市地方立法，以法律来规范数据开放的内容以及使用途径，以此保障政府数据开放的合法性。

贵阳市副市长毛有碧也表示，贵阳市政府将在模式创新、开放共享和法律同步等三个领域进行探索。

中国信息协会大数据专委会副主任委员文金言认为，保护公民隐私，是政府职责。政府是最大的信息收集者，公民相信政府，政府有义务保护公民信息隐私。在大数据时代来临之际，如何保护信息隐私必须引起政府部门的高度重视。

周汉华说，在大数据环境下，很多信息数据，原本并不是个人信息的东西经过重新整合汇聚后，就可能使那些涉及个人隐私的内容浮现出来。“像云计算是在云端或者哪个层面发生，你就很难判断。如果运用传统的信息保护规则，就解决不了现在新产生的问题。”周汉华说，互联网产业实现了社会资源共享，实现了社会资源盘活，实现了大量数据关联流通，但也正是在现在的产业发展背景下，数据开放与隐私保护立法才显得举足轻重。

接近下午 5 点的时候，张醒生手中已经握了厚厚一叠名片，他准备在会后一一拜访潜在客户。“贵州发展大数据尽管不知道结果是怎么样，但是一个可期待的事情。”张醒生说。

（凤凰网、搜狐网、证券之星、人大经济论坛等网站转载）

2015 贵阳国际数博会网络点击量超过 4.55 亿

2015 年 6 月 1 日 《贵州日报》

大数据时代风“云”变幻，唯快者称强。这一刻，贵州笑傲“云”端，绘制出未来世界另一番旖旎风景。

5 月 26 日至 29 日，2015 贵阳国际大数据产业博览会暨全球大数据时代贵阳峰会一声集结号，全球互联网群英汇聚爽爽贵阳，创造了数博会相关新闻超过 4.55 亿网络点击量的纪录。

这一全球首个以大数据为主题的大型系列活动，吸引了近 390 家国内外知名企业及创新型企业。在面积达 4 万平方米的展览中心，贵阳携手阿里巴巴、惠普、富士康等 17 家国内外知名企业，为人们提供世界大数据领域最新技术产品的展示和体验。

早在 1980 年，著名未来学家阿尔文 · 托夫勒便在《第三次浪潮》一书中，将大数据热情赞颂为“第三次浪潮的华彩乐章”。35 年后的今天，贵阳邀世界一起，共同谱写一曲大数据华彩乐章。

探索，成为大数据变革的策源地

数博会期间，一本名为《块数据：大数据时代真正到来的标志》的蓝皮书籍，一经面世便受到人们高度关注。“块数据”这个全新词语，在会场内外引发热烈讨论。最令人们惊讶的是，当大家还在热论大数据发展的时候，贵阳市已经走在了大数据变革的路上。

新理论出现的背后，是埋头躬耕的实验探索。掘金互联网，群雄四起，是追逐浪潮，还是被席卷淘汰？贵阳的答案是，既要借力大数据后发赶超，更要乘势打造“中国数谷”。“一等二靠三落空，一想二干三成功。”凝聚共识，从一个想法开始砥砺前行，这座古老城市在一步步实现着年轻梦想。一年时间，贵阳奇迹般完成五个“中国第一”——首个大数据战略重点实验室、首个全域公共免费 Wi-Fi 城市、首个块上集聚的大数据公共平台、首个政府数据开放示范城市和首个大数据交易所。

“块数据”由此在“试验田”中诞生，并破解了信息产业的“结”，抓住了互联网星空的“数”。“有别于传统行业的条数据，块数据要通过连接、共享和交易打破数据孤岛，形成数据在区域空间内的积聚，挖掘数据更大的价值。”贵阳大数据战略重点实验室主任连玉明教授断言，“‘块数据’的提出，让贵阳成为大数据时代新概念、新思想、新理论产生的策源地。”

善谋者胜，远谋者兴，数博会成为探索道路的一招妙棋。贵阳率先站在“风口上”，拿出自己初具雏形的产业样本，欲与全球共探大数据发展新方向。博览会精彩绝伦，国际精英馆、大数据应用馆、大数据设备馆、大数据软件与服务馆4个展馆展示了国际大数据发展最新成果、最新技术，前沿科技让万众共享大数据成果；高峰会妙语连珠，20余场专业论坛探讨大数据未来发展趋势，聚焦大数据发展中的关键和共性问题，激荡时代思想；创新大赛亮点纷呈，挖掘全球大数据产业商机，推动国际性资源和要素聚集。尤其是创新大赛，体现了贵阳在大数据领域的开拓精神。大赛以“草根”为特色，通过北京协同工厂、IC咖啡、车库咖啡、3W咖啡等26家合作单位努力，共征集了近千个项目。参赛者多为初创企业及筹备成立公司的创业团队，涉及智慧医疗、互联网金融、互联网教育等多个领域。展会期间，其中的23个优秀项目团队进行不间断路演，形成“端上数据采集——数据挖掘、分析——大数据应用”的完整生态体系，带领人们一起激活思维，从海量数据中发现新知，寻找隐藏在条框之外的商业模式。

实践，抓住领跑大数据的时机

目标清晰、脚踏实地，在数据流穿梭不息的丛林中，贵州从“跟跑”变为“领跑”，远大志向逐渐付诸实践。

在堪称互联网盛宴的数博会上，最具话题性的事件，当数国内外企业巨头纷纷到场参与“论剑”。

这是一份长长的名单——国际电信联盟秘书长赵厚麟发来贺词，腾讯公司主要创办人之一、董事会主席、执行董事兼首席执行官马化腾以及美国高通公司全球高级副总裁阿南德、富士康科技集团总裁郭台铭、高德纳咨询公司全球副总裁琳达・普赖斯、中国银行副行长许罗德、奇虎360科技有限公司董事长周鸿祎、贵州茅台酒厂（集团）有限责任公司董事长袁仁国、宽带资本董事长田溯宁、北京小米科技有限公司董事长兼CEO雷军、中国惠普有限公司中国区董事长毛渝南、阿里巴巴集团董事局主席马云等国内外知名企业代表及专家学者先后发表演讲。

中国信息安全测评中心、中国互联网协会、阿里、HP 等知名机构企业，梅宏院士等专家学者共同发起了《大数据贵阳宣言》，在数据资源、数据安全、数据交易、数据融合创新等方面达成了全球性共识。

CCTV、路透社、《华尔街日报》等 65 家国内外知名媒体参与报道，特别是央视《新闻联播》《东方时空》《晚间新闻》均对数博会活动进行了深入专题播报。

缘何风云聚贵州？因为此时的贵阳，已经站在大数据产业的峰顶。

抓住领跑大数据的时机，贵州再次进行实践，将一个城市展会，成功谋划成为国际性的专业化交流合作平台和具有划时代意义的重要盛举。

近百场主题活动、新闻发布会，对于行业信息共享、互动交流起到了积极推动作用，展览、论坛、大赛等活动特别对创业团队和中小初创企业给予关注，为其提供了交流展示的机会。

展会不仅吸引了国内外众多业界精英以及相关领导、嘉宾齐聚探讨发展机遇，而且留住了众多知名大数据企业扎根贵州。资金、人才、技术、产业等发展元素聚齐，为贵州后发赶超加足马力。

以前只投资一线城市的正威国际集团，今年频频“相中”贵州，目前准备共建全球大宗商品现货和期货之间的线上线下交易平台。该集团董事局主席王文银在数博会上对记者道出其中原因，“我选择和能代表未来的城市站在一起”。

贵阳市民办理证件、查询缴费、交通出行、社区服务等日常行为，将统统一键搞定。通过数博会，神州数码控股有限公司助力贵阳打造智慧城市，双方将以 PPP 模式，共同建设和运营“一站式”民生云服务平台。

戴尔（中国）有限公司也闻讯而来，与贵州高新翼云科技有限公司共同搭建了贵阳国家高新区混合企业云平台，为全国中小企业和政府机构提供一体化 IT 云服务。

展会落下帷幕，贵阳与国内外 30 多家知名大数据企业达成合作意向，签约项目近 40 个，投资金额 200 多亿元，涵盖数据中心建设、民生云合作、智慧旅游开发、呼叫中心建设等项目，为贵州大数据产业提供了更加丰富的产业平台和链条。

逐梦，勾勒大数据的未来图景

大数据将改变的，不只是一座城市的未来图景。但一座城市，可能是世界大数据产业发展的起点。

在 2015 贵阳数博会上，对于未来的思索，来自最先进的技术探索、最大胆的创新理念、最深刻的制度探讨。贵州谋篇布局，用不同命题的论坛，集合全球大数据行业领军人物，在交流与对话、思辨与碰撞中，以贵州为实践样本，为中国大数据产业勾勒出多个领域的发展方向。

未来，“互联网 +”是经济和社会发展的基础架构。

创时代的“互联网 +”战略驱动产业升级，大数据助力普惠民生论坛是数博会的重头戏。嘉宾们一致认为，“互联网 +”集中表明了互联网已不再是简单的工具和渠道，它正在成为未来经济和社会发展的基础架构。

在从 IT 到 DT 时代论坛上，阿里巴巴、尼尔森大中华区、电众数码电商中心群、蚂蚁金服数据平台等代表嘉宾谈及“互联网 +”商业发展模式，以为“互联网 +”在创造一个新的奇迹，大数据正在深度改变传统商业。

中国互联网协会秘书长卢卫用大数据展示爽爽的贵阳，“互联网是一种

‘新能源’，为创业创新创造了机遇。这一系列课题贵阳市政府做了很多尝试，推动大数据产业发展，建立大数据交易中心等，贵阳已经站在了船头”。

未来，数据的清洗、交易领域存在广阔的市场空间和前景。

站在中国大数据交易高峰论坛的演讲台上，作为全国首家大数据交易所的董事长，王叁寿对大数据交易充满信心。作为新生事物，大数据交易的现实需求、发展前景、未来趋势，引起人们的格外关注。“为什么全球的第一个大数据交易所在中国？”“为什么中国的第一个大数据交易所在贵阳？”对于这两个问题，王叁寿认为，贵州更具吸引力：“政策支持大，种子埋得早，拍板速度快，执行能力强。”在他看来，天下武功唯快不破，大数据发展就怕不快，贵州以快制胜抢占了大数据交易的蓝海。

要售卖就要先成为商品。在数据商品化发展论坛上，国家统计局总统计师鲜祖德提出：“必须要让数据像商品一样流动起来，让它产生价值，让大家来买数据、来用数据，才能把大数据发展起来。”

未来，数据开放和隐私保护并行不悖。

数据开放已经成为时代发展的必然选择。手机等各种网络入口以及无处不在的传感器，都会对个人数据进行采集、存储、使用、分享，而这一切大多是在用户无法控制和知晓的情况下发生的。此时，用户个人隐私的安全就格外重要。围绕这一话题，数据开放与隐私保护论坛从经济、技术、法律、伦理、政策等方面进行了探讨。

奇虎 360 科技有限公司董事长周鸿祎则在开幕式的演讲中表示，如果没有一个好的对大数据安全的保护，今天所有设想的大数据可能都会变成空中楼阁。贵州在大数据时代拔得头筹，在理解大数据方面超过很多同行和互联网公司。他希望能与贵州一起解决好大数据安全问题。

未来，从贵州出发，大数据产业将释放巨大的能量。数博会开启了一个全新时代，将大数据产业这一新型服务业深刻影响到经济社会各个领域。数博会告诉人们，大数据早已和推动中国经济“爬坡过坎”“提质增效”的宏大战略紧密相连。数博会展现出的图景中，不管是加快政府简政放权、放管结合和转变职能，还是打造大众创业、万众创新和增加公共产品、公共服务的双引擎，都将与大数据息息相关。

贵阳数博会，宛如一扇窗。推窗望去，不远处是中国在大数据洪流中的璀璨未来。

（凤凰网、贵阳搜房网、贵州新闻网、鄞州新闻网等网站转载）

《块数据》《DT 时代》《创新驱动力》贵阳大数据三大理论成果全球首发

2015 年 5 月 25 日 中国大数据产业观察网

昨日，全国首家大数据战略重点实验室理论成果新闻发布会在贵阳举行，由大数据战略重点实验室研究、中信出版集团出版的《块数据》《DT 时代》和《创新驱动力》三大理论成果在北京、贵阳同时面向全球首发，为大数据发展提供了前瞻性的实践指导和系统性的模式总结。

市委常委、副市长刘春成在会上致辞。他介绍说，贵阳把大数据产业作为战略发展的支柱，一年来取得了很多成果。由北京市科委和贵阳市政府共同组建的全国首家大数据战略重点实验室是京筑合作的新平台、创新驱动的新实践，是大数据新理论、新技术、新模式的研究、试验平台，在筹备过程中，围绕大数据的崭新主题进行了前瞻性的思考和战略性的研究，形成了《块数据》《DT 时代》《创新驱动力》三大具有时代标准和相当战略高度的理论成果。

刘春成介绍了三大理论成果的核心内容。他指出，这三大成果是大数据战略重点实验室迈向大数据高端战略智库的重要成果，也是大数据发展一个重要的战略指标。下一步，大数据战略重点实验室将聚集国内外大数据相关专业的研究者、管理者和决策者，加强大数据发展的全局性、战略性、前瞻性的研究和咨询，构建块数据的理论模型和应用模式，建设众联、众包、众创、众筹一体化的DT创客空间，搭建开放式协作创新平台、专业化决策平台、网络化成果转化平台和国际化合作交流的平台，打造中国大数据发展的重要测评地。

相关新闻 >

三大理论成果为大数据发展提供前瞻性实践指导

贵阳在全国最早提出发展大数据，并把大数据产业作为战略发展的支柱，一年多来，贵阳以创建国家大数据产业发展聚集区为目标，在全国率先提出了推进块上数据聚集，建设全产业链的大数据产业生态环境，实现行业条状数据与城市块状数据融合发展的战略设想，以政府数据开放和市场数据交易为内生动力，以具有比较优势的数据中心和呼叫中心产业为切入点，建设全产业链的大数据产业生态环境。2014年全市大数据产业规模达605亿，并在大数据产业方面拥有五个“全国第一”：中国第一个大数据战略重点实验室、中国第一个全域公共免费Wi-Fi城市、中国第一个块上集聚大数据公共平台、中国第一个政府数据开放示范城市、中国第一个大数据交易所。

《块数据》首创性提出的块数据理论，对块数据的形成、汇聚及运行模式，块数据公共平台和大数据市场交易机制，块数据的全产业链、全服务链、全治理链，进行了从理论到实践的全方位阐释。该书认为，块数据的产生，将形成条数据和块数据的融合式发展态势，将给我们的时代带来跨界、跨代、颠覆式变革。人类将以“块数据”为标志，真正步入大数据时代。

《DT时代》是一部全视角解读大数据时代的新著，全面阐述了人类从IT时代走向DT时代的根本性变革。该书认为，大数据正成为人类的第二母语，并成为DT时代一个国家最重要的战略资源，DT时代不仅是对技术的提升，更是思想上的革命；并首次提出块数据数量（Volume）、速度（Velocity）、多样（Variety）、价值（Value）和数聚（Variable）的“五V理论”，将人们对大数据的认知提升到新的高度。该书认为，块数据作为大数据的解决方案，实现了从数据到数聚、从解构到重构、从多维到共享的跨越，块数据社会、慢数据决策和流数据价值三位一体，成为大数据时代的显著标志。该书还强调，众联、众包、众创、众筹越来越为人熟知，平等思维、共享思维、扁平思维、跨界思维、场景思维被越来越多地掌握和运用。安全是大数据的生命线，以大数据技术对抗大数据平台安全威胁是大数据成功的必由之路。在此基础上，该书对大数据立法问题进行了探讨，提出必须建立健全安全防护体系，切实强化大数据安全管理和“公开的隐私”的保护。

《创新驱动力》全面深入地解读并揭示了贵阳以大数据为创新驱动力实现创新、转型、成长的奥秘，系统回答了贵阳五个“全国第一”是如何实现的、最前沿的大数据为什么生长在欠发达的贵阳、中关村的创新理论为什么在贵阳得以发扬等问题。该书指出，创新驱动力是一个国家和民族向前发展的力量源泉，不管是发达地区还是欠发达地区，谁创新谁就能赢得机遇，哪里能以最快的速度实现颠覆性创新，哪里就成为创新创业的制高点。

马云、龙永图、柳传志等分别为三部著作作序。马云认为，“以控制为出发点的IT时代正在走向以激活生产力为目的的DT（数据技术）时代，数据本身并不能创造价值，只有让更多的人对其进行分析和运用，才能成倍地创造价值。”

柳传志预言，“谁抓住了大数据，谁就抓住了未来”，他认为“贵阳已经牢牢抓住了大数据的脉动，站到了大数据的风口上”。

龙永图也认为，“作为欠发达城市的贵阳，已经实实在在地走在了大数据时代的前列，成为这个前所未有的时代的创新者、开拓者和引领者”，他认为，“2015年是大数据发展的关键之年，希望更多的创客能够真正成长起来，成为另外一个百度，另外一个联想，另外一个阿里巴巴”。

这三本著作也引起了《中美邮报》、《联合报》、《世界华人周刊》、人民网、光明网、中国日报网、中国经济网等海内外传媒的关注。

相关新闻 >

世界十大华文传媒热议《DT时代》

5月24日，大数据战略重点实验室最新研究成果《DT时代》一书由中信出版集团正式出版发行。《中美邮报》《中日新报》《联合报》《世界华人周刊》《华夏时报》等世界知名华文传媒相继发文，在海内外华人圈引发热议，认为《DT时代》是一本领航全球先机的“预言式”的新书。

美国《中美邮报》认为，《DT时代》是一部极具影响力的全视角解读大数据时代的新著。大数据是社会变革的工具，是改变世界的战略高地。

对于大数据，人们的已知远不如未知，更大的发展和变革在未来。

日本《中日新报》说，从IT时代到DT时代，大数据开启了一个重大的时代转型和新常态节点。大数据及以大数据为核心的产业价值链正在影响和主导新的经济范式和国家战略，并为推进中国国家治理体系和治理能力现代化提供强劲的动力。通过阅读《DT时代》一书或许可以有一个全新的认识。

匈牙利《联合报》也在头版刊文，《DT时代》真切地让我们意识到，大数据改变了我们的思维方式、生产方式、生活方式。我们的精神世界和物质世界都将构建在大数据之上。大数据不仅仅是一门技术，更是一种全新的商业模式，它与云计算共同构成了下一代经济的生态系统。一切皆信息。

加拿大《世界华人周刊》认为，《DT时代》一书最大限度地刺激人的大脑神经，它告诉我们，我们正在经历一场意义堪比工业革命的重大转变，企业只有洞悉大趋势，随势而变，才能成为数字经济时代的赢家；个人只有正视当下的冲击，才能在数据化浪潮里游刃有余。《DT时代》告诉读者如何在大数据时代中生存。

澳大利亚《华夏时报》认为，大数据对人类社会发展的推动和人们生活方式的改变是史无前例的。《DT时代》一书提出，DT时代对我们生活的五个新改变，可以概括为五个“H”：以别人为中心的生活更Happy（快乐）；透明数据的“剧透”很Harmonious（和谐）；越小的企业越High-speed（高速）；“活雷锋”让“众”创更Heated（激昂兴奋）；跨界融合更Hotsy-totsy（精彩）。

西班牙《侨声报》认为，大数据是人类认识世界、改造世界能力的一次飞跃，蕴含着巨大的价值。通过典型的案例和严谨的叙述，这本书向人们揭示了大数据在社会发展中的革命性作用，众联、众包、众创、众筹越来越为人熟知，平台思维、扁平思维、网络思维、跨界思维、精准思维被越来越多地掌握和运用。DT 的核心，是关于数据驱动的创新。

瑞典《北欧时报》认为，除了上帝，任何人都必须用数据来说话。大数据浪潮，汹涌来袭，与互联网的发明一样，这绝不仅仅是信息技术领域的革命，更是在全球范围启动透明政府、加速企业创新、引领社会变革的利器。大数据战略，是当下领航全球的先机。《DT 时代》是一本“预言式”的书。

英国《侨报》指出，马云曾经在一次演讲中说道：“人类正从 IT 时代走向 DT 时代。”IT 时代是以自我控制、自我管理为主，而 DT 时代是以服务大众、激发生产力为主。这两者之间看起来似乎是一种技术的差异，但实际上是思想观念层面的差异。《DT 时代》一书提出，大数据成为人类的第二母语，DT 不再只是一种技术工具、一种工作手段，它将深刻改变我们的生活方式、生产方式和思维方式。

韩国《新华报》认为，当今社会，创新创业的源泉是新思想，而《DT时代》带给我们的就是新思想。如果说方块字是华人的第一种文字，告诉我们从哪里来，那么大数据就是我们的第二种文字，指引我们到哪里去。这个“哪里”就是未来。谁相信未来谁就能成功。

南非《华侨新闻报》认为，大数据产业是具有战略意义的前沿性、高端性、新兴性产业，在新一轮科技革命和产业变革中占据重要位置。《DT 时代》一书提出，在中国经济新常态大背景下，以大数据应用为战略引领，实现从“互联网 +”到“大数据 ×”的融合效应，打通大数据成果向现实生产力转化的通道。

（新华网、环球网、中国发展网等网站转载）

后 记

数据，聚而造势，掀起新时代发展的滚滚浪潮。进入 2012 年，大数据（BIG DATA）一词越来越多地被提及，人们用它来描述和定义信息爆炸时代产生的海量数据，并命名与之相关的技术发展与创新，从而也被一些人定义为“21 世纪的新石油”。

2013 年被誉为大数据元年。自那时起，贵阳就把大数据产业作为坚守发展和生态两条底线、打造经济发展升级版的战略性支柱产业来抓。在不足三年的时间里，贵阳市打出一系列推动大数据产业发展的组合拳，连创佳绩、捷报频传。

2015 年 5 月，2015 贵阳国际大数据产业博览会暨全球大数据时代贵阳峰会在贵阳国际会议展览中心举行，发出大数据时代的“贵阳声音”。举办以大数据为主题的峰会和展会在全球尚属首次，通过搭建全球大数据领域最高端、最前沿、最全面的技术、产品和解决方案的协同创新和展示洽谈平台，展示国际大数据发展最新成果、最新技术，探讨大数据未来发展趋势，聚焦大数据发展过程中的关键和共性问题，挖掘全球大数据产业商机，推动国际性资源和要素向贵州聚集。

2015年5月24日，中国首家“大数据战略重点实验室”在贵阳成立。作为跨学科、专业性、国际化、开放型研究平台，大数据战略重点实验室聚集国内外大数据相关专业研究者、管理者和决策者，发挥独立、客观、公正、持续的科学精神和创新方法，立足全球大数据发展趋势和中国大数据发展实践，以大数据发展的重大理论和现实问题为主攻方向，加强大数据发展全局性、战略性、前瞻性研究和咨询，构建块数据理论模型和应用模型，研究编制“大数据指数”，出版年度《大数据蓝皮书》，建立大数据发展规划数据库，举办“中国DT产业50人论坛”，搭建开放式协作创新平台、专业化决策咨询平台、网络化成果转化平台和国际化合作交流平台，奋力打造具有较大影响力和国际知名度的大数据高端战略智库。

由大数据战略重点实验室编写的《数据革命：2015年贵阳国际大数据博览会暨全球大数据时代贵阳峰会全记录》一书，是在《论道数博》的基础上精选而成，摘选了重要嘉宾的重要讲话、重要演讲和重要观点。本书包括开幕式、创新与实践、变革与趋势、数据安全与发展、技术与产业类论坛、国际合作与交流、数博发布会、新闻荟萃等八部分，浓缩了2015贵阳国际大数据产业博览会暨全球大数据时代贵阳峰会的精华。

从“互联网+”到“大数据×”，大数据已然成了新时代发展的代表符号。在这风起云涌的时代发展中，聆听各方声音，将指引我们沿着大数据的方向正确前进。

由于水平有限、时间仓促，本书编写过程中难免有疏漏之处，恳请读者批评指正。

2015年10月